¡A QUE SÍ!

M. VICTORIA GARCÍA-SERRANO
EMORY UNIVERSITY

ANNETTE GRANT CASH
AGNES SCOTT COLLEGE

CRISTINA DE LA TORRE
EMORY UNIVERSITY

HH

Heinle & Heinle Publishers
A Division of Wadsworth, Inc.
Boston, Massachusetts 02116 U.S.A.

The publication of **¡A que sí!** was directed by the members of the Heinle & Heinle College Spanish & Italian Publishing Team:

Carlos Davis, Editorial Director
Patrice Titterington, Production Editor
Cheryl Carlson, Marketing Manager

Also participating in the publication of this program were:

Publisher: **Stanley J. Galek**
Editorial Production Manager: **Elizabeth Holthaus**
Assistant Editor: **Kimberly Etheridge**
Project Managers: **Judith Keith & Lois Poulin**
Manufacturing Coordinator: **Jerry Christopher**
Interior Designer & Compositor: **Greta D. Sibley**
Cover Designer: **Karyl Klopp**
Illustrator: **Len Shalansky**

Library of Congress Cataloging-in-Publication Data

García-Serrano, M. Victoria.
　¡A que sí! / M. Victoria García-Serrano, Annette Grant Cash,
Cristina de la Torre.
　　p.　cm.
　ISBN 0-8384-3546-7
　1.　Spanish language--Textbooks for foreign speakers--English.
I.　Cash, Annette Grant, 1943-　　.　II.　De la Torre, Cristina.
III.　Title.
PC4129.E5G37　　1993
468.2 ' 421--dc20　　　　　　　　　　　　92-44723
　　　　　　　　　　　　　　　　　　　　CIP

Manufactured in the United States of America

ISBN 0-8384-3546-7 (Student Edition)
Heinle & Heinle Publishers is a division of Wadsworth, Inc.

10 9 8 7 6 5 4 3 2

ÍNDICE

ACKNOWLEDGEMENTS

This conversation text has been, in every way, the result of collective and collaborative efforts. The authors, therefore, owe many a debt of gratitude. First of all, we wish to thank the following people for their invaluable suggestions and assistance in gathering all the materials: Andy Kuster, Paul Lyons, Helena Cachefeiro, Rafael Martos, Antonio Javier Martos, Carmen Naranjo, Manlio Argueta, Margarita Tamames, Gonzalo Hidalgo Bayal, Carmen Estebarán, Juan Antonio Parra Robles, Julisa Soto, José Luis Barrios, Donna Rogers, Cecilia Lee, and the employees of the Instituto de la Mujer in Madrid. Micaela Abril and Paz Vidal-Quadras proofread parts of the manuscript, Graciela Granados-Cosío was particularly involved with the concepts of the illustrations, Gus García generously offered his artistic talents, and Yanith Cardoza helped put all the materials together.

We are also very grateful to John Cross for first seeing the merits of the manuscript, and to our colleagues Alejandro Rupert, Lisa Dilman, Misha Kokotovic, Orlando Figueroa, and Paul Mandell for their many insightful recommendations. Our editors, Erika Skantz and Carlos Davis, deserve special recognition for their receptive and flexible approach to this complicated process. All of the Heinle & Heinle staff and freelancers that we worked with proved both efficient and encouraging, especially Patrice Titterington, our production editor, and Judy Keith, our project manager. It was a pleasure to collaborate with them.

Finally, we wish to acknowledge the participation of our respective families in this project. Without their inexhaustible patience and unqualified support, **¡A que sí!** would never have been finished.

M. Victoria García-Serrano
Annette Grant Cash
Cristina de la Torre

PREFACE

Overview ● ● ● ● ●

¡A que sí! is a very colloquial expression that serves both as affirmation and dare, and always requires a response. This is a most appropriate title for a textbook that attempts to challenge students' abilities and empowers them in the use of their new language. Written in Spanish, **¡A que sí!** is designed for an advanced conversation course and can be adapted to either the semester or the quarter system. The book intentionally contains more material than can be covered during one semester or quarter in order to give instructors flexibility in selecting the sections best suited to the level and interests of their classes. The **¡A que sí!** program consists of a textbook (with an Instructor's Manual), and a *Student Workbook* containing exercises plus a complete grammar review section. The main goal of the program is to build students' oral proficiency while increasing their awareness of Hispanic culture. Reading, listening, and writing skills are also practiced.

Organization ● ● ● ● ●

The textbook is divided into four units. Each one includes reading selections, content and opinion questions, interactive vocabulary exercises, and creative activities.

The *Student Workbook* has three parts. The first is a grammar review that is coordinated with, and takes examples directly from, the reading selections. It also contains interactive exercises to maintain a high level of communication in the classroom. The second section of the *Workbook* provides students with more individual practice and review of grammar and vocabulary. It consists primarily of traditional exercises of the fill-in-the-blank and multiple choice variety. Answers appear in the third part of the *Workbook*.

The Instructor's Manual is an important component of the program. It gives general principles for the communicative classroom, explains specific uses of each section, and provides teaching strategies. We also include information about how to obtain the movies that are suggested for each unit, our own syllabi, and oral and written tests which we have used in our classes. Since instructors may not all teach the same selections each semester, some items are not included on every exam. This enables you to use texts that are not covered in class for extra-credit work, reports, papers, etc.

Thematic Division ● ● ● ● ●

¡A que sí! is organized around four high-interest themes: **Tradición y cambio, Contrastes culturales, Los derechos humanos,** and **La mujer y la sociedad**. These important topics were selected because they raise students' awareness and understanding of Hispanic and global issues, and have a strong human interest aspect that results in a lively and stimulating classroom environment. By reading a variety of selections on each theme, the students are able to explore many facets of each topic, master the related vocabulary, and discuss the issues with some authority. Breadth is never sacrificed to depth, however, since the themes are very different and provide a broad canvas of contemporary society.

Unit Structure ● ● ● ● ●

Each thematic unit is divided into three sections with an **En resumen** segment to end each section and an **En conclusión** segment to end each unit. **En resumen** segments contain a cartoon, a song, a poem, some activities or some questions that provide opportunities for further class discussion and for written assignments. The **En conclusión** segments contain a series of content and thought questions, several general summarizing questions regarding the unit theme, and some activities. At this point is a good time for students to be assigned movies that they see outside of class and then discuss in class (see Instructor's Manual). We suggest that each unit end with a **Mesa redonda,** which can take different forms: from debate to dramatization, from oral report to newscast or interview. The instructor may decide what she or he wants done in consultation with the students, or simply leave that responsibility to the group of students directly involved.

Each unit includes reading selections in different genres, (short stories, poems, novel excerpts, essays, newspaper articles), cartoons, song lyrics, and movie suggestions. This diversity allows students to become familiar with different styles of expression in Spanish. Each reading is preceded by a vocabulary list, **Palabra por palabra,** that highlights frequently used Spanish words that also appear in the reading. This section is limited to a maximum of twelve active vocabulary items, for which there are oral exercises for pair or group classroom work, and written exercises in the *Workbook* for independent practice. The specific points to be reviewed in the grammar are listed at the end of **Palabra por palabra** for quick reference. Next is the **Introducción,** a brief paragraph to present the author of the reading selection and give some relevant contextual clues. Following the **Introducción,** is an **Alto** section containing pre-reading questions that draw on the students' knowledge and/or background. The reading selection that follows has been glossed to reduce students' frustration and aid in quick comprehension of the general storyline. Our rationale for glossing has been to provide translations or synonyms for the less frequently used words thereby removing unnecessary obstacles and encouraging students to do a deeper reading. The next section, labeled **¿Entendido?,** has content questions to ensure both good comprehension and preparation for the ensuing classroom discussion. **En mi opinión,** is a thought and analysis section. The **En (inter)acción** part, closely related to the content of the reading, provides activities for the practical use of communicative skills in groups. Once students have had the opportunity to explore the reading topic orally in class, a word study section, **Mejor dicho,** gives them the chance to examine false cognates and other problem words that appear in the reading. The exercises and activities that follow allow students to practice these words and, in so doing, to expand their vocabulary. The *Workbook* includes more traditional exercises on these problematic words. The final section is the **Creación,** which offers suggestions for composition practice related to the theme of the reading and for using the grammatical structures reviewed in the *Workbook.*

Grammar Review ● ● ● ● ●

The **Repaso gramatical**, referenced after **Palabra por palabra**, and closely coordinated with the reading, appears in the *Student Workbook*. The grammar explanations are in Spanish, although there are English translations for some sample sentences when their problematic nature requires clarification. Whenever possible, the examples are taken directly from the readings. The grammatical points are reviewed throughout the text for reinforcement and, where appropriate, are illustrated by charts and tables in the *Workbook*.

The grammar exercises in the first section of the *Workbook* are of the pair/group variety and communicative in nature. Further practice is provided in the second section with more traditional exercises to allow the use of an answer key.

Cross-Reference of Readings and Repasos Gramaticales ● ● ● ● ●

Unit 3 Los derechos humanos

Summary • • • • •

Conversation courses are very demanding to teach. They are neither lecture nor drill courses and require a higher than usual degree of interest and energy to elicit active student participation. **¡A que sí!** and the package that accompanies it, presents varied, up-to-date readings that bring many new and talented voices into the classroom. It poses the challenge of critical thinking, debating, and analyzing basic contemporary issues from a different cultural perspective. Most importantly, **¡A que sí!** offers the students the opportunity to improve their oral proficiency and listening, reading, and writing skills while increasing their cultural awareness of the Hispanic world as well as their own.

UNIDAD 1

Tradición y cambio

La cultura siempre consta de dos aspectos: el tradicional y el innovador. En esta unidad tenemos ambos en cuenta para poder abarcar la complejidad del mundo hispánico contemporáneo.

Las cuatro primeras lecturas, agrupadas bajo el título **El ocio,** están relacionadas con actividades o fenómenos que caracterizan la sociedad hispánica de ayer y de hoy. La continuidad del pasado en el presente se manifiesta en hechos como la popularidad de los bares ("Bares a millares"), las comidas típicas ("Picar a la española"), el valor de la comunicación oral ("La conversación") y las numerosas celebraciones y festejos populares ("El mexicano y las fiestas"). Las lecturas restantes, por el contrario, ofrecen algunos de los cambios que están ocurriendo en diferentes esferas del mundo hispánico.

La canción "La Puerta de Alcalá" resume algunas de las transformaciones de la sociedad española ocurridas desde la construcción de este monumento en el siglo XVIII hasta nuestros días.

La segunda sección se titula **Los marginados.** Los textos ("El indio latinoamericano de hoy", "Un lacandón perdido en el asfalto", "Calés y payos" y "Gitanos") presentan brevemente la historia de los indios y los gitanos, ofrecen escenas de su vida diaria y exponen sus demandas actuales y algunas denuncias contra la discriminación racial de la que son objeto. Estas lecturas revelan una mayor conciencia e interés, de parte de la sociedad y los gobiernos, respecto a la situación de estos dos grupos étnicos marginados.

La última sección, **La familia, la sociedad, el planeta,** abarca, como indica su título, diversos temas. El primero es el de la familia hispana moderna. Las situaciones y problemas familiares que presentan "El trabajito de Carmencita" y la tira cómica "El otro miembro de la familia" reflejan unas relaciones diferentes a las del pasado en la familia. La canción "Suite nupcial" muestra algunas de las tendencias actuales entre los jóvenes.

El segundo tema tratado aquí es el de las drogas. Aunque tanto la drogadicción como el narcotráfico constituyen fenómenos sociales que afectan a todos los países del mundo, los artículos seleccionados ("¿Liberalizar la droga?" y "Las razones de una decisión") y la canción "Matador" ofrecen acercamientos y puntos de vista de autores hispanos.

El tercer tema, "La pasión por lo verde" presenta la preocupación existente en los países hispanohablantes por el medio ambiente. Cada día mayor número de personas aceptan su responsabilidad en la conservación de su entorno natural y la de todo el planeta.

Que yo sepa ● ● ● ● ●

1. ¿Qué es una tradición? ¿Es bueno conservar las tradiciones? ¿Por qué? ¿Qué función tienen las tradiciones? ¿Cuáles son algunas tradiciones de los EEUU? ¿Qué tipo de tradiciones tiene su familia? Explique alguna de ellas.
2. ¿Son siempre buenos los cambios? Explique. ¿Son siempre posibles? En grupos, mencionen algunos cambios buenos y malos que han ocurrido en los últimos años.

1

EL OCIO

▼▲▼ Bares a millares ▼▲▼ ▼▲▼

Palabra por palabra ● ● ● ● ●

la **costumbre**	habit, custom
la **encuesta**	poll, survey
el **hecho***	fact
el **horario**	schedule
el **ocio**	leisure time
realizar*	to carry out, accomplish, fulfill

● ●

de hecho	in fact
todo el mundo	everybody
tomar una copa	to have a drink

* Estas palabras aparecen explicadas en **Mejor dicho.**

Práctica

En parejas, contesten las preguntas siguientes. Atención a las palabras del vocabulario.

1. ¿Qué costumbres tiene Ud.? ¿Y su compañero/a de cuarto (o amigo/a)? ¿Conoce algunas costumbres extrañas (*unusual*)?
2. ¿Qué es una encuesta? ¿Son útiles las encuestas? ¿Para quiénes? ¿Ha realizado Ud. una encuesta alguna vez? ¿Ha participado en alguna encuesta? ¿Le intimida hacer una encuesta?
3. ¿Cuántas horas de ocio tiene Ud. al día? ¿Y a la semana? ¿Qué hace Ud. durante sus horas de ocio? ¿Qué hacen otras personas? ¿Qué se puede hacer donde Ud. vive?
4. Explíquele detalladamente a su compañero/a su horario de clases, trabajo y ocio.
5. ¿Qué actividades se pueden realizar en un bar? ¿Cuáles no?
6. En su país, ¿todo el mundo puede entrar en los bares? ¿Todo el mundo puede pedir bebidas alcohólicas? ¿En qué es esto diferente de otros países? Explique.

Repaso gramatical: El presente de indicativo de los verbos regulares
Ser, estar y *haber*

Introducción ● ● ● ● ●

La popularidad de los bares y la asiduidad con que la gente los frecuenta es el fenómeno cultural hispánico que se examina en "Bares a millares".

Alto ● ● ● ● ●

1. Preste atención al título. ¿Qué relación tiene con el tema de esta unidad? ¿Qué tono (cómico, serio…) espera Ud. en el artículo?
2. ¿Qué sabe usted de los bares de otros países? ¿Qué connotaciones tiene la palabra *bar* para usted? ¿Qué palabras asocia con *bar*? ¿Es importante el número de bares, gasolineras y bancos que hay en una ciudad? ¿Qué indica esto?
3. ¿Cómo se clasifican los bares?

▼▲▼ Bares a millares ▼▲▼ ▼▲▼

Ya sabíamos los españoles, por experiencia propia, que en España había muchos bares, pero ignorábamos que hubiera más en sólo una zona de Madrid que en países como Dinamarca o Noruega. Esta información, que ha sido difundida recientemente en los medios de comunicación, constata[1] la importancia que tiene la vida social para los españoles. Este **hecho** lo confirma no sólo el número de bares sino también **el horario** casi ininterrumpido de los mismos: a cualquier hora del día o de la noche se puede ir a **tomar una copa** con los amigos.

La asistencia diaria a los bares, restaurantes o pubs ha sido frecuentemente motivo de reflexión para sociólogos, escritores, periodistas. En una guía del **ocio** apareció la siguiente interpretación del novelista y abogado madrileño Antonio Gómez Rufo. He aquí lo que él piensa de esta **costumbre** tan hispánica (y no únicamente española) que él considera "civilizada":

La verdad es que los españoles entendemos muy bien la sociología del bar. La taberna, la tasca, el bar, el pub o la cafetería forman parte de nuestra vida con la misma intensidad que nuestro propio hogar y nuestro centro de trabajo. **De hecho** en una **encuesta realizada** meses atrás, las preferencias de los madrileños se inclinaban, en primer lugar, por su bar de **costumbre,** en segundo lugar, por la calle en general, y el hogar, el dulce hogar, se tenía que conformar con[2] el tercer puesto.

Aquí siempre quedamos[3] en el bar de enfrente (en el de al lado es más complicado, pues hay que especificar si es en el de la derecha o en el de la izquierda

---

1. constata = confirma   **2. conformar(se) con** to settle for   **3. quedamos** we agree (to meet)

y eso crea confusión), porque enfrente siempre hay un bar. Esté uno donde esté[4] nada más salir del portal[5] siempre hay un bar enfrente. Y a veces dos.

El bar es ese lugar de encuentros en el que a cualquier hora puede encontrarse un amigo, un rato de conversación y una caña[6] de cerveza o un chato[7] de vino. Y una máquina tragaperras.[8] El bar es una excusa, una justificación, una metáfora. Se va al bar a cerrar un trato,[9] a reponer fuerzas o a matar el tiempo. Al bar se acude[10] aunque no haya motivo, porque está pensado para acoger[11] a cualquiera, por muy desmotivada que esté su presencia. Es más, si **todo el mundo** tuviese una razón para acudir al bar habría que poner en cuestión la propia naturaleza del lugar, pues en tal caso se tendría clara su utilidad, su finalidad. Al bar se va sin más.[12] No hay que ir *a algo;* simplemente hay que ir (*Guía del ocio,* Madrid, 1989).

---

4. **Esté…** Wherever you are   5. **portal** building entrance   6. **caña** = vaso mediano   7. **chato** = vaso pequeño   8. **máquina tragaperras** slot machine   9. **trato** deal   10. **se acude** = se va   11. **acoger** to welcome   12. **sin más** without any reason

¿Entendido? • • • • •

1. ¿Qué diferencias hay entre las costumbres de España y las de otros países europeos?
2. Según Antonio Gómez Rufo, ¿por qué es tan importante el bar?
3. ¿Cuál es el lugar preferido de los madrileños? ¿Por qué?
4. Generalmente ¿cuántos bares hay cerca de una casa española?
5. ¿Por qué motivo(s) va la gente a los bares?

En mi opinión • • • • •

1. ¿Es el bar parte de la vida norteamericana? ¿Qué grupos específicos de personas frecuentan los bares aquí?
2. Compare las posibilidades y la función de un bar español y de uno norteamericano.
3. Ir al bar en España se considera, según el artículo, una costumbre "civilizada". ¿Qué opina Ud. de esa afirmación? ¿Cuáles cree Ud. que sean las costumbres civilizadas?
4. ¿Pasa Ud. mucho tiempo en la calle? ¿Sale a pasear *(to take a walk)* alguna vez? ¿Es pasear una de sus costumbres? ¿Es igual caminar o correr que pasear? ¿Cuál es el propósito de caminar? ¿Y el de pasear?
5. ¿Hay "bares a millares" en su ciudad o pueblo? ¿Cómo se llaman algunos? ¿Va Ud. frecuentemente a los bares? ¿Por qué razón (no) va? ¿Cómo se llaman algunos de los bares o restaurantes más famosos de su país?
6. En los países hispánicos no hay una edad "legal" para empezar a beber, y por lo tanto no se requiere ningún documento para pedir bebidas alcohólicas. ¿Indica esto que las sociedades hispánicas tienen una actitud diferente hacia el alcohol? Explique.
7. Según el artículo, ¿la gente va a los bares en España porque quiere emborracharse *(to get drunk)*? Para emborracharse, ¿hay que ir a un bar? ¿Por qué cree Ud. que el artículo no menciona el problema del alcoholismo?
8. El abuso del alcohol causa numerosos accidentes en la carretera. Mencione algunas medidas que se están tomando para prevenir este tipo de accidentes.
9. Ya que el abuso del alcohol causa tantas muertes entre los jóvenes, ¿preferiría Ud. poder beber a los 16 años y no conducir hasta los 21? Explique su respuesta.

En (inter)acción ● ● ● ● ●

1. Realicen una encuesta en clase para determinar cuál es el lugar preferido de los jóvenes norteamericanos. Aquí tienen una lista a la que deben añadir otros nombres. Cada estudiante debe preguntar sobre un sitio específico y escribir el resultado en la pizarra. Entre todos/as comenten los resultados.

Lugar	Nunca	A veces	Siempre
a. su casa			
b. su residencia			
c. la calle			
d. el gimnasio			
e. el centro comercial			
f. la biblioteca			
g. la iglesia			
h. el cine			
i. el estadio de fútbol			
j. la clase de español			
k. el campo			
l. la discoteca			
m. el parque			
n. el bar			
o. otro			

2. Existen numerosos lugares públicos donde puede tomarse una copa. Aquí hay unos. ¿Conocen otros nombres? ¿Cuáles?

un bar	una cafetería	una cervecería	una taberna
un pub	una terraza	una discoteca	un restaurante
un mesón	una cantina	una bodega	

Mejor dicho ● ● ● ● ●

A. **Realizar/darse cuenta de (que)**. **Realizar** significa *to carry out, accomplish, fulfill*. ¡Cuidado! **Realizar** es un cognado falso. **Darse cuenta de (que)** significa *to take note of, notice, realize*.

Según una encuesta **realizada**, los madrileños prefieren estar en el bar.
Cuando fui a pagar **me di cuenta de que** no tenía bastante dinero.

B. Dato/hecho/cita/salir con. **Dato** significa *datum, figure* y **hecho,** *fact.*

Unos **datos** han revelado que en Madrid hay más bares que en Noruega.
El **hecho** es que los españoles van mucho a los bares.

Cita significa *appointment.* **Salir con** equivale a *to go out with* y *to have a date. A date,* si se refiere a una persona, se dice **acompañante, novio/a, amigo/a,** etc.

Muchas veces tenemos **citas** importantes en los bares.
¿Con quién vas a **salir** esta tarde?

Práctica

A. En parejas o en grupos digan qué deberían Uds. hacer para…

1. realizar un estudio sobre el alcoholismo
2. realizar una buena acción en una discoteca
3. realizar un experimento científico en un bar
4. realizar una encuesta sobre las marcas de cerveza más populares

B. Explique a su compañero/a cómo se da cuenta la gente en un bar o cafetería de que…

1. es hora de pagar
2. es fin de semana
3. llegó el momento de irse
4. no debe beber más

C. En parejas o grupos mencionen algunos de los datos que debemos proporcionar para…

sacar la licencia de manejar
solicitar *(to apply for)* un trabajo
sacar dinero del banco
matricularse *(to register)* en un curso

D. Media hora después de irse de un restaurante argentino, Ud. se da cuenta de que ha dejado allí algo importantísimo (una bolsa, la cartera, un libro de la biblioteca…). Hable con la dueña del restaurante y explíquele cómo ocurrieron los hechos. Una estudiante hace el papel de la dueña y otro el del cliente.

E. ¿A dónde va Ud. cuando tiene una cita con…?

una dentista   un consejero universitario
un profesor   una peluquera

F. ¿A qué tipo de bares o restaurantes va Ud. cuando sale con…?

sus padres   sus abuelos
su mejor amigo/a   sus hermanos/as
su compañero/a de cuarto   alquien por primera vez

Creación ● ● ● ● ●

1. Después de repasar los verbos **estar, ser** y **haber,** escriba una pequeña descripción de su lugar de ocio preferido. Explique dónde está, cómo es, qué hay adentro, por qué es su lugar preferido, quiénes pueden entrar, qué hacen allí… También dé el nombre del lugar y explique cómo lo descubrió.
2. En un párrafo describa o clasifique los bares, discotecas o clubes de su universidad, ciudad o país.
3. Cree un anuncio publicitario para uno de los siguientes sitios públicos. Siga el ejemplo.

MODELO:

AREA CAFE-BAR. Cardenal Cisneros, 66. Metro Quevedo. Abierto de 12 de la mañana a 2 de la madrugada, todos los días. Copas, música y platos. Ensaladas, espaguetis, patés, ahumados, quesos artesanos y deliciosos postres. Aire acondicionado.

▽▲▽ Picar a la española ▽▲▽ ▽▲▽
Colman Andrews

Palabra por palabra ● ● ● ● ●

apetecible	tempting, appetizing
enterarse de	to find out, learn
gratis*	free *(at no cost)*
mostrar (ue)	to show, display
soler (ue) (+ *inf.*)	to be accustomed to, be in the habit of

● ●

en cambio	on the other hand
querer decir*	to mean
ser capaz de	to be capable of
tener sentido	to make sense *(sujeto inanimado)*

Práctica

En parejas, contesten las siguientes preguntas. Atención a las palabras del vocabulario.

1. ¿A dónde suele Ud. ir a comer? ¿Qué suele pedir allí? En su opinión, ¿cuál es la comida más apetecible? ¿Dónde se puede comer gratis?
2. ¿Es Ud. capaz de comer en cinco minutos? ¿Es capaz de no comer en todo el día? ¿Cuando tiene mucha hambre, es capaz de comerse un galón de helado, una pizza grande entera o un pavo completo? ¿Qué es Ud. incapaz de comer?
3. ¿Cómo se entera de que han abierto nuevos restaurantes? ¿Y de lo que sirven en ellos? ¿Y del plato especial del día? ¿Y de los precios?

Repaso gramatical: El presente de indicativo de los verbos irregulares
Gustar y verbos afines

Introducción ● ● ● ● ●

Colman Andrews es colaborador del diario *Los Angeles Times*. Sus reseñas periodísticas versan princi-palmente sobre gastronomía. Muchos de sus artículos, que aparecen en revistas como *Harper's Bazaar*, presentan costumbres culinarias de otros países. En "Picar a la española" nos ofrece su impresión de una de las prácticas peculiares de España: el tapeo.

Alto • • • • •

1. ¿Es importante lo que uno come y cuándo, cómo y dónde lo hace? ¿Qué revela esto de una persona o cultura?
2. ¿Qué sabe Ud. de la comida española? ¿Y de la mexicana? ¿Qué relación tiene el tema de la comida con las tradiciones de un país?

▼▲▼ Picar a la española ▼▲▼ ▼▲▼

Lo único que no me gusta de las tapas es que nunca sé bien cuándo comerlas.

Las tapas, como ya sabrán todos los que hayan estado en España alguna vez, son aperitivos,[1] extravagancias culinarias. Se sirven en sitios llamados tascas o tabernas y van acompañadas de conversación animada (hacen falta dos personas, mínimo, para tapear como es debido), de copas de jerez o de chatos de vino local, por lo regular tinto. La cerveza también sirve.

En sus principios las tapas eran el equivalente español de lo que se conoce como *beer nuts* o *trail mix* en inglés — aceitunas, almendras, anchoas o jamón.[2] Su propósito era también similar: animar[3] a los clientes a quedarse más tiempo y seguir bebiendo. Las tapas se servían en platos[4] lo suficientemente pequeños para encajar[5] encima de la estrecha apertura de una copa de jerez — evitando así la presencia de moscas[6] distraídas. A veces, si se trataba de jamón o cualquier otra cosa apropiada, se utilizaban pequeñas tostadas redondas que podían igualmente situarse sobre la bebida. De ahí el nombre tapas, del verbo tapar que **quiere decir** cubrir.

La costumbre de servir estas tapas (**gratis** en los viejos tiempos) parece haberse originado en los bares de la Andalucía del siglo XVIII. En esta región del suroeste del país se encuentra Sevilla, ciudad que muchos expertos consideran aún hoy la capital española de las tapas, y Jerez de la Frontera, donde se produce el vino que lleva su nombre, buen amigo de cualquier aperitivo.

Hoy día las tapas se comen hasta en los más remotos rincones de la península y todos, menos los turistas más remilgados y quisquillosos,[7] tarde o temprano sucumben a sus encantos. Los limitados bocados[8] de antaño[9] han sido reemplazados por un enorme repertorio de platos, muchos cientos de ellos, desde pedazos de queso manchego y firmes trozos de tortilla española[10] a elaboradísimas croquetas y sofisticados salpicones de mariscos.[11] También se encuentran comidas típicas como paella valenciana[12] y cocido madrileño,[13] servidos en diminutas

---

1. **aperitivos** appetizers   2. **aceitunas…** olives, almonds, anchovies, cured ham   3. **animar** to entice   4. **platos** saucers
5. **encajar** to fit   6. **moscas** flies   7. **remilgados y quisquillosos** skittish and fussy   8. **bocados** nibbles   9. **antaño** = antes
10. **tortilla española** = *omelet* de huevos y patatas   11. **salpicones de mariscos** seafood stews   12. **paella valenciana** yellow rice with chicken or seafood   13. **cocido madrileño** tripe stew

porciones. Básicamente cualquier cosa, menos los postres, sirve de tapa, con tal que la ración sea pequeña.

Como sucede con cualquier otro tipo de bar, hay tascas de muchas clases desde las más refinadas hasta las más escandalosas. Lo que tienen en común es que casi siempre resultan bastante desordenadas[14] a los ojos de un extranjero. En todas se encuentran pequeños recipientes de metal que guardan servilletas de papel encerado;[15] es perfectamente aceptable tirarlas al suelo después de haberse limpiado la boca y los dedos. El resultado, tras dos o tres horas de entusiasta tapeo comunal en una tasca concurrida,[16] puede parecer poco **apetecible.** Pero…ánimo,

Una joven pareja picando y conversando en España

la densidad de la alfombra de papeles es un seguro indicador de la calidad de las tapas.

No hay dos tascas que sirvan la misma variedad de tapas. Algunos lugares se especializan en un solo plato — como jamón, queso, acaso champiñones o caracoles[17] — preparados de diferentes modos. En otros sitios, **en cambio,** es posible encontrar más de treinta o cuarenta platos distintos.

Enterarse de qué sirven exactamente en una tasca específica no es difícil. Algunos bares ponen sus menús en la puerta, otros anotan las tapas del día en una pizarra situada

---

14. **desordenadas** messy   15. **encerado** waxed   16. **concurrida** crowded   17. **champiñones o caracoles** mushrooms or snails

Presentación de tapas en la barra de un bar

estratégicamente, muchos **muestran** sus delicias en cacerolas de barro sobre el mostrador.
(Algunos platos se hacen en el momento pero la mayoría de las tapas se comen del tiempo.[18]) Estas
condiciones facilitan el proceso de decidir. El cliente puede ver lo que hay antes de pedir y, si no
habla muy bien el español, puede simplemente señalar con el dedo. En los sitios más amplios y elegantes las tapas se sirven en las mesas, lo cual puede ser muy conveniente si hay más de tres personas en su grupo, pero los verdaderos aficionados prefieren picar de pie, con las tapas a la vista.

El ritual del aperitivo, que incluye también porciones generosas de bebida y conversación,
se conoce como tapeo. Aunque se puede practicar a cualquier hora, ya que las tapas están
disponibles desde la mañana hasta la medianoche, lo común es entregarse a este agradable
pasatiempo entre el mediodía y las dos de la tarde y entre las ocho y las diez de la noche.
¿Cree Ud. que eso interfiere con la hora de comer y de cenar? Es evidente que no ha ido aún a
España. Si todo lo que se ha dicho de las tapas hasta ahora le ha parecido bien (quizá a excepción de las servilletas sucias en el suelo) las horas pueden representar el primer obstáculo.

No cabe duda que los españoles no comen ya tan tarde como **solían.** Se almuerza alrededor
de las dos y, en consecuencia, la cena no aparece sino hasta las diez de la noche. La idea de las
tapas, según los expertos, es entretener[19] el hambre hasta tan tarde. El punto flaco de esa

---

18. del tiempo room temperature   **19. entretener** to stave off

teoría es que cuando uno se acostumbra al horario, no hay problema. Si se desayuna a las diez es normal comer a las dos y media. Cenar a las diez **tiene** perfecto **sentido** si no se abandonó la mesa hasta las cuatro de la tarde. Traducido a horas norteamericanas se reduce a desayunar a las siete y media y comer al mediodía. En ese caso poca gente se aparecería en el bar de la esquina en busca de croquetas de bacalao[20] o de un platito de angulas[21] ¡a las nueve y media!

Cualquier buen español señalaría de inmediato que muchos fanáticos de las tapas las consumen en lugar de la comida o de la cena, sólo que más temprano. Sería la versión ibérica del *fast food,* o lo que los dueños de restaurantes norteamericanos llaman ahora *grazing.* Y no es mala idea si no fuera porque a mí las tapas, especialmente cuando las como de pie, no me parecen una comida. **Soy** perfectamente **capaz de** zamparme[22] seis u ocho de estas minucias y después sentarme a comer "de verdad" en algún sitio. Lo que cuesta admitir es que, cualquiera que sea la calidad de la comida formal, siempre acabo prefiriendo las tapas.

---

20. croquetas de bacalao salt-cod puffs   **21. angulas** baby eels   **22. zamparme** downing

¿Entendido? • • • • •

1. ¿Por qué no sabe el autor cuándo comer las tapas? Explique.
2. ¿Qué tipo de comida sirve de tapas? Dé ejemplos específicos.
3. Describa el ritual del tapeo.
4. ¿Dónde se sirven las tapas?
5. ¿Qué hay en el suelo y por qué? ¿Qué indica esto?
6. ¿Cuáles son algunos aspectos problemáticos del tapeo para los norteamericanos?
7. ¿Cuál es el origen de las tapas? ¿Dónde surgieron y por qué? Resuma su historia y evolución hasta el presente.

En mi opinión • • • • •

1. ¿A qué hora come Ud.? ¿Sigue siempre el mismo horario? ¿Come Ud. de todo? ¿Le gusta probar *(to try)* nuevas comidas? ¿Qué quiere decir "un gusto adquirido"? ¿Cuáles son algunos de ellos?
2. ¿Suele pedir aperitivos en un restaurante? ¿Cuáles son sus favoritos? ¿Sirven los mismos aperitivos en todas partes? ¿Por qué sirven nachos gratis en los restaurantes mexicanos?
3. ¿Le gusta picar cuando ve la televisión? ¿Y una película? ¿Y cuando estudia? ¿Qué pica en estas circunstancias? ¿Qué pica en las fiestas?
4. ¿Qué comidas de otros países ha probado? ¿Qué es lo más exótico que ha comido? ¿Qué tapas de las mencionadas sería incapaz de comer?
5. Algunos de nuestros gustos culinarios son muy personales y no tienen que ver con una tradición determinada. Hay quienes combinan productos muy diferentes: aceitunas + anchoas, helado + sardinas, naranjas + cebollas, etc. ¿Cuál es su combinación más original? ¿Conoce otras?

En (inter)acción ● ● ● ● ●

1. **Cocina imaginativa.** En grupos, seleccionen una de las tapas mencionadas en la lectura u otra de su invención, prepárenla y tráiganla a clase. Un/a estudiante puede explicar el proceso de preparación.

2. Describa a la clase o a su compañero/a su aperitivo preferido. ¿Es difícil prepararlo? ¿Por qué le gusta tanto? Trate de convencer a otro/a estudiante para que lo pruebe.

3. Imagínense que una familia hispana los/las ha invitado a Uds. a comer y les sirve algo que no les gusta nada, por ejemplo, angulas *(baby eels)*, gusanos *(worms)* o pulpo *(octopus)*. En parejas busquen dos maneras de salir de la situación sin ofender a la familia.

4. Contraste la siguiente presentación de comidas y productos en restaurantes y mercados hispánicos con la de su país.

Mejor dicho • • • • •

A. Gratis/libre. Gratis significa que algo no cuesta dinero. Con el verbo **estar, libre** equivale a *estar desocupado* o *fuera de la prisión.* Con **ser, libre** se relaciona con libertad *(freedom).*

> Las tapas ya no **son gratis.**
> Teresa, ¿**estás libre** esta tarde?
> Cinco de los detenidos ya **están libres.**
> No todo el mundo **es libre.**

B. Significar/querer decir. Significar y **querer decir** se traducen al inglés como *to mean,* pero en español **significar** no puede tener como sujeto un ser animado.

> La palabra libertad **significa/quiere decir** *freedom.*
> Yo no **quiero decir** eso.

Práctica

A. Hágale a su compañero/a preguntas con libre/gratis relacionadas con los términos siguientes. Preste atención al uso de ser/estar.

Modelo: luz natural

> E1. ¿Es la luz natural gratis?
> E2. *Sí, la luz natural es gratis.*

1. Nelson Mandela
2. una llamada telefónica internacional
3. el periódico universitario
4. un prisionero
5. los animales del zoológico
6. los animales salvajes
7. el agua embotellada
8. el agua del mar
9. las aves del campo
10. la luz eléctrica

B. Psicólogos por un día. Adriano tiene sueños muy extraños. En grupos o parejas expliquen lo que significan sus sueños. Sueña con:

perritos calientes	melones	champán
jalapeños	delfines	ostras

Modelo: pavos

> *En el sueño, los pavos significan que Adriano quiere volver a casa. (pavos ➙ día de Acción de Gracias ➙ familia)*

C. Un/a estudiante hace gestos y los demás deben adivinar lo que quiere decir.

Modelo: *Ella quiere decir que ya es la hora.*

Creación • • • • •

1. Describa la peor comida o el peor restaurante en el que ha comido. Preste atención al uso de **ser, estar** y **hay,** y a la conjugación de los verbos con cambio vocálico.
2. Escriba un breve artículo comentando el ambiente, comida, servicio, amenidades, etc. del último lugar donde comió.

▼▲▼ La conversación ▼▲▼ ▼▲▼
Jairo Márquez

Palabra por palabra • • • • •

el **aparato**	appliance
el **consejo**	advice
el **empleo**	use, job
la **polémica**	controversy
saber*	to know

• •

es decir	that is to say

Práctica

En parejas, contesten las preguntas siguientes. Atención a las palabras del vocabulario.

1. ¿Cómo se llaman algunos de los aparatos eléctricos en español? ¿Cuáles tiene Ud. en casa? ¿Es difícil el empleo de estos aparatos?
2. ¿Cuáles son algunos temas polémicos de esta década?
3. ¿Quién(es) suele(n) darle a Ud. consejos? ¿De qué tipo son? ¿Acepta todos los consejos? ¿Suele Ud. dar consejos?

Repaso gramatical: El presente de indicativo de los verbos irregulares (segunda parte)
El participio pasado
El presente perfecto

Introducción • • • • •

Jairo Márquez es un escritor colombiano interesado en cuestiones de cultura popular. En el texto seleccionado, que pertenece a su libro *Anatomía del gringo* (1966), nos habla de la función que tiene la conversación en la sociedad latinoamericana.

Alto • • • • •

1. ¿Usa Ud. las manos para conversar? ¿Es Ud. una persona muy expresiva? ¿Sabe cómo conversan los hispanos? ¿Y las personas de otras culturas?
2. ¿Tiene Ud. tiempo para conversar? ¿Cuánto tiempo pasa Ud. conversando con sus amigos? ¿Y con sus padres?
3. ¿Cree Ud. o no que el teléfono y otros aparatos ayudan a conversar más y mejor? ¿Qué cosas no diría nunca por teléfono, por carta o en persona?

▼▲▼ La conversación   ▼▲▼ ▼▲▼

La palabra hablada también ha sufrido la influencia dañina[1] del siglo contemporáneo. Le ha sucedido lo peor: ha sido impersonalizada y especializada hasta el extremo de ser empleada solamente al efecto de trasmitir conocimientos científicos y técnicos. Se le ha sometido[2] a los cambios necesarios para su **empleo** en la vida industrial y comercial. **Es decir,** sólo se la emplea para comprar y vender.

La palabra ha perdido en efecto su función primordial de medio de conversación. El afán[3] económico impide usar con propiedad y tranquilidad la conversación al natural, que es la forma de contacto directo y personal más importante en la compenetración[4] de dos hombres o dos pueblos. Para el desenvolvimiento[5] de una conversación es necesario tener una actitud especial con respecto al tiempo.

Entre los adelantos[6] de la edad moderna figura un conjunto[7] de **aparatos** fonéticos destinados a facilitar la comunicación entre los hombres. Hay quienes piensan que tales aparatos acortan las

---

1. **dañina** harmful   2. **se le ha sometido** it has been subjected   3. **afán** zeal   4. **compenetración** mutual understanding   5. **desenvolvimiento** development   6. **adelantos** advances   7. **conjunto = grupo**

La calle es un buen lugar para encuentros y conversaciones.

Unos estudiantes charlando animadamente en la cafetería de la universidad

distancias entre ellos. Nada más falso: se interponen al contrario como obstáculos entre los seres humanos, separándolos y haciendo más difícil su acercamiento fraternal. La aplicación del teléfono, el radio, la grabadora,[8] tiene por resultado la deshumanización de la palabra hablada. Todos esos artefactos sirven de filtro al calor humano del diálogo directo, transformando la voz del hombre en un sonido mecánico. La conversación se divorcia entonces de la presencia corporal, con todos sus atributos expresivos, y se olvida que no es posible conversar sin el brillo de los ojos, sin el movimiento armónico de las manos, sin la sonrisa moderadora en el rostro o sin dibujar las arrugas del encanto[9] y la sorpresa.

El **empleo** constante del teléfono ha producido lo que se llama en Norteamérica "la personalidad telefónica". En reuniones con extranjeros es fácil distinguir a alguien que despliega[10] una personalidad telefónica, pues escasamente[11] mueve los labios para sonreír — y sonríe constantemente — o para pronunciar vocales y consonantes, mientras el resto de su cuerpo permanece[12] casi inmóvil.

---

8. grabadora tape recorder   **9. sin dibujar…** without showing delight   **10. despliega** shows   **11. escasamente =** muy poco
12. permanece remains

Tradicionalmente, el templo sagrado de la palabra hablada, en los países hispánicos, es el café: ese centro de encuentros espontáneos y de conversaciones informales. Allí concurren libremente toda clase de individuos: intelectuales, artistas, profesionales, oficinistas, ociosos y negociantes. En el café se congregan[13] todas las escuelas posibles del pensamiento, todas las creencias y todas las opiniones, todas las tendencias políticas y las ideologías religiosas. Alternan[14] allí los espíritus más conservadores y los más radicales, en sus mesas se debaten toda clase de doctrinas. Los filósofos discurren, los poetas recitan y los haraganes[15] vegetan. En medio del humo[16] se respira una atmósfera de igualdad. Cualquier mortal tiene allí cabida[17] y el que gasta tiene los mismos privilegios del abstemio.[18] Cada mesa adquiere la personalidad de sus ocupantes. La vida intelectual se tonifica[19] por el intercambio continuado de las ideas. El espíritu y la imaginación pueden navegar sin el apremio[20] esclavizante del tiempo. Los cafés, aunque no constituyen lugares especializados, se clasifican según el tipo de sus concurrentes.[21]

La bebida favorita es una taza de café vestida de negro riguroso y libremente azucarada. El "cover" se desconoce, no existe el tiempo, no acosa[22] el camarero.

En algunos países, como Colombia, los cafés son incluso utilizados como salas de exposición de arte y en ellos se dan cita los más célebres escritores y poetas. El café es indiscutiblemente un campo fecundo para estrechar los lazos[23] de amistad, es la escuela de conversación en la que se aprende la réplica vivaz,[24] la ironía y **la polémica.** Los amigos ofrecen **consejos,** escuchan los problemas de los otros y proponen soluciones. Es una saludable válvula de escape, como **sabemos,** para nuestras inquietudes:[25] allí se manifiestan los errores y se evidencian nuestras virtudes. La vida moderna ha suplanta-do las conversaciones de café por las citas en el recinto[26] privado del psicólo-go. Con ello disminuyen las amistades al tiempo que[27] se multiplican las neurosis. Antiguamente el hombre confiaba sus problemas al amigo íntimo, hoy no le queda más[28] que consultar al psiquiatra.

13. **se congregan** = se reúnen   14. **alternan** socialize
15. **haraganes** = perezosos   16. **humo** smoke
17. **tiene cabida** has a place   18. **abstemio** one who abstains   19. **se tonifica** is invigorated
20. **apremio** = prisa   21. **concurrentes** patrons
22. **no acosa** does not harass   23. **lazos** bonds
24. **réplica vivaz** witty reply   25. **inquietudes** anxi-eties   26. **recinto** = lugar   27. **al tiempo que** = mientras
28. **no le queda más** he has no other choice

¿Qué se puede hacer con un teléfono inalámbrico?

¿Entendido? • • • • •

1. ¿Qué le ha ocurrido a la palabra en nuestros tiempos?
2. ¿Cuál era la función primordial de la palabra antes? ¿Y ahora?
3. ¿Cómo afectan los adelantos técnicos (por ejemplo, el teléfono) a las relaciones humanas? ¿Y a la personalidad individual?
4. ¿Cuáles son los elementos necesarios para una verdadera conversación según Márquez?
5. Mencione tres grupos de personas que frecuentan el café y tres razones por las que es una institución importante de la sociedad.
6. Según el autor, ¿qué le ocurre a la gente cuando deja de practicar la conversación?

En mi opinión • • • • •

1. Según Jairo Márquez, la conversación es un arte distinto al de la simple comunicación. ¿Está Ud. de acuerdo? ¿Qué se necesita para practicarla?
2. Mencione tres lugares que resultan propicios para conversar y explique por qué.
3. ¿Existe algún café alrededor de la universidad? ¿Lo frecuenta Ud.? ¿Dónde suelen reunirse a charlar sus amigos?
4. Explique la diferencia entre comunicación en el sentido en que Márquez usa la palabra y *communication* en inglés.
5. ¿Con quién conversa Ud.? ¿Con su familia, sus amigos, sus profesores, su analista, su perro? ¿Quiénes conversan más, las mujeres o los hombres?
6. ¿Es posible conversar en una discoteca, un avión, una fiesta? ¿Por qué (no)?
7. Vivimos en la época de la comunicación y de la soledad individual. ¿Cómo se explica esta contradicción?
8. ¿Es la conversación una necesidad básica humana? Explíquelo detalladamente.

En (inter)acción • • • • •

1. Intente mantener una conversación con su compañero/a sin palabras, usando sólo gestos.
2. Muestre mediante un diálogo (*a.* entre un/a vendedor/a y un/a cliente y *b.* entre un/a amigo/a y Ud.) la diferencia entre conversación y comunicación. Elija uno de los temas siguientes: una computadora, una cámara fotográfica, un coche.
3. La costumbre hispánica de pasar varias horas en un café discutiendo temas filosóficos, políticos, artísticos, etc., descrita por Jairo Márquez, se llama *tertulia*. Ahora, en grupos escojan Uds. un tema de conversación y discútanlo. Antes de terminar la clase, entérense de los temas tratados en los otros grupos.

Mejor dicho • • • • •

Saber/conocer. Se emplea **saber** con hechos específicos como fechas, direcciones o acontecimientos.

> Jairo y Carlota **saben** mucho de la historia colombiana.
> Yo **sé** la dirección.
> ¿Qué **sabéis** de la situación política de Centroamérica?

Saber + infinitivo significa *to know how to do something.* Observe que en este caso, en español, no se usa *cómo.*

> Él **sabe** arreglarlo.   He *knows how to* fix it.

Delante de una forma interrogativa (quién, cuándo, por qué, cómo, etc.), se usa **saber,** nunca **conocer.**

> **¿Sabe** Ud. cuándo llega el tren de Córdoba?
> No **sabíamos** cómo se llamaba.

Conocer quiere decir estar familiarizado con alguien o algo, o *to know by experience.*

> **Conocemos** a muchos limeños.
> Tobías **conoce** muy bien la isla de Puerto Rico.

Observe el contraste entre los dos verbos.

> **Sé** muchos poemas de Machado de memoria.
> *I know* many of Machado's poems by heart.

> **Conozco** la obra de Machado.
> *I am familiar with* Machado's work.

Práctica

Para conocernos mejor

En parejas, elijan un tema de conversación (deportes, música, arte, etc.) y háganse preguntas mutuamente usando los verbos **saber** o **conocer,** según corresponda.

> *¿Sabes* quién ganó la copa mundial de fútbol en 1992?
> *¿Conoces* a algún futbolista brasileño?

Creación • • • • •

Revelaciones

Imagínese Ud. que es invisible y que puede escuchar cualquier conversación. Escriba un diálogo en el que los participantes revelen algún secreto. Use el presente perfecto cuando sea necesario.

▼▲▼ El mexicano y las fiestas ▼▲▼ ▼▲▼
Octavio Paz

Palabra por palabra ● ● ● ● ●

burlarse (de)	to make fun of
disfrazarse (de)*	to disguise oneself, dress up as
divertirse (ie, i)	to have a good time
emborracharse	to get drunk
la **fiesta**	holiday, celebration, party
el **lujo**	luxury
reunirse*	to meet, to get together

● ●

en fin	in short
en lugar de	instead of

Práctica

En parejas, contesten las preguntas siguientes. Atención a las palabras del vocabulario.

1. ¿Qué significa la palabra *fiesta?* ¿Cuáles son algunas de las fiestas que se celebran en su región o estado? ¿Cuándo se celebran? ¿Hay fiestas nacionales, locales y religiosas? ¿Participa Ud. en todas las fiestas? ¿En cuáles no?
2. ¿Cuándo se divierte más: el 4 de julio o el 31 de octubre? ¿Por qué? ¿Se emborracha mucha gente esos días? ¿Y Ud.?
3. ¿De qué o quiénes se burlan los programas como "In Living Color" o "Saturday Night Live"? ¿Se divierte Ud. viendo esos programas?

Repaso gramatical: Los verbos reflexivos

Introducción ● ● ● ● ●

Octavio Paz (1914), ganador del Premio Nobel de Literatura en 1990, es uno de los ensayistas y poetas más prestigiosos de la literatura hispánica. Ha sido embajador de México en Estados Unidos, Japón y la India, y profesor de las universidades de Harvard, Cambridge y Pittsburgh.

"El mexicano y las fiestas" procede de su libro *El laberinto de la soledad* (1950), obra que ha sido ampliamente editada y traducida. En este libro de ensayos, Paz analiza los rasgos distintivos de la cultura mexicana. El texto que hemos seleccionado es un extracto del capítulo titulado "Todos santos, día de muertos" y contiene algunas de sus observaciones sobre las fiestas y el pueblo mexicano.

Alto • • • • •

¿Cree Ud. que son importantes las fiestas públicas? ¿Por qué? ¿Qué función tienen las fiestas en la sociedad? Compare la función de una fiesta pública y la de una privada.

▼▲▼ El mexicano y las fiestas ▼▲▼ ▼▲▼

El mexicano ama **las fiestas** y las reuniones públicas. Todo es ocasión para **reunirse.** Cualquier pretexto es bueno para interrumpir la marcha del tiempo y celebrar con festejos[1] y ceremonias hombres y acontecimientos.[2] Somos un pueblo ritual. El arte de **la Fiesta,** envilecido[3] en casi todas partes, se conserva intacto entre nosotros. En pocos lugares del mundo se puede vivir un espectáculo parecido al de las grandes **fiestas** religiosas de México, con sus colores violentos, agrios[4] y puros, sus danzas, ceremonias, fuegos de artificio,[5] trajes insólitos[6] y la inagotable[7] cascada de sorpresas de los frutos, dulces y objetos que se venden esos días en plazas y mercados.

Nuestro calendario está poblado[8] de **fiestas.** Ciertos días, lo mismo en los lugarejos[9] más apartados que en las grandes ciudades, el país entero reza,[10] grita, come, **se emborracha** y mata en honor de la Virgen de Guadalupe o del General Zaragoza. Cada año, el 15 de septiembre[11] a las once de la noche, en todas las plazas de México celebramos **la Fiesta** del Grito; y una multitud enardecida[12] efectivamente grita por espacio de una hora, quizá para callar[13] mejor el resto del año. Durante los días que preceden y suceden al 12 de diciembre, el tiempo suspende[14] su carrera, hace un alto[15] y **en lugar de** empujarnos[16] hacia una mañana siempre

---

1. festejos = celebraciones
2. acontecimientos special events
3. envilecido degraded   4. agrios *lit.,* sour, *fig.,* harsh   5. fuegos de artificio fireworks   6. insólitos = extraordinarios
7. inagotable inexhaustible
8. poblado full   9. lugarejos = pueblos pequeños   10. reza prays   11. 15 de septiembre = día de la independencia mexicana   12. enardecida = excitada
13. callar to be silent   14. suspende stops   15. hace un alto = se detiene
16. empujarnos rushing

Celebración con motivo del Día de los Reyes

inalcanzable[17] y mentiroso, nos ofrece un presente perfecto y redondo, de danza y juerga,[18] de comunión y comilona[19] con lo más antiguo y secreto de México.

Pero no bastan[20] **las fiestas** que ofrecen a todo el país la Iglesia y la República. La vida de cada ciudad y de cada pueblo está regida[21] por un santo, al que se festeja con devoción y regularidad. Los barrios y los gremios[22] tienen también sus **fiestas** anuales, sus ceremonias y sus ferias. Y, **en fin,** cada uno de nosotros — ateos,[23] católicos o indiferentes — poseemos nuestro Santo, al que cada año honramos. Son incalculables **las fiestas** que celebramos y los recursos y tiempo que gastamos en festejar.

Celebraciones con motivo del Día de la Raza y del Día de los Muertos

Nuestra pobreza puede medirse por el número y suntuosidad[24] de **las fiestas** populares. Los países ricos tienen pocas: no hay tiempo, ni humor.[25] Y no son necesarias; las gentes tienen otras cosas que hacer y cuando **se divierten** lo hacen en grupos pequeños. Pero un pobre mexicano, ¿cómo podría vivir sin esas dos o tres **fiestas** anuales que lo compensan de su estrechez[26] y de su miseria? **Las fiestas** son nuestro único **lujo;** ellas sustituyen, acaso[27] con ventaja, al teatro y a las vacaciones, al *weekend* y al *cocktail party* de los sajones,[28] a las recepciones de la burguesía y al café de los mediterráneos.

---

17. inalcanzable unattainable   **18. juerga** spree   **19. comilona** food feast   **20. no bastan** = no son suficientes
21. regida ruled   **22. gremios** = asociaciones de trabajadores   **23. ateos** atheists   **24. suntuosidad** = lujo   **25. humor** = deseos
26. estrechez = pobreza   **27. acaso** = quizás   **28. sajones** = británicos/norteamericanos

En esas ceremonias —
nacionales, locales, gremiales o
familiares — el mexicano se abre
al exterior. Todas ellas le dan
ocasión de revelarse y dialogar
con la divinidad, la patria, los
amigos o los parientes.

Durante esos días el mexicano grita, canta, arroja petardos.[29] Descarga su alma.[30] La
noche se puebla de canciones y
aullidos.[31] Los enamorados
despiertan con orquestas a las
muchachas. Hay diálogos y
burlas[32] de balcón a balcón.
Nadie habla en voz baja. Se
arrojan los sombreros al aire.
Brotan[33] las guitarras. En ocasiones, es cierto, la alegría acaba
mal: hay riñas, injurias, balazos,
cuchilladas.[34] También eso
forma parte de **la fiesta.** Las
almas estallan[35] como los
colores, las voces, los sentimientos. Lo importante es salir,

*Las máscaras y los disfraces durante los carnavales son espectacu-
lares. (Mérida, México)*

abrirse paso,[36] embriagarse[37] de ruido, de gente, de color. México está de **fiesta.** Y esa **Fiesta**
es como el revés[38] brillante de nuestro silencio y apatía, de nuestra reserva y hosquedad.[39]

En ciertas **fiestas** desaparece la noción misma[40] de Orden. El caos regresa y reina la
licencia.[41] Todo se permite: desaparecen las jerarquías habituales, las distinciones sociales, los
sexos, las clases y los gremios. Los hombres **se disfrazan de** mujeres, los señores **de** esclavos,
los pobres **de** ricos. Se ridiculiza al ejército, al clero,[42] a la magistratura.[43] Gobiernan los niños y
los locos. El amor se vuelve promiscuo. Se violan reglamentos,[44] hábitos, costumbres. El

---

29. **petardos** firecrackers   30. **descarga su alma** relieves his soul   31. **aullidos** wild shouts   32. **burlas** jokes
33. **brotan** are brought out   34. **riñas…** quarrels, insults, shots, stabbings   35. **estallan** burst out   36. **abrirse paso** to
make one's way   37. **embriagarse = emborracharse**   38. **revés** reverse side   39. **hosquedad** unfriendliness   40. **la noción**
misma the very notion   41. **licencia** licentiousness   42. **clero** clergy   43. **magistratura** judges   44. **reglamentos = leyes**

individuo respetable arroja[45] su máscara de carne y la ropa oscura que lo aísla[46] y, vestido de colorines, se esconde en una careta,[47] que lo libera de sí mismo.

Así pues, **la Fiesta** no es solamente un exceso, un desperdicio[48] ritual de los bienes[49] penosamente acumulados durante todo el año; también es una revuelta.[50] A través de la **Fiesta** la sociedad se libera de las normas que se ha impuesto. **Se burla de** sus dioses, de sus principios y de sus leyes: se niega a sí misma.

La sociedad comulga[51] consigo misma en **la fiesta.** Todos sus miembros vuelven a la confusión y libertad originales. La estructura social se deshace y se crean nuevas formas de relación, reglas[52] inesperadas, jerarquías caprichosas. Las fronteras[53] entre espectadores y actores, entre oficiantes y asistentes, se borran.[54] Todos forman parte de **la fiesta,** todos se disuelven en un torbellino.[55] Cualquiera que sea su índole,[56] su carácter, su significado, **la Fiesta** es participación. Este rasgo[57] la distingue de otros fenómenos y ceremonias: laica[58] o religiosa, **la Fiesta** es un hecho social basado en la activa participación de los asistentes.

---

45. **arroja** throws away   46. **aísla** = separa   47. **careta** = máscara   48. **desperdicio** waste   49. **los bienes** = el dinero
50. **revuelta** = rebelión   51. **comulga** communicates   52. **reglas** rules   53. **fronteras** boundaries   54. **se borran** are blurred   55. **torbellino** = confusión   56. **índole** = tipo   57. **rasgo** = característica   58. **laica** = no religiosa

¿Entendido? • • • • •

1. ¿Por qué son especiales las fiestas religiosas de México?
2. ¿Qué clase de fiestas se celebran en México? ¿En qué días se celebran algunas de estas fiestas?
3. ¿Celebran los mexicanos muchas fiestas porque son pobres o son pobres porque celebran muchas fiestas?
4. Según el autor, ¿cuáles son los aspectos positivos y negativos de las fiestas?
5. Explique la frase: "La fiesta es también una revuelta."
6. ¿Celebran todos los mexicanos las fiestas o sólo los pobres?

En mi opinión • • • • •

1. Según lo que Ud. acaba de leer, ¿son muy diferentes las fiestas mexicanas de las que Ud. celebra?
2. ¿Qué actividades realiza Ud. el día de Navidad, el día de Año Nuevo, Pascua *(Easter)*, el día de San Valentín, el cuatro de julio, el Día de la Madre…? Mencione tres para cada fiesta.
3. Contraste y compare el propósito de la fiesta en México y en Estados Unidos. ¿Hay algún factor importante en uno de estos países que no exista en el otro?
4. A veces Paz cae en los estereotipos del mexicano en este ensayo. ¿Puede señalar algún ejemplo?
5. Comente el efecto de los disfraces y las máscaras. ¿Por qué pueden resultar reveladores y liberadores?

En (inter)acción ● ● ● ● ●

Decidan cuál es la fiesta más popular entre los estudiantes. A continuación tienen una lista de fiestas a la que pueden añadir otras. Cada estudiante debe preguntar sobre una fiesta específica y comunicar a la clase el resultado de su encuesta.

Fiesta	Sí	No	No sabe/no contesta
1. San Valentín			
2. Año Nuevo			
3. el Día de la Independencia			
4. el Día de Acción de Gracias			
5. el Día de la Madre			
6. el Día del Padre			
7. el Día del Trabajo (Labor Day)			
8. Pascua (Easter)			
9. Hannukah			
10. Navidad			
11. el Día de la Raza/Hispanidad (12 de octubre)			
12. el Día de los (Santos) Inocentes (28 de diciembre)			
13. el primero de abril			

Mejor dicho ● ● ● ● ●

A. **Conocer/encontrarse con/reunirse.** Los tres verbos traducen *to meet*. **Conocer** en el pretérito significa *to meet for the first time;* **encontrarse con** equivale a *to come across* o *to run into*. **Reunirse** se emplea para expresar *to have a meeting* o *get together*.

> Lo **conocí** en Toledo.
> ¡Qué sorpresa! **Me encontré** con Jesús en la calle Mayor.
> La junta **se reunirá** a las 12:00.

B. Costumbre/disfraz, disfrazarse/aduana. Costumbre significa *habit, custom. Costume* es **disfraz** (*pl.* **disfraces**) y **disfrazarse (de)** significa *to disguise oneself. Customs* es **la aduana.**

¿Qué **costumbres** tiene tu familia?

No sé de qué **disfrazarme** para el concurso de **disfraces.**

No siempre hay que abrir las maletas en **la aduana.**

Práctica

A. Cuéntele a su compañero/a detalladamente dónde y cuándo conoció a su mejor amigo/a o a su novio/a.

B. ¿Se ha encontrado alguna vez con alguien famoso? Coméntele el encuentro a su compañero o grupo. A continuación tiene un ejemplo.

Una anécdota verdadera

Yo me encontré con Richard Nixon en Madrid, cuando él ya no era presidente. Mis amigos y yo estábamos en un bar cuando alguien lo vio paseando por la calle. Encarna salió del bar con un vaso de vino y le ofreció un poco. Él bebió y, a cambio de la invitación, le firmó a mi amiga un autógrafo en una servilleta.

C. Explique dónde se reúnen los siguientes grupos de personas y para qué.

los ejecutivos	los estudiantes de física
Siskel y Ebert	los atletas
la policía	los niños de 3 a 5 años
los médicos	el jurado (*jury*)

D. Explique a su compañero/a por qué las costumbres siguientes son buenas o malas.

1. Llegar muy tarde a una fiesta
2. Ir al dentista una vez al año
3. Tomar un café antes de acostarse
4. Aparcar en un lugar prohibido
5. Posponer el trabajo
6. Leer las cartas de otra persona
7. Estudiar la noche anterior a un examen
8. Levantarse antes de las 6:00 de la mañana

Ahora, dígale a la clase una costumbre suya que es buena y otra mala.

E. Cada estudiante propone un disfraz de persona, cosa, idea o concepto. Entre toda la clase decidan cuál es el más original.

F. En el ático ha encontrado algunos objetos. Mencione las posibilidades que estos objetos presentan para disfrazarse de alguien o algo.

Modelo: una sábana *(sheet)* blanca
Con ella puedes disfrazarte de fantasma o de romano/a.

una guitarra eléctrica   dos dientes largos
un traje verde   un vestido negro largo
una capa roja   unas gafas y un bigote

G. **¿Qué hay en una aduana?** Todos los estudiantes deben contestar la pregunta y memorizar lo que dicen los demás. Sigan el ejemplo.

Ejemplo: **E1.** En una aduana hay viajeros.
E2. *En una aduana hay viajeros e inspectores.*

Creación ● ● ● ● ●

Explique detalladamente por escrito alguna fiesta hispánica o norteamericana que conozca bien. ¿Qué día se celebra? ¿Qué actividades se realizan ese día? Aquí tiene algunas sugerencias: los carnavales, el Día de todos los Santos, los Sanfermines, las Fallas, Corn Fest, Homecoming…

▼▲▼ En resumen ▼▲▼ ▼▲▼

1. Lean la tira cómica que aparece a continuación y coméntenla en clase después de contestar las preguntas en grupos pequeños. Antes de leer, deben saber que los niños de la tira cómica eliminan en algunos casos las últimas sílabas de las palabras.

Antes de leer

Por ejemplo: colegio   ➝ cole
Sebastián ➝ Sebas

a. ¿Podría Ud. decir qué significan estas palabras?

profe   bici   tele   peli

b. ¿Cuál es la forma abreviada de estas palabras?

motocicleta   fotografía   cinematógrafo   metropolitano

Después de leer

a. Identifique el tipo de persona que es cada personaje *(character)*.
b. ¿Qué personaje representa la opinión de Ud. sobre la Navidad?

Aquí tienen algunas palabras para ayudarles a entender la tira cómica.

1. patochada = estupidez   2. autonomía = cada región en que se divide España   3. se enternece becomes (emotionally) moved   4. colar goles to score points   5. despilfarro waste   6. corrumpida = corrupta   7. odias you hate   8. vale O.K.   9. no había caído = no me había dado cuenta   10. ¿Importa? Does it matter?

2. Las fiestas tradicionales no son siempre del agrado de todos los ciudadanos. Muestra de ello es el folleto siguiente en contra de las corridas de toros realizado por la Asociación para la Defensa de los Derechos de los Animales (Madrid).

Preguntas

1. ¿Qué pretende *(intends)* la Asociación para la Defensa de los Derechos de los Animales?
2. ¿Qué piensa Ud. de las corridas de toros? ¿Deben existir porque es una tradición nacional? ¿Son más importantes los derechos de los animales que las tradiciones?
3. ¿Qué le parecen a Ud. las peleas de gallos *(cockfights)* o de perros? ¿Conoce Ud. otras actividades, deportes, etc. que tengan como protagonistas a animales?
4. ¿Es Ud. vegetariano? ¿Por qué (no)?
5. ¿Qué piensa Ud. del boxeo?

3. Canción

La Puerta de Alcalá

Cantan: Ana Belén y Víctor Manuel

Ana Belén y Víctor Manuel son dos de los cantantes más populares de España. En 1986 grabaron un álbum doble titulado "Para la ternura/siempre hay tiempo", que tuvo un gran éxito. "La Puerta de Alcalá" es una de las canciones más pegadizas del álbum.

Lea la canción e intente contestar las preguntas que siguen.

Acompaño a mi sombra° por la avenida,	*shadow*
mis pasos° se pierden entre tanta gente,	*steps*
busco una puerta, una salida,	
donde convivan° pasado y presente.	*coexist*
De pronto, me paro, alguien me observa	
levanto la vista° y me encuentro con ella	*I look up*
y ahí está, ahí está, ahí está, ahí está	
viendo pasar el tiempo: la Puerta de Alcalá.	
Una mañana fría llegó Carlos III,	
con aire insigne se quitó el sombrero	
muy lentamente bajó de su caballo	
con voz profunda le dijo a su lacayo:°	*servant*
Ahí está, la Puerta de Alcalá,	
ahí está, ahí está viendo pasar el tiempo,	
la Puerta de Alcalá.	
Lanceros° con casacas,°	*pikemen/uniforms*
monarcas de otras tierras	
fanfarrones° que llegan inventando la guerra,	*boasters*
milicias° que resisten bajo el NO PASARÁN,	*grupo organizado de gente armada*
el sueño eterno como viene se va,	
y ahí está, ahí está, la Puerta de Alcalá	
ahí está, ahí está, viendo pasar el tiempo	
la Puerta de Alcalá.	

Todos los tiranos se abrazan° como hermanos

embrace

exhibiendo a las gentes sus calvas° indecentes

bald heads

manadas de mangantes,° doscientos estudiantes

mobs of thieves

inician la revuelta, son los años sesenta,

y ahí está, ahí está la Puerta de Alcalá

ahí está, ahí está viendo pasar el tiempo

la Puerta de Alcalá.

Un travestí perdido, un guardia pendenciero,°

quarrelsome

pelos colorados, chinchetas° en los cueros,°

studs/leather jackets

rockeros insurgentes, modernos complacientes,°

obliging

poetas y colgados,° aires de libertad

addicts

y ahí está, la Puerta de Alcalá

ahí está viendo pasar el tiempo

la Puerta de Alcalá.

La miro de frente y me pierdo en sus ojos

sus arcos me vigilan°

watch

su sombra me acompaña

no intento esconderme,° nadie la engaña

to hide

toda la vida pasa por su mirada.

Mírala, mírala, mírala, mírala,…

La Puerta de Alcalá.

Preguntas

1. ¿Qué es la Puerta de Alcalá? ¿Dónde se encuentra?
2. ¿Por qué es importante la Puerta de Alcalá?
3. ¿Entendió Ud. las referencias a la historia de España a las cuales alude la canción? Mencione algunas.
4. ¿Qué relación tiene el contenido de la canción con el tema de esta unidad?
5. ¿A qué monumento le dedicaría Ud. una canción? ¿Por qué?

La Puerta de Alcalá fue construida en el siglo XVIII durante el reinado de Carlos III. (Madrid, España)

LOS MARGINADOS

▼▲▼ El indio latinoamericano de hoy ▼▲▼ ▼▲▼

Palabra por palabra ● ● ● ● ●

el **antepasado**	ancestor
la **concienciación**	awareness
la **cuestión***	theme, subject, question
el **derecho**	right
el **desarrollo**	development
despectivo/a	disdainful, pejorative
distinto/a	different
la **igualdad**	equality
merecer	to deserve
mezclarse con	to mix with
la **población**	population

● ●

hoy (en) día	nowadays

Práctica

En parejas, contesten las preguntas siguientes. Atención a las palabras del vocabulario.

1. ¿De dónde son sus antepasados? ¿Ha visitado el país de origen de sus antepasados?
2. ¿Sabe aproximadamente cuál es la población de su ciudad? ¿Cuál es la ciudad de EEUU de mayor población?
3. ¿Cuáles son algunos de los derechos garantizados por la constitución de los Estados Unidos? ¿Cree Ud. que es justo limitar los derechos de algún grupo?
4. ¿Qué sabe Ud. de la historia de los indios de Estados Unidos? ¿Es su población ahora mayor que en el pasado? ¿Tienen algunas demandas sociales, políticas o económicas? ¿Merecen más respeto? ¿Más ayuda económica? En su opinión, ¿qué merecen?

Repaso gramatical: La posición del adjetivo

Introducción ● ● ● ● ●

Durante los últimos quinientos años la población indígena americana ha sido explotada por los blancos y sus descendientes. En 1992, en el momento del quinto centenario del llamado descubrimiento de América, se ha comenzado a reevaluar la cuestión india y a buscar modos de desarrollar una cultura integrada donde todos tengan un lugar.

La siguiente lectura expone brevemente la situación actual del indio en los países latinoamericanos.

Alto ● ● ● ● ●

La llegada de los españoles a América en l492 se ha denominado erróneamente el *descubrimiento*. ¿Qué término será el más apropiado para denominar este acontecimiento histórico (encuentro, conquista, invasión, genocidio, catástrofe…)?

▼▲▼ El indio latinoamericano de hoy ▼▲▼ ▼▲▼

Tanto en el norte como en el sur del continente americano[1] los exploradores europeos encontraron una población nativa a la que llamaron indios (porque Colón creyó haber llegado a la India). Ahí empiezan y terminan las semejanzas[2] del encuentro de las dos culturas a ambos lados del hemisferio porque la colonización tomó rumbos **distintos** de acuerdo con las ideas y la situación de cada una.

Los colonos ingleses vinieron con sus familias y vivieron al margen[3] de las tribus indias — con frecuencia nómadas — a las que fueron expulsando poco a poco de sus tierras hasta dejarlas, **hoy en día,** limitadas a zonas reservadas. Los conquistadores españoles, en cambio, llegaron solos al nuevo mundo y **se mezclaron con** mujeres nativas, pertenecientes a culturas desarrolladas y a veces mucho más avanzadas que la propia europea. Mientras que en el norte las razas se mantenían separadas en el sur se fueron formando diferentes grupos, proliferando más tarde con la importación de esclavos negros. Así tenemos a los indios puros, los blancos (de origen europeo), los mestizos (blanco e indio), los negros (de origen africano), los mulatos (blanco y negro), y los cholos (indio y negro). Es interesante notar que para los indios, que prefieren ser llamados indígenas o campesinos por considerar *indio* un término **despectivo,** sólo hay dos categorías: indio y ladino (no indio).

Hoy día, sin embargo, la categoría de indio se define no por el aspecto físico de la persona sino por su condición social. Es decir, se trata de una clasificación cultural más que puramente racial. Según algunos sociólogos, indios son los que viven más o menos aislados de las corrientes contemporáneas, continúan las tradiciones y fiestas de sus **antepasados,** y hablan

---

1. **Existe un problema en cuanto a la denominación de los continentes. Para los anglosajones América del Norte y América del Sur son dos continentes. Para el resto del mundo son sólo uno: el continente americano.   2. semejanzas = similaridades   3. al margen = distanciados**

"Desde la conquista los indios han sido explotados…"

una lengua distinta del español (náhuatl,[4] quechua[5] o guaraní[6] por ejemplo). El total asciende hoy aproximadamente a 40 millones de indios en Centro y Sur América.

Es indudable que **la cuestión** palpitante[7] de Latinoamérica es la situación del indio aunque, dadas las crisis económicas y políticas que ha sufrido el continente, no siempre recibe la urgencia que **merece.** Esto no es nuevo. Desde la llegada de los europeos los indios han sido, en el mejor de los casos, ignorados, cuando no abiertamente explotados o marginados.

Esta situación dura ya cinco siglos. Algunos de los cambios ocasionados por la conmemoración del quinto centenario de la llegada de Colón representan un intento de integración y revaloración de este grupo étnico. Se aspira a forjar[8] una nueva relación con los indios basada en el principio de autodeterminación para los pueblos indígenas.

Como ocurre con otros grupos étnicos, la **población** indígena de Latinoamérica ha venido desarrollando — o recuperando — una identidad colectiva en las últimas décadas, a la vez que ha habido una **concienciación** de sus problemas por parte de la sociedad. Los indios

---

4. **náhuatl** = principalmente en la zona central de México   5. **quechua** = en el Ecuador, Perú y Bolivia   6. **guaraní** = en Paraguay
7. **palpitante** = importante   8. **forjar** = crear

latinoamericanos esperan que esta década traiga la oportunidad de establecer un diálogo de **igualdad** entre los diversos sectores de las sociedades de Hispanoamérica y exigen, según documentos presentados al Congreso Indigenista Interamericano de 1980, la participación, tanto en decisiones que los afecten directamente como en **cuestiones** de carácter nacional. Sus demandas pueden resumirse en cinco categorías:

1. Definición de sus territorios.
2. Participación en **el desarrollo** económico del país.
3. Autonomía cultural, especialmente **el derecho** a utilizar su propia lengua.
4. Libertad política para gobernarse y dirigir sus propios asuntos.
5. Justicia social y respeto a sus **derechos** humanos.

¿Entendido? • • • • •

1. Explique las diferencias básicas entre la colonización de Norte y Sur América por los europeos. ¿Puede Ud. añadir otras diferencias?
2. Según el texto, ¿a quién se puede considerar indio? Explique su respuesta. ¿Qué otros grupos étnicos hay en Latinoamérica?
3. ¿Cuál ha sido la posición del indio en Latinoamérica desde la conquista española? ¿Por qué? Dé ejemplos.
4. ¿Qué cambios han ocurrido en la forma de vida de los indios y en la sociedad latinoamericana en las últimas décadas? ¿Hay alguna razón específica para estos cambios?
5. ¿Cuáles son algunas de las demandas de los grupos indígenas?

En mi opinión • • • • •

1. ¿Cree Ud. que esté justificada la discusión ocasionada por los nombres de los distintos grupos étnicos o nacionalidades? ¿Cómo prefieren llamarse los indios norteamericanos? ¿Por qué? ¿Entiende Ud. sus razones? ¿Cómo prefiere llamarse la gente de color? ¿Y los hijos de orientales y norteamericanos?
2. La constitución de Estados Unidos garantiza libertad e igualdad para todos los ciudadanos. ¿En qué difieren la teoría y la práctica de ese principio? ¿Es utópica o realista la idea de igualdad?
3. ¿Qué opina Ud. de los nombres de algunos equipos, como los "Braves", los "Indians", los "Redskins"? ¿Son despectivos estos nombres para la población indígena de EEUU?
4. ¿Cómo presentan los libros de historia "el descubrimiento" de América? ¿Tienen en consideración el punto de vista de los indios y lo que significa para ellos esta fecha *(date)*? En su opinión, ¿para quién tenía sentido la celebración del quinto centenario del "descubrimiento"?

En (inter)acción ● ● ● ● ●

1. Comenten críticamente la presentación de las minorías o de las clases marginadas en alguna película o libro que Uds. conozcan. (Sugerencias: *Stand and Deliver, Dancing with Wolves, Born in East L.A., El Norte, The Color Purple…*)
2. Observen las semejanzas y diferencias entre el horóscopo mochica y el suyo tradicional.

JAA agua-enero

JIAN sol-abril

NII mar-julio

SHACCHE nido-octubre

PON piedra-febrero

GHIIS tierra-mayo

QUECHCAN canto-agosto

NECH río-noviembre

OOG candela-marzo

SHIAC pez-junio

FAIG junco-setiembre

SHI luna-diciembre

Mejor dicho ● ● ● ● ●

Cuestión/pregunta. *Question* se traduce en español como **cuestión** cuando equivale a *theme, subject, matter* y como **pregunta** en los demás casos.

La cuestión palpitante de Latinoamérica es la situación del indio.

Es **cuestión** de respetar las diferencias culturales.

Esas **preguntas** no se pueden responder todavía.

Práctica

1. En parejas, mencionen tres cuestiones sociales y políticas que les interesan a los dos.

   Modelo: *Una cuestión que me interesa es la diferencia de privilegios entre los ricos y los pobres. ¿Y a Ud.?*

2. Ahora hagan cinco preguntas sobre una de las cuestiones elegidas.

   Modelo: *¿Por qué hay menos ricos que pobres en la cárcel (jail)?*

3. ¿Qué no le gusta que le pregunten? ¿Cuánto costó algo? ¿Su edad? ¿Qué preguntas no se atreve *(dare)* a hacerles a sus padres? ¿Es cierto que hay "preguntas indiscretas" o sólo "respuestas indiscretas"? ¿Cuál sería una?

4. ¿Cuál es una cuestión importante para Ud.? ¿Cuál cree Ud. que es la "cuestión palpitante" de nuestros tiempos: las armas nucleares, las clases sociales, las naciones, el aborto, las relaciones entre las razas o entre los sexos, los valores familiares?

Creación ● ● ● ● ●

Invente una conversación entre un indio latinoamericano y uno norteamericano en la que comenten su pasado y su situación actual.

▼▲▼ Un lacandón perdido en el asfalto ▼▲▼ ▼▲▼
Inmaculada de la Fuente

Palabra por palabra ● ● ● ● ●

apenas	barely, hardly
descansar	to rest, relax
llevar*	to carry, take
la **mayoría de**	most of
el **peligro**	danger
relacionar con	to relate to, connect with
el **resultado**	result
resumir	to summarize
sentir/se*	to feel
la **vuelta**	return

● ●

estar a punto de + *inf.*	to be about to
otra vez	again

Práctica

En parejas, contesten las preguntas siguientes. Atención a las palabras del vocabulario.

1. ¿Descansa bastante la mayoría de los estudiantes? ¿Cómo se siente Ud. cuando apenas ha descansado?
2. Cuéntele a un/a compañero/a una experiencia personal en la que su vida estuvo en peligro.
3. ¿Ha vuelto Ud. a algún lugar después de mucho tiempo? ¿Qué experimentó a la vuelta?
4. Resuma los problemas principales de los jóvenes de hoy día.

Repaso gramatical: Las expresiones de comparación

Introducción ● ● ● ● ●

Kayum Maax, un lacandón (indio de origen maya), viajó con su familia a España, invitado por la Sociedad Estatal Quinto Centenario para filmar una película. Durante su visita, Kayum recorrió diversas ciudades españolas y pudo observar modos de vida y ambientes diferentes a los que estaba acostumbrado en la selva mexicana.

Alto ● ● ● ● ●

¿Sabe Ud. algo de las comunidades indias norteamericanas? ¿Qué tradiciones tenían que ya no tienen? ¿Por qué han cambiado sus tradiciones? ¿Qué otros factores pueden alterar las tradiciones y costumbres de un pueblo o cultura?

▼▲▼ Un lacandón perdido en el asfalto ▼▲▼ ▼▲▼

I.

Kayum Maax vive habitualmente en la selva, en el poblado de Nahá, al sur de México. Comparte[1] su casa de abeto[2] y cemento con su mujer y sus tres hijos. Hasta hace unos años las casas eran de escoba y paja,[3] "muy frescas". Pero la escoba empezaba a escasear[4] y hubo de ser reemplazada por otros materiales.

Como **la mayoría de** los lacandones del poblado, Kayum se acuesta pronto, **apenas** iniciado el anochecer,[5] y se levanta a las cinco y media de la mañana, en una perfecta sincronización solar que hace inútil el despertador.[6] No conoce el insomnio, ni éste es un mal frecuente en Nahá.

La vida natural es realmente maravillosa para Kayum, pero la sociedad de consumo está también a la vuelta de la esquina.[7] Una contradicción que no impide que la vida en Nahá siga

---

1. comparte shares   **2. abeto** fir tree   **3. escoba y paja** broom (*plant*) and straw   **4. escasear** to be scarce   **5. anochecer** nightfall   **6. despertador** alarm clock   **7. a la vuelta…** just around the corner

siendo extraordinariamente simple. "Durante el día voy unas horas a cultivar mi milpa.[8] Luego vuelvo a casa, como y me tumbo[9] en mi hamaca a **descansar.** O me pongo a pintar. Y si llueve, no voy a la milpa. Me quedo en la hamaca," dice con sencillez.

Tal vez las cosas cambien dentro de poco, cuando llegue la electricidad y el teléfono introduzca modificaciones en los ritmos del tiempo. Las bombillas[10] acabarán entonces con ese mundo poético donde reinan las velas.[11] De momento,[12] la vida de Kayum y sus vecinos es una mezcla de primitivismo salpicado[13] de algún elemento urbano como el transistor o algún otro aparato electrónico. Entre tanto,[14] todavía existen dos mundos para Kayum y los suyos: el de los lacandones y el de los ladinos (es decir, el resto, por extensión).

Los lacandones de Nahá son los que conservan con más pureza[15] su identidad, pero sobreviven otros dos grupos igualmente en

Kayum Maax en su ambiente habitual, la selva de Nahá (Chiapas, México)

la selva de Chiapas. En conjunto, no más de 450 almas.[16] Las crónicas de los españoles de los siglos XVI y XVII los pintan como seres feroces que utilizaban víctimas humanas para sus sacrificios religiosos, pero tal vez se debió a su inicial fracaso en someterlos.[17] Vencidos[18] finalmente, fueron instalados lejos de la selva en diversos asentamientos,[19] lo que propició su disgregación[20] posterior.

En los años 70, Chankin (padre de Kayum y jefe religioso de la comunidad) y uno de sus hijos negociaron con el presidente Luis Echevarría la cesión del territorio que hoy poseen, pero secularmente han mostrado cierto desdén hacia el poder. Organizados de forma autónoma, defienden a ultranza[21] la ecología. Chankin consiguió que no cortaran sus caobos,[22] por los que le pagaban una cantidad miserable. **El resultado** es un entorno más frondoso,[23] aunque siempre amenazado[24] por los explotadores de madera.

---

8. **milpa** field   9. **me tumbo** I lay down   10. **bombillas** light bulbs   11. **velas** candles   12. **de momento** so far 13. **salpicado** spattered   14. **entre tanto** meanwhile   15. **pureza** purity   16. **almas** = personas   17. **fracaso en someterlos** failure to dominate them   18. **vencidos** defeated   19. **asentamientos** settlements   20. **propició...** = favoreció su dispersión 21. **a ultranza** at any cost   22. **caobos** mahogany trees   23. **frondoso** leafy   24. **amenazado** threatened

Una madre de ascendencia indígena con sus hijas (Otávalo, Ecuador)

Los lacandones **relacionan** el fin del mundo **con** el desastre ecológico, **con** la muerte de la vegetación. Y, por extensión, **con** la pérdida total de su identidad y el abandono de sus dioses. Por eso, resistir a la tala[25] del bosque y a la contaminación[26] es sobrevivir.

II.

Las cosas están cambiando en diversos frentes y mantener todas las tradiciones ya no es posible. "Hace años que uso botas en vez de chanclas.[27] Cuando era pequeño me fui con mis hermanos a la selva, a una zona donde mi padre estaba cosechando[28] tabaco. Iba medio descalzo.[29] Y una víbora venenosa me mordió[30] el pie. Me **llevaron** a casa y **estuve a punto de** morir. Desde entonces, me puse zapatos," sigue narrando Kayum.

La poligamia, tradicional en otras épocas está desvaneciéndose.[31] El padre de Kayum, nacido el siglo[32] pasado, ha tenido tres esposas conviviendo con él de forma simultánea. Pero la generación de Kayum ya no ejerce[33] fácilmente esta prerrogativa masculina. "Ya no se puede. Ahora sólo hay una mujer, porque ellas no quieren que haya más y te buscan pleitos[34] en seguida. Si te gusta otra, lo mejor es que no se sepa, porque si no, tu mujer te deja", dice Kayum.

La mixtura con el mundo civilizado parece inevitable. Sus nombres tradicionales empiezan a sufrir la influencia de los nombres cristianos. Es frecuente que las mujeres jóvenes vayan a dar a luz[35] a los hospitales de la zona y que a continuación inscriban al neófito[36] con un doble nombre, que incluye el tradicional lacandón y el del doctor o la doctora que atendió el parto.[37]

---

25. **tala** = corte   26. **contaminación** pollution   27. **chanclas** = tipo de sandalias   28. **cosechando** harvesting   29. **descalzo** bare-foot   30. **víbora…mordió** a poisonous snake bit me   31. **desvaneciéndose** disappearing   32. **siglo** century   33. **ejerce** exercises   34. **te buscan pleitos** quarrel with you   35. **dar a luz** to give birth   36. **neófito** newborn   37. **parto** birth

Por otro lado, los jóvenes lacandones que abandonan el núcleo primitivo para ir a estudiar o a trabajar a San Cristóbal y Palenque, lo que hacen es asimilarse directamente al medio urbano.

III.

Kayum inició[38] a finales del año pasado un largo viaje a Europa, concretamente a España. Como Ulises,[39] quería alejarse de su entorno[40] para conocer otros modos de vida, pero su objetivo era, desde el inicio, regresar.

Kayum se presentó en el aeropuerto de Barajas con su traje de lacandón, una túnica blanca que le cubre hasta las rodillas.[41] (Aunque las mujeres lacandonas han adoptado gran parte de la vestimenta[42] ladina mezclada con sus adornos tradicionales, los hombres suelen ser fieles[43] a la túnica ancestral.)

Madrid, donde estuvo una semana, le resultó a Kayum una ciudad decididamente oscura e inhóspita. En la selva de la que procede no hay más **peligros** o novedades que las atribuidas al poder incomprensible de los dioses. Ni su espesura,[44] ni su densa humedad guardan secretos infranqueables[45] para él.

"Allí **me siento** libre. El aire que respiramos[46] es natural y no hay mucho tráfico. Tenemos algunos camiones y motocicletas para movernos o para **llevar** nuestros productos a San Cristóbal, pero **apenas** perturban[47] nuestra vida. En la selva, además, no se necesita dinero para vivir", observa Kayum Maax. "En la milpa sembramos[48] maíz y frijoles y toda clase de hortalizas."[49] Y la abundancia y variedad de carne parece generosa. "Tenemos cabritos, venados, faisanes, puercos de monte,[50] etcétera. Todo ello sin pagar nada, simplemente como consecuencia de alargar[51] el brazo para cazar."[52]

Por el contrario "en una ciudad como Madrid me siento perdido", dice. La inmersión en la vida española le produjo una constante sensación de perplejidad. De la cadena de montaje[53] de automóviles sacó la conclusión de que los hombres que trabajan allí "no pueden parar; sólo paran para comer. Y en seguida **otra vez** a trabajar" repetía. "Hay mucho bar aquí y mucho whisky," opinó sobre algunas de sus noches de copas. "La gente bebe mucho. No es que vea muchos borrachos, pero a mí no me cae bien el alcohol; si bebiera como ellos estaría patinando[54] todo el día." Pero lo que más le inquietaba[55] de esta sociedad es que vivir cueste dinero. "Hay que pagar por la casa, por la luz, por el teléfono, por la comida, por todo. Y hay que trabajar mucho para tener mucho dinero para poder pagarlo todo", **resumió** a su padre a **la vuelta.**

---

38. inició = comenzó   **39. Ulises** *(héroe de la mitología griega)* Ulysses   **40. entorno** environment   **41. rodillas** knees **42. vestimenta** = ropa   **43. fieles** faithful   **44. espesura** thickness   **45. infranqueables** undecipherable   **46. respiramos** breathe   **47. perturban** disturb   **48. sembramos** sow   **49. hortalizas** = vegetales   **50. cabrito…** kids, deer, pheasants, wild boars   **51. de alargar** of extending   **52. cazar** to hunt   **53. cadena de montaje** assembly line   **54. patinando** tripping   **55. inquietaba** made him uneasy

¿Entendido? • • • • •

1. ¿Quién es Kayum Maax? ¿Cómo es su vida diaria?
2. ¿Qué se sabe del pasado de los indios lacandones? ¿Cómo podemos conocer mejor su historia?
3. Señale tres tradiciones de los lacandones que han cambiado o están cambiando.
4. ¿Qué trabajo tiene Kayum? ¿Recibe dinero por su trabajo? ¿Es su trabajo similar al de las personas que conoció en Madrid?
5. ¿Qué relación hay entre estos indígenas y la ecología?
6. ¿Cómo llama Kayum a los que no son indios?
7. ¿Tienen los lacandones cultura y lengua propias?
8. Durante su viaje a España, ¿qué le sorprendió a Kayum?

En mi opinión • • • • •

1. ¿Qué opina Kayum del trabajo? ¿Por qué no le gusta el modo de vida de los que "viven para trabajar"? ¿Es compatible su visión del trabajo y la del mundo llamado "civilizado"? ¿Cuánto tiempo podrán seguir viviendo los indios de esta manera?
2. ¿Por qué participan o no los lacandones en la vida política? ¿Y en el desarrollo del país?
3. En su opinión, ¿cuál será el futuro de los lacandones? ¿Se incorporarán completamente los indios a la sociedad de consumo? ¿Será positiva o negativa esta incorporación para los indios? ¿Y para el resto de la sociedad?
4. ¿En qué detalles difiere su vida de la de Kayum? ¿Qué vida prefiere Ud.? ¿Por qué?

En (inter)acción • • • • •

1. Mencionen algunas tradiciones que se han perdido o se están perdiendo en su familia, estado o país.
2. Comenten en grupos la posible reacción de tres personas de diferente procedencia étnica o edad que visitaran Las Vegas.

Mejor dicho • • • • •

A. **Sentirse/sentir (ie, i).** Es un verbo reflexivo si tiene como complementos adverbios, adjetivos o participios pasados. No es un verbo reflexivo si va seguido de un sustantivo.

> En la selva **me siento** *libre,* pero en Madrid **me siento** *perdido. (adj.)*
> No **sintieron** ninguna *compasión* por ellos. *(sust.)*

Recuerde que **sentir** significa también *to regret* y que la expresión **lo siento** significa *I am sorry.* ¡Cuidado! En español **sentir** *nunca* quiere decir *to think,* como ocurre en inglés con el verbo *to feel.* En ese caso se usa **creer.**

B. Tomar/llevar. El verbo *to take* se expresa en español con dos verbos diferentes: **tomar** y **llevar**. **Tomar** significa *to grab* o *to catch (a bus…)* y, con bebidas, *to (in)take*.

> **Toma** estos huaraches y dame tus zapatos.
> Es demasiado tarde para **tomar** el tren.
> Todas las noches **tomamos** un café después de cenar.

Llevar se utiliza para expresar la idea de *to carry, to take someone or something somewhere.*

> **Me llevaron** a casa y estuve a punto de morir.
> Si tú **llevas** este paquete, yo **llevaré** el otro.

Recuerde que **llevar** significa también *to wear.*

> Los lacandones todavía **llevan** la túnica tradicional.

Práctica

A. En parejas, contrasten cómo se siente Kayum en Nahá y en Madrid.

B. Con su compañero/a, contesten las preguntas que siguen.

1. ¿Quién llevó a Kayum a España? ¿Por qué lo llevó? ¿A quiénes llevó Kayum consigo en ese viaje?
2. ¿Qué tomaron Kayum y su familia para ir a España: un avión o un barco? En Madrid, ¿tomó Kayum la iniciativa de conocer otros modos de vida? Explique.
3. Según Kayum, ¿toman mucho alcohol los madrileños? ¿Por qué no quería él tomar whisky?

Creación ● ● ● ● ●

1. Imagine Ud. que visita Nueva York o San Francisco por primera vez. Escriba una composición comentando la impresión que le causa la ciudad. Utilice el mayor número posible de adjetivos, prestando atención a su posición.
2. Piense en lo que podemos aprender de la gente de otras culturas menos desarrolladas tecnológicamente. ¿Hasta qué punto depende nuestro bienestar, satisfacción, felicidad de los adelantos técnicos? ¿Sin qué aparatos podría sobrevivir Ud.?

Calés y payos
Juan de Dios Ramírez Heredia

Palabra por palabra ● ● ● ● ●

la **actualidad**	nowadays
las **afueras**	the outskirts *(of a city)*
el **desprecio**	scorn, disdain, contempt
la **marginación**	exclusion, setting apart
perseguir	to pursue, persecute
solamente*	only

a través de	across, through
ganarse la vida	to earn a living
llevar a cabo	to carry out
no obstante	nevertheless
por eso	for that reason

Práctica

En parejas, contesten las preguntas siguientes. Atención a las palabras del vocabulario.

1. A través de la historia, ¿cree Ud. que haya cambiado la vida de los indios? A través de los últimos cincuenta años, ¿ha mejorado la vida de los pobres en Estados Unidos? ¿Qué pruebas hay de ello?
2. ¿Por qué fueron perseguidos los negros? ¿Quiénes perseguían a los judíos? ¿Por qué? ¿Qué otras causas de persecuciones hay?
3. ¿Cómo se gana la vida la gente que no sabe leer? ¿Puede ganarse la vida la gente que no habla inglés en los EEUU?
4. ¿Vive Ud. en el centro o en las afueras de su ciudad? Y las personas más pobres, ¿dónde? ¿Por qué?
5. ¿Quiénes desprecian los bienes materiales? ¿Quiénes no? ¿Y la violencia? Mencione un grupo que la usa y uno que la desprecia.

Repaso gramatical: Las palabras afirmativas y negativas
La formación del adverbio en *-mente*

Introducción · ● ● ● ●

Juan de Dios Ramírez Heredia (1942) es uno de los pocos gitanos famosos e influyentes que no es ni torero ni cantante de flamenco. Estudió la carrera de derecho y hoy día es diputado por el Partido Socialista Obrero Español.

La siguiente lectura, procedente del libro de Juan de Dios titulado *Nosotros los gitanos* (1972), presenta algunos de los sucesos históricos y problemas sociales que han afectado y afectan todavía a los gitanos españoles.

Alto ● ● ● ● ●

¿Sabe Ud. algo de los gitanos: cómo se ganan la vida, dónde viven, cómo se visten? ¿Cómo sabe Ud. esas cosas? ¿Tiene Ud. una visión estereotipada de ellos? ¿Le parecen seres misteriosos? ¿Ha conocido Ud. a alguno personalmente?

▼▲▼ Calés y payos ▼▲▼ ▼▲▼

Por amor a la libertad nuestros antepasados abandonaron la India huyendo[1] de los que pretendían esclavizarlos. Así vagaron[2] por siglos en busca de un valle refrescante o un pueblo hospitalario donde poder asentar[3] sus caravanas o emprender[4] una nueva vida.

Según Paul Clebert, "los gitanos suponen el ejemplo único de un conjunto[5] étnico perfectamente definido **a través del** tiempo y del espacio, que desde hace más de mil años y más allá de las fronteras[6] de Europa, **han llevado a cabo** una gigantesca migración, sin que jamás hayan consentido alteración alguna a la originalidad y a la unidad de su raza. Porque, a sus ojos, ésta es la única forma de vivir digna[7] del hombre."

El más rudimentario conocimiento del pueblo gitano demuestra[8] claramente el inmovilismo[9] de la cultura gitana. El 70% de los gitanos españoles viven exactamente igual que lo hicieron los primitivos gitanos que llegaron a nuestra patria en el primer tercio del siglo XV. Habrán cambiado algunas formas externas de su vida, pero nuestra concepción del mundo, de la moral, de la palabra, y del hogar, no difieren en nada a la de los más remotos gitanos.

Ya desde la llegada de las primeras tribus gitanas a España, empezaron a dictarse disposiciones[10] en contra nuestra, las cuales **perseguían** la desaparición de nuestra raza y la de la misma palabra que sirve para denominarnos.

Justamente fueron los Reyes Católicos[11] los que sentaron las bases para que se creara el clima de repulsión contra los gitanos que durante tanto tiempo hemos venido padeciendo.[12] Las pragmáticas reales condenaban a los gitanos a mil penas[13] distintas, desde los azotes[14] en las plazas públicas al destierro,[15] previo el infame desorejamiento.[16]

La ordenanza más cruel y desatinada[17] fue la de Felipe III, que decía así: "En el plazo de seis meses, [los gitanos] han de salir del reino para no volver jamás, so[18] pena de muerte. Y los que quieran quedarse deberán hacerlo en lugares de más de cinco mil vecinos, no permitiéndoseles

---

1. **huyendo** fleeing   2. **vagaron** they wandered   3. **asentar** to settle   4. **emprender** = comenzar   5. **conjunto** = grupo
6. **fronteras** borders   7. **digna** worthy   8. **demuestra** shows   9. **inmovilismo** ultraconservatism   10. **dictarse disposiciones** to enact ordinances   11. **Reyes Católicos** Ferdinand and Isabella   12. **padeciendo** = sufriendo   13. **penas** punishments
14. **azotes** beatings, whippings   15. **destierro** = exilio   16. **desorejamiento** cutting off of one's ears   17. **desatinada** ill-advised, foolish   18. **so** = bajo

---

A PARTIR DE HOY EN **ALPHAVILLE**

EL TIEMPO DE LOS GITANOS

UN FILM DE EMIR KUSTURICA   **MEJOR DIRECTOR CANNES - 89**

¿Ha visto Ud. esta película o alguna relacionada con los gitanos?

el uso de vestidos, lengua ni el nombre de gitanos a fin de que su nombre y forma de vivir pueda para siempre borrarse[19] y olvidarse."

El trato inhumano que recibieron nuestros antepasados hace cuatro siglos en nuestro común suelo hispano, es también en **la actualidad** un hecho, bajo capas[20] más sutiles de desnivel[21] social y discriminación racial.

El contraste entre la sociedad de los payos,[22] que cada día avanza más en el terreno de lo científico y lo cultural, y el inmovilismo gitano, se hace por momentos más acusado[23] provocando que **la marginación** gitana sea cada vez más acentuada. También los gitanos somos artífices de nuestro propio apartheid, porque nos resistimos a renunciar a nuestro feudo,[24] que es el mundo entero.

Sabemos que la marginalidad gitana no nos viene impuesta **solamente** por el mundo payo. El tanto por ciento[25] elevadísimo de analfabetos[26] que hoy día tiene el pueblo gitano de todo el mundo es un índice demostrativo de la poca importancia que los padres gitanos han dado tradicionalmente a la escuela. **Por eso** nuestro afán[27] de lucha se encamina[28] a facilitar al máximo la posibilidad de asistencia a clase de los niños gitanos, bien sea a una escuela especial para ellos o a una normalmente integrada.

La peculiar manera del ser del pueblo gitano provoca actualmente una consecuencia más: su **marginación** social en la ubicación[29] del hábitat dentro de las ciudades y aun en **las afueras** de las mismas. Más del cincuenta por ciento de la población gitana española vive en condiciones francamente infrahumanas, localizadas sus casas y chabolas[30] en los suburbios de las grandes ciudades, y aun dentro de estos suburbios ocupando la parte más abandonada y deprimente.

Para la comunidad gitana española, fundamentalmente, el problema de la vivienda[31] es el mismo que el de los grupos socialmente más subdesarrollados, gracias a la vida sedentaria que practica el 95% de nuestra población nacional, frente a un 5% de nomadismo restringido.[32]

---

19. borrarse to be erased   20. capas layers   21. desnivel = desigualdad   22. payos = los que no son gitanos   23. acusado pronounced   24. feudo = territorio   25. el tanto por ciento the percentage   26. analfabetos = los que no saben leer ni escribir   27. afán = deseo   28. se encamina is aimed at   29. ubicación = localización   30. chabolas shanties   31. vivienda housing   32. restringido limited

[**No obstante,** la inmensa mayoría continúa practicando un nomadismo reducido de duración temporal, participando en ferias[33] y mercados como sistema de **ganarse la vida.**]

Para el resto de la población gitana europea, nómada en su mayoría, su problema de vivienda es nulo. Viven en carromatos o roulottes.[34] Para ellos el problema es la falta de aparcamiento autorizado en **las afueras** de las ciudades, grandes o pequeñas, donde les permitan vivir el tiempo que deseen pasar en aquel municipio o región.

La ostensible **marginación** social que padecemos los gitanos también tiene sus manifestaciones en el campo de la convivencia humana, provocadas unas por el rechazo[35] que hace la sociedad a las clases subdesarrolladas y motivadas otras por **el desprecio** que la comunidad marginada siente hacia quien vive en condiciones superiores y que considera causante de su propia **marginación.**

---

33. ferias fairs   **34. carromatos o roulottes** wagons   **35. rechazo** rejection

¿Entendido? • • • • •

1. ¿Por qué se fueron los gitanos de la India?
2. Según Paul Clebert, ¿qué caracteriza al pueblo gitano?
3. ¿Son progresistas o conservadores los gitanos? Explique.
4. ¿Cuáles son algunas de las penas que padecieron en España?
5. ¿Por qué era tan cruel la ley de Felipe III?
6. ¿Ha terminado el trato inhumano de los gitanos en España? Explique.
7. ¿Qué significa "nuestro feudo es el mundo entero"?
8. ¿Por qué hay tanto analfabetismo entre los gitanos? ¿Cómo se podría solucionar ese problema?
9. ¿Dónde y cómo viven actualmente los gitanos? ¿Cuáles son algunos de los problemas que tienen?
10. ¿A qué se debe la marginación social de los gitanos?
11. ¿Qué significa "calés"? ¿Qué significa "payos"?

En mi opinión • • • • •

1. ¿Para qué sirve conocer la historia de los gitanos? ¿Comprende Ud. mejor la situación de esta minoría ahora? ¿Es mejor su vida en la actualidad que en el pasado?
2. ¿Por qué cree Ud. que los gitanos no le han dado mucho valor a la educación? ¿Son mejores o no las escuelas integradas racialmente? ¿A qué tipo ha asistido o asiste Ud.?
3. ¿Hay segregación racial en su ciudad? ¿En qué aspectos de la vida se manifiesta esta segregación (barrios, escuelas, trabajos, centros comerciales, cines…)?
4. En EEUU, ¿qué grupos están marginados? ¿Rechaza la sociedad a los marginados? ¿Los marginados desprecian a los que viven mejor que ellos? ¿Cómo se manifiesta este desprecio?
5. ¿Qué detalles del texto contradicen algo que Ud. sabía de los gitanos? ¿Confirma algún detalle sus conocimientos previos?

En (inter)acción ● ● ● ● ●

1. Explique el impacto que han tenido algunas minorías (africana, china, hispana, judía…) en la cultura popular de Estados Unidos.
2. Dividida la clase en dos grupos, uno debe preparar un breve discurso en defensa de la vida nómada y el otro en defensa de la vida sedentaria. Luego, un miembro de cada grupo presentará su discurso a la clase.

Mejor dicho ● ● ● ● ●

Solo/único/sólo, solamente. Solo (sin acento) quiere decir *alone*. **Solo** es un adjetivo y tiene cuatro formas.

Roberto va a salir **solo.** ¿Rosa, tú también quieres salir **sola**?

The only (+ *noun*) se traduce por **único** + sustantivo. Cuando **único** tiene este significado va delante del sustantivo, pero cuando significa *unique* se pospone. **Hijo(a) único(a)** es la única excepción a esta regla y significa *only child.*

El **único** problema es la falta de viviendas.
El Ballet Folklórico de México fue un espectáculo **único.**
¿Tienes algún pariente que sea **hijo único**?

Sólo (con acento) es un adverbio y tiene el mismo significado que **solamente.**

Sólo/Solamente Juan de Dios ha estudiado una carrera.

Práctica

A. En parejas, contesten estas preguntas relacionadas con el tema de la lectura.

1. En la historia universal, ¿han sido los gitanos los únicos perseguidos?
2. ¿Sólo los gitanos están marginados en el presente?
3. Para los gitanos, ¿cuál es la única manera digna de vivir?
4. ¿Son las gitanas las únicas que no saben leer ni escribir?
5. ¿Es la falta de aparcamiento el único problema de los gitanos nómadas?

B. Con su compañero/a, contesten estas preguntas personales.

1. ¿Estudia Ud. solo/a? ¿Prefiere Ud. estudiar con un amigo o con un grupo de estudiantes? ¿Por qué?
2. ¿Qué le gusta a Ud. hacer solo/a? ¿Por qué? ¿Le gusta a Ud. ir de compras solo/a? ¿Le gusta a Ud. comer solo/a? ¿Por qué? ¿Cuándo desea Ud. estar solo/a?
3. ¿Es ésta la única clase de lengua extranjera que sigue Ud.? ¿Es el español el único idioma que piensa Ud. estudiar además del inglés? ¿Es bueno o malo saber sólo una lengua extranjera? ¿Por qué?
4. ¿Lee Ud. sólo un tipo de libros? ¿Cuál es?

Creación ● ● ● ● ●

Compare, en varios párrafos, la historia y problemática actual de los gitanos con la de algún otro grupo étnico (como la diáspora judía o africana…). ¿Están integrados a la nueva sociedad? ¿Tienen poder? ¿Hay marginación? ¿Son sus costumbres ultraconservadoras?

▼▲▼ Gitanos ▼▲▼ ▼▲▼
Rosa Montero

Palabra por palabra ● ● ● ● ●

aguantar*	to put up with, tolerate
el **asunto**	matter
chocante	shocking, startling
cobrar	to charge
la **entrada**	ticket, entrance
la **medida**	measure, step
molestar	to bother

desde luego	of course, certainly
más bien	rather
puesto que*	since, as

Práctica

En parejas, contesten las siguientes preguntas. Atención a las palabras del vocabulario.
1. ¿Cuánto cuesta una entrada de cine? ¿Y para un concierto? ¿Cree Ud. que haya derecho a cobrar tanto?
2. ¿Qué es lo más chocante que le ha pasado a Ud. en una piscina? ¿Y en la playa? ¿Y en una clase de español?
3. ¿Qué le molesta más a Ud.? Mencione tres cosas. ¿Qué es algo que le molesta a todo el mundo?
4. ¿Qué aguanta Ud. menos: la discriminación racial o la sexual? ¿El calor o el frío? ¿El silencio o el ruido?

Repaso gramatical: El futuro simple y el futuro perfecto

Introducción ● ● ● ● ●

Rosa Montero (España, 1951) es periodista y novelista. Sus artículos critican y satirizan los sucesos absurdos, injustos, sexistas de la sociedad española y del mundo actual. "Gitanos" (1989) es un buen ejemplo del estilo periodístico de Montero. En el artículo ataca el extremado racismo que prevalece respecto a los gitanos.

Crónica del desamor (1979), su novela más vendida y mejor recibida por la crítica, acaba de ser traducida al inglés.

Alto ● ● ● ● ●

1. Si no le permiten entrar a Ud. en un bar o club privado, ¿es esto discriminación? ¿Qué se puede hacer en esos casos?
2. ¿Cómo reacciona Ud. ante las noticias chocantes? ¿Se las comenta a sus amigos? ¿Llama a alguna emisora de radio? ¿Escribe cartas a los periódicos?

▼▲▼ Gitanos ▼▲▼ ▼▲▼

Les cobran a los gitanos un precio exorbitante.

Afortunadamente, y como de todos es sabido, en este país no somos nada racistas, certidumbre[1] ésta la mar de[2] tranquilizadora, **desde luego.** Porque así, cuando escuchas por la radio que en Atarfe, un pueblo de Granada, hay una piscina[3] que **cobra** 350 pesetas[4] de **entrada** al

---

1. certidumbre certainty   **2. la mar de** = muy   **3. piscina** swimming pool   **4. 350 pesetas** = unos 3.50 dólares

personal[5] pero 600 pesetas[6] a los gitanos, no puedes caer en la zafia[7] y simplista explicación de que se trata de una arbitrariedad racial. Eso, ya está dicho, es imposible: los españoles somos seres[8] virginales en cuanto a discriminaciones de este tipo.[9]

Claro que entonces me queda la inquietud[10] de preguntarme el porqué de **una medida** tan **chocante.** Dentro de la lógica de una sociedad mercantilista, si han de pagar más, será que consumen más servicios. ¿Qué tendrán los gitanos que no tengamos los payos para desgastar[11] la piscina doblemente? ¿Serán quizá de una avidez natatoria inusitada[12] y acapararán[13] las aguas todo el día? ¿O tal vez, y por el aquel[14] de poseer una piel **más bien** cetrina,[15] **aguantarán** doble ración de sol que los demás?

Estaba sumida en el desasosiego[16] de estas dudas cuando el dueño de la piscina explicó **el asunto.** No es verdad que se **cobre** más sólo a los gitanos, dijo, sino que también el aumento se aplica a todos los que puedan **molestar** a los bañistas. Profundas palabras de las que se pueden extraer esclarecedoras[17] conclusiones. Primera, que por lo que se ve[18] los gitanos no son bañistas. Segunda, que, por tanto, **la entrada** que se les **cobra** no es para bañarse, sino para **molestar** a los demás. Y, tercera, que **puesto que** pagan por semejante derecho un precio exorbitante, espero que puedan ejercerlo libremente y que se dediquen a escupir[19] a los vecinos, meterles el dedo en el ojo a los infantes, pellizcar las nalgas temblorosas[20] de los obesos y arrearle un buen rodillazo en los bajos[21] a ese dueño tan poco racista. Porque las 600 pesetas dan para cometer un buen número de impertinencias y maldades.[22]

---

5. **personal** = público   6. **600 pesetas** = unos 6 dólares   7. **zafia** coarse, rude   8. **seres** = personas   9. **de este tipo** of this kind
10. **inquietud** anxiety   11. **desgastar** wear out   12. **avidez…** unusual eagerness for swimming   13. **acapararán** probably monopolize   14. **por el aquel** due to the fact   15. **cetrina** dark   16. **desasosiego** uneasiness   17. **esclarecedoras** enlightening   18. **por lo que se ve** apparently   19. **escupir** to spit   20. **pellizcar…** to pinch the flabby buttocks
21. **arrearle…** to kick him where it hurts   22. **maldades** naughty acts

¿Entendido? • • • • •

1. ¿Qué noticia ha escuchado Rosa Montero por la radio?
2. ¿Qué dice Montero de los españoles y el racismo?
3. En realidad, ¿por qué pagan más los gitanos para entrar en la piscina?
4. ¿Qué dice el dueño de la piscina para explicar este asunto? ¿Apoyan sus acciones su explicación?
5. ¿Cómo desea Montero que actúen los gitanos desde ahora en adelante (*from now on*)?

En mi opinión ● ● ● ● ●

1. ¿Ha presenciado o tenido alguna experiencia similar a la de la lectura? ¿Es frecuente este tipo de discriminación en su país? ¿Cómo reacciona Ud. en esas circunstancias?
2. ¿Se discrimina a los jóvenes de alguna manera? ¿Cómo es que a los diez y ocho años pueden ir a la guerra y votar pero no pueden beber?
3. ¿Por qué ciertas personas tienen más privilegios que otras? ¿Por qué algunos seres humanos se creen superiores a otros? ¿Qué piensa Ud. de las razones que dan?
4. ¿Cuál es el tono del artículo? ¿Lo considera Ud. apropiado para tratar el tema?

En (inter)acción ● ● ● ● ●

Reservado el derecho de admisión

Con su compañero/a, improvisen un diálogo entre el dueño de un lugar público y una persona a quien no dejan entrar porque no lleva zapatos, camiseta, corbata, invitación, etc. Luego preséntenle el diálogo a la clase.

Mejor dicho ● ● ● ● ●

A. **Aguantar/soportar/sostener/apoyar/mantener.** El significado de *to tolerate* puede expresarse con **aguantar, soportar** y **tolerar.**

> No **aguanto (soporto, tolero)** a las personas que hablan mucho.

Soportar tiene también el significado de *to support* pero sólo en el sentido físico.

> Dos pilares **soportan** el puente.

Con este sentido puede emplearse también **sostener.**

> Estoy muy débil. Las piernas no me **sostienen.**

Otros significados de *to support* se expresan en español con el verbo **mantener** *to support economically,* y **apoyar** *to support emotionally or to back or favor an opinion, ideology, political party.*

> ¿Quién te **mantiene?**
> — Nadie, me **mantengo** sola.

> Samuel Ortiz ganó porque todos lo **apoyamos.**

español	inglés
aguantar, soportar, tolerar	to tolerate
soportar, sostener	to support physically
mantener	to support economically
apoyar	to support emotionally, ideologically

B. Desde/puesto que. La palabra *since* en inglés tiene dos significados diferentes: tiempo y causa. En español se expresan estos significados con dos términos distintos: **desde** y **puesto que.**

> Los candidatos llevan hablando **desde** las 5:00.
> **Puesto que** cobran tanto por la entrada, no iré a esa piscina.

Sinónimos de **puesto que** son **ya que** y **como.**

Práctica

A. En parejas, contesten estas preguntas.
   1. ¿Cómo se mantienen los viejos? ¿Y los niños? ¿Puede Ud. mantenerse a sí mismo/a? ¿Quién mantiene a su familia?
   2. ¿Cómo puede sostener un avión el peso de personas y equipaje? ¿Y los puentes, tantos carros?
   3. Dígale a su compañero/a tres cosas que no soporta de:

los políticos	los camareros
los artistas	los profesores

   4. Diga qué propuestas de ley apoyaría Ud. y por qué.

   el límite de velocidad a 55 millas por hora
   la legalización del aborto
   el seguro médico nacional
   la pena de muerte
   la reducción del presupuesto de defensa nacional

B. En parejas, escriban tres preguntas con **desde** que estén relacionadas con los gitanos. Después pasen sus preguntas a otro grupo para que las conteste.

   Modelo: ¿Desde cuándo viven los gitanos en España?
   Viven allí desde el siglo XV.

C. Completen cada una de estas oraciones de dos maneras diferentes.

   Puesto que mis padres son gitanos…
   Ya que no me dejan entrar en la piscina…
   Como me cobran el doble por un café con hielo…

Creación ● ● ● ● ●

Escríbale una carta al/a la director/a de un periódico exponiendo su punto de vista sobre algún suceso reciente relacionado con la discriminación racial o étnica.

▼▲▼ En resumen ▼▲▼ ▼▲▼

1. Lea el cuento siguiente del escritor guatemalteco Augusto Monterroso y analice la manera como presentar a los indios. Después de leer, diga si el autor cree que los indios eran o son primitivos, subdesarrollados e ingenuos.

El eclipse
Augusto Monterroso

Cuando fray Bartolomé Arrazola se sintió perdido aceptó que ya nada podría salvarlo. La selva poderosa de Guatemala lo había apresado, implacable y definitiva. Ante su ignorancia topográfi-ca se sentó con tranquilidad a esperar la muerte. Quiso morir allí, sin ninguna esperanza, aislado, con el pensamiento fijo en la España distante, particularmente en el convento de Los Abrojos, donde Carlos Quinto condescendiera una vez a bajar de su eminencia para decirle que confiaba en el celo religioso de su labor redentora.

Al despetar se encontró rodeado por un grupo de indígenas de rostro impasible que se disponían a sacrificarlo ante un altar, un altar que a Bartolomé le pareció como el lecho en que descansaría, al fin, de sus temores, de su destino, de sí mismo.

Tres años en el país le habían conferido un mediano dominio de las lenguas nativas. Intentó algo. Dijo algunas palabras que fueron comprendidas.

Entonces floreció en él una idea que tuvo por digna de su talento y de su cultura universal y de su arduo conocimiento de Aristóteles. Recordó que para ese día se esperaba un eclipse total de sol. Y dispuso, en lo más íntimo, valerse de aquel conocimiento para engañar a sus opresores y salvar la vida.

— Si me matáis — les dijo — puedo hacer que el sol se oscurezca en su altura.

Los indígenas lo miraron fijamente y Bartolomé sorprendió la incredulidad en sus ojos. Vio que se produjo un pequeño consejo, y esperó confiado, no sin cierto desdén.

Dos horas después el corazón de fray Bartolomé Arrazola chorreaba su sangre vehemente sobre la piedra de los sacrificios (brillante bajo la opaca luz de un sol eclipsado), mientras uno de los indígenas recitaba sin ninguna inflexión de voz, sin prisa, una por una, las infinitas fechas en que se producirían eclipses solares y lunares, que los astrónomos de la comunidad maya habían previsto y anotado en sus códices sin la valiosa ayuda de Aristóteles.

2. Busque en el periódico o en revistas algunos artículos que se refieran a grupos marginados, y tráigalos a clase. Comente el contenido y el tono del artículo.

3

LA FAMILIA, LA SOCIEDAD, EL PLANETA

▼▲▼ El trabajito de Carmencita ▼▲▼ ▼▲▼
Fernando Vizcaíno Casas

Palabra por palabra ● ● ● ● ●

arreglarse	to make oneself presentable, fix oneself up
el **castigo**	punishment
pegar	to hit
poner	to switch on, play
la **porquería**	trash, junk
tratar(se) (de)*	to treat, try to, deal with, be a question of

● ●

al + *infinitivo*	when/on + *gerund*
de verdad	really
pasarlo bien*	to have a good time
tener ganas de	to feel like

Práctica

En parejas, contesten las preguntas siguientes. Atención a las palabras del vocabulario.

1. ¿Pone Ud. el televisor al entrar en su dormitorio? ¿Pone la radio en su coche? Cuando está en el coche con su madre o su padre, ¿pone la radio en su emisora favorita o en la de ellos?
2. ¿Tiene Ud. ganas de visitar a sus padres? ¿Y de viajar con ellos? ¿Y de irse de casa? ¿De hacer algo escandaloso?
3. ¿Cómo castigan algunos padres a sus hijos e hijas? ¿Por qué les pegan? ¿Por qué pega un hermano a otro hermano? ¿Y un estudiante a otro? ¿Y los boxeadores (*boxers*)?
4. Al entrar en una discoteca, ¿qué hace Ud.? Al invitar a bailar a alguien, ¿qué le dice? Al terminar de bailar, ¿qué hace?

Repaso gramatical: El pretérito y el imperfecto

Introducción ● ● ● ● ●

Fernando Vizcaíno Casas empezó su carrera literaria durante la dictadura de Francisco Franco (1936-1975). *De camisa vieja a chaqueta nueva (Crónica de una evolución ideológica)* (1976) es una de las novelas más vendidas del autor. El título alude a la situación del protagonista, Manolo Vivar, un fascista que tiene que adaptarse a los nuevos tiempos y en especial al nuevo régimen político: la democracia. La escena que hemos seleccionado presenta una crisis familiar provocada por su hija Carmencita.

Alto ● ● ● ● ●

1. ¿Cómo es la relación que mantiene Ud. con sus padres? ¿Lo tratan como a un adulto o no? Sinceramente, ¿qué cree que piensan de Ud.? ¿Cómo son sus relaciones con los otros miembros de su familia?
2. ¿Es normal que haya problemas generacionales entre padres e hijos? ¿Hay algún conflicto generacional en su casa? ¿Son sus padres tradicionales o liberales?

▼▲▼ El trabajito de Carmencita ▼▲▼ ▼▲▼

Trabajaba en su despacho[1] de *Imporgasa,* cuando sonó el teléfono directo y reservado.[2] Le llamaba Carmiña, con la voz alterada,[3] con una excitación nada frecuente en ella.

— ¡Manolo, Manolo! Tienes que venir en seguida;[4] he de hablarte[5] urgentemente…

— ¿Pero qué pasa?

— La niña… la niña, que dice que se va de casa…

— ¿Qué estupidez es ésa? ¡Si aún no tiene dieciocho años! Dale un sopapo[6] y ya le arreglaré yo las cuentas[7] a la hora de cenar…

— ¡No, por Dios, Manolo, créeme que hay que hablar con ella! Se ha encerrado en el cuarto, **ha puesto** a todo volumen el tocadiscos y a mí me parece, incluso, que está fumando hachís[8] o alguna **porquería** de ésas, por el olor que sale de su habitación.

— Voy ahora mismo…

Nunca como aquel día lamentó tanto vivir en Somosaguas:[9] a media tarde, la circulación[10] por el centro de Madrid era endiablada[11] y tardó[12] casi media hora en cruzar la Gran Vía.[13] Ya en la Casa de Campo,[14] el mecánico[15] aceleró cuanto pudo y, por fin, llegaron al chalé.[16] En la puerta estaba Víctor, el mozo de comedor, con una especie de ataque de nervios. Era muy fiel a la familia, quería mucho a la niña.

---

1. despacho = oficina   2. reservado private line   3. alterada upset   4. en seguida = inmediatamente   5. he de hablarte = tengo que hablarte   6. dale un sopapo smack her   7. le arreglaré yo las cuentas I will put her in her place   8. hachís hashish
9. Somosaguas = barrio de Madrid   10. circulación = tráfico   11. endiablada hellish   12. tardó it took him   13. la Gran Vía = calle principal de Madrid   14. Casa de Campo = parque de Madrid   15. mecánico = chofer   16. chalé = casa

"No, si en realidad los idiomas no hacen falta para lo que voy a hacer."

— ¡Ay, señor, qué desgracia más grande! — gimoteó.[17]

Casi le arrolló[18] Manolo, **al saltar** de dos en dos los escalones[19] de la entrada. Carmiña se le abrazó llorando.

— No sé qué le pasa a la niña… Está como enloquecida[20]… Intenta tú hablar con ella.

Manolo fue hacia la escalera.

— Oye… — se detuvo para escuchar a Carmiña—. Por favor, ten calma…, no te dejes llevar por los nervios… Y sobre todo, no se te ocurra **pegarle…**

Sin hacer comentario alguno, Manolo reinició la subida.[21] Se paró[22] unos segundos frente a la puerta de la habitación de su hija; pasó una mano por el poco cabello que le iba quedando; se aflojó,[23] sin saber realmente por qué, la corbata. Y llamó con los nudillos,[24] al tiempo que decía:

— Por favor, hija. ¿No crees que debemos hablar?

Silencio. Volvió a golpear[25] con los nudillos la puerta, algo más fuerte que antes, aunque no tanto como hubiese deseado:

---

17. gimoteó whined   **18. le arrolló** knocked him down   **19. escalones** steps   **20. enloquecida = loca**   **21. reinició la subida** continued upstairs   **22. se paró** he stopped   **23. se aflojó** he loosened   **24. nudillos** knuckles   **25. golpear** knock

— ¡Vamos, hija, no seas boba![26] Si sólo quiero que dialoguemos un poco…

Se abrió la puerta de improviso[27] y Carmencita apareció frente a su padre, vestida con un quimono corto azul y con el pelo suelto.[28] Estaba verdaderamente guapa (pensó Manolo) y, desde luego, aparentaba[29] más edad de la que tenía.

— Hola, padre… — saludó sin mayor entusiasmo.

— ¿Puedo pasar?

— Pues claro…

Entró, cerrando la puerta con cuidado.

— Dame un beso ¿no?

— Encantada, oye…

Le besó en la mejilla[30] con una absoluta frialdad. La habitación estaba cargada de[31] humo, aunque a Manolo solamente le olió a Celtas[32] puros y simples. Sobre las paredes colgaban pósters que había comprado la niña durante sus últimas vacaciones en Londres; pósters que reproducían las conocidas efigies del Che Guevara,[33] de Mao Tse-Tung,[34] de Marlon Brando.[35] Había asimismo[36] unas fotografías en color, de regular tamaño,[37] que representaban a dos mujeres desnudas, tiernamente enlazadas[38] sobre un diván y a punto de darse un beso. Manolo se sentó en la cama; su hija (que iba descalza[39]) lo hizo en el suelo.

— Bueno, vamos a ver, nena, ¿qué te pasa con mamá?

Comenzó con voz suave, procurando la máxima dulzura.

— Que tu mujer es una antigua, padre. Y le echa en seguida cuento al tema…[40]

—¿A qué tema?…

Se aventuró a preguntar Manolo.

— Al del empleo. ¡Ah, es que tú no lo sabes! Claro, como apenas te veo… Voy a emplearme.

— Me parece muy bien. Ahora comprobarás[41] lo útil que te resulta el inglés[42] que has aprendido en tus veranos de Londres…

— No, si en realidad los idiomas no hacen falta para lo que voy a hacer. **Se trata de** trabajar por las noches en El Cerebro[43] como go-go girl. Igual[44] no sabes tampoco lo que es eso…

---

26. no…boba don't be silly   27. de improviso suddenly   28. pelo suelto hair down   29. aparentaba = parecía   30. mejilla cheek   31. cargada de = llena de   32. olió a Celtas smelled like Celtas (strong-smelling Spanish cigarettes)   33. Ernesto "Che" Guevara = famoso revolucionario y líder político nacido en Argentina y asesinado en Bolivia (1928-1967)   34. Mao Tse-Tung = líder político y pensador comunista chino (1893-1976).   35. Marlon Brando = n. 1924, actor norteamericano célebre por su papel en *Un tranvía llamado deseo* (1947) y *El padrino* (1972).   36. asimismo = también   37. tamaño size   38. tiernamente enlazadas tenderly embracing   39. descalza = sin zapatos   40. le…tema exaggerates the matter   41. comprobarás = verás   42. lo…inglés how useful your English is   43. El Cerebro = discoteca elegante de Madrid   44. igual = probablemente

El gesto del padre fue elocuente; no, no lo sabía.

— Pues consiste en bailar sobre una especie de tarima,[45] que está iluminada… al mismo tiempo que la gente ¿comprendes? y como en plan mono,[46] de exhibición; es que yo bailo pop colosalmente, aunque vosotros tampoco os habéis enterado. ¡Ah, bueno! Y me pagarán tres verdes[47] por semana. No está mal, ¿eh?

¿Qué decir? ¿Cómo reaccionar? Tardó unos segundos en ordenar sus ideas; tanto, que su hija le preguntó, mientras le ofrecía un cigarro (efectivamente) un Celta:

— ¿Te has quedado mudo,[48] padre?

— No, hija, no; pero es que… no sé cómo decírtelo. Antes que nada, quiero que comprendas que yo procuro ser un hombre de mi tiempo y creo que puedes dar fe[49] de que siempre os **he tratado** a tu hermano y a ti como un amigo; no sé, intentando despojar[50] mi relación con vosotros de todo autoritarismo…

— ¡Ay, no te enrolles…![51] ¿Vendrás a verme debutar? Creo que será el martes.

— ¿El martes? El martes me voy a Estocolmo. Por cierto…

Le vino una idea salvadora, genial.

— Por cierto, que yo pensaba que me acompañaras tú, que **tienes** tantas **ganas de** conocer los países nórdicos… Me ayudarías como intérprete y, cuando yo volviese, podrías quedarte allí una o dos semanas, haciendo el recorrido[52] de los fiordos y todo eso. A la vuelta hay una escala[53] en Copenhague. ¿No te apetecía mucho[54] conocer Copenhague?

A la chica le había hecho impacto la propuesta paterna. O sea[55] que, sin aparentar (eso sí) la menor emoción, dijo:

— Oye, es mono el plan.[56] Después de todo, los de El Cerebro tienen chicas a montones[57] para sustituirme. Me iré contigo…

Manolo optó por quitarse del todo la corbata, cuyo nudo había ido aflojando progresivamente durante el diálogo.

— Ya verás qué **bien lo pasamos,** nena…

— Contigo, lo dificulto, majo.[58] Pero conste[59] que me has prometido dejarme luego quince días a mi aire…[60]

— Claro, claro. Bueno, pues **arréglate** un poco y baja a ver a mamá, que está muy preocupada.

Apenas estuvo en el salón, se sirvió un whisky. Carmiña estaba en su habitación, pero llegó en seguida, **al oírle.**

---

45. una especie de tarima something like a platform   46. en…mono like a monkey   47. verdes = billetes de mil pesetas   48. mudo mute   49. puedes…fe you can attest   50. despojar = eliminar   51. no…enrolles don't even start   52. haciendo el recorrido touring   53. escala stop   54. no te apetecía mucho = no tenías muchas ganas de   55. o sea = es decir   56. es…plan the plan is cool   57. a montones = muchas   58. lo… majo = lo veo difícil, querido   59. conste let it be known   60. a mi aire on my own

— ¿Qué?

Preguntó con ansia.[61]

— Nada, mujer. Todo está arreglado.

— **¿De verdad?**

— **De verdad.** Se viene conmigo a Estocolmo, como intérprete…

— Pero cuando volváis…

— Ella se quedará algunos días más allí… Tengo amigos que la cuidarán, no te preocupes. Y esa locura del baileteo[62] se le pasará con la distancia.

— ¡Dios lo quiera!

— Tómate una copa de algo, la necesitas…

Carmiña se sirvió un gin-tonic; se sentó en el sillón, cerró los ojos.

— ¿Por qué, Señor, por qué? ¿Por qué este **castigo**? Dijo, como pensando en voz alta.

— Tampoco creas que es exclusivamente nuestro, querida. El chico de los Planas, aquel que decías que era tan listo, ¿recuerdas? Pues ha dejado la carrera de medicina y toca la guitarra eléctrica en un conjunto pop. Lo más grande es que se está forrando a ganar dinero.[63]

— ¡Dinero, dinero, dinero! Sólo piensas en el dinero…

— No sabía que te molestara, cariño…

— Y a lo mejor[64] por tanto pensar en el dinero y en los negocios y en la política, resulta que no te has ocupado de tus hijos como debieras.[65]

— Para eso estabas tú, sin nada absolutamente que hacer.

— Y me he ocupado de ellos. ¿O no lo sabes? Y les he llevado a los mejores colegios y por si algo faltaba, han tenido profesores particulares.

Entonces se escuchó la suave voz de Carmencita, que llevaba un rato[66] en el umbral[67] de la puerta del salón, sin que sus buenos padres se hubiesen enterado y que dijo:

— ¿Me puedo tomar una Coca-Cola?

Era desconcertante, incomprensible. De pronto, se sintió cariñosa y cubrió de besos a su madre y de zalemas[68] a su padre, y como los padres se convencen en seguida, pareció talmente[69] que allí no hubiese ocurrido nada y el emocionante conjunto, al que después se agregó[70] Manolito, que llegaba del colegio con la preocupación de si iban o no a televisar el próximo partido del Real Madrid,[71] podía haberse ofrecido como una estampa de la Sagrada Familia, trasladada[72] del Nazaret del año 1 de nuestra Era, al 1970, también después de Nuestro Señor Jesucristo.

---

61. **ansia** anxiety   62. **baileteo** dancing about   63. **se está…dinero** he is rolling in money   64. **a lo mejor** maybe
65. **como debieras** as you should have   66. **llevaba un rato** had been there for a while   67. **umbral** threshold   68. **zalemas** flattery   69. **talmente = de tal manera**   70. **se agregó** joined   71. **Real Madrid = equipo de fútbol**   72. **trasladada** transported

¿Entendido? ● ● ● ● ●

1. ¿Por qué llamó Carmiña a Manolo?
2. ¿Qué le aconsejó Manolo a su esposa?
3. Según Carmiña, ¿qué estaba haciendo "la niña"?
4. ¿Tuvo Manolo dificultad en llegar a casa? Explique.
5. ¿Qué consejos le dio Carmiña a Manolo antes de que él subiera a hablar con su hija?
6. Describa a Carmencita cuando ella abre la puerta para hablar con su padre. ¿Es una niña?
7. ¿Cómo era la habitación de Carmencita? ¿Qué indica esta decoración?
8. ¿Qué planes tenía Carmencita?
9. ¿Cómo reaccionó su padre al oír sus planes?
10. ¿Qué le propuso el padre a su hija?
11. ¿Qué le pareció el plan a Carmencita? ¿Por qué?
12. Según el padre, ¿iba a cambiar Carmencita de opinión sobre su trabajo? ¿Por qué? ¿Tendría razón el padre?
13. En la lectura, ¿hay otros ejemplos de hijos y padres que no se comprendan?
14. Al final, ¿continúa Carmencita de mal humor?
15. ¿Cómo termina esta escena?

En mi opinión ● ● ● ● ●

1. ¿Es constructiva la actitud de los padres de Carmencita? ¿Qué otras alternativas tenían? ¿Recuerda una situación parecida a la de "El trabajito de Carmencita" en su familia? ¿Cómo se resolvió?
2. ¿Es posible evitar este tipo de problema entre padres e hijos? ¿Por qué? ¿Cómo?
3. ¿Cómo es su habitación? ¿Qué tiene en las paredes? ¿Refleja lo que tiene allí su personalidad?
4. ¿Por qué querrá trabajar Carmencita?
5. ¿Qué le parece a Ud. el trabajo de Carmencita? ¿Es bueno para ella? ¿Por qué razón no quieren sus padres que trabaje en una discoteca? ¿Es malo exhibirse? ¿Aceptaría Ud. un trabajo similar? ¿Qué tipo de trabajo rechazaría siempre?

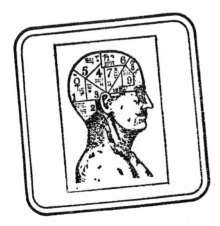

En (inter)acción • • • • •

1. **De escándalo**

   Pregunten a sus compañeros lo que escandalizaría más a su familia. Indiquen si el escándalo sería tremendo, moderado o mínimo. Al final de la encuesta, indiquen cuál es la respuesta más frecuente y, en segundo lugar, si es la misma para los chicos y para las chicas.

	Tremendo	Moderado	Mínimo
a. casarse con alguien de otra raza, país o religión			
b. cambiar de religión			
c. cambiarse radicalmente el pelo			
d. abandonar la carrera universitaria			
e. tener un hijo sin estar casado/a			
f. cambiarse de sexo			
g. hacerse drogadicto/a			
h. recibir una multa por conducir borracho/a			
i. tatuarse *(to get a tattoo)*			
j. decirle a su familia que Ud. es homosexual			

2. **¡¡¡¡Qué viaje!!!!**

   Un estudiante hace el papel de Manolo y otra estudiante el de Carmencita. Padre e hija han vuelto de las vacaciones y ahora están en nuestra clase para darnos su versión del viaje. Los/Las demás estudiantes participan en la actividad haciéndoles preguntas.

3. **¿Tú también, hijo mío?**

   Siguiendo los pasos de su hermana, años después Manolito decide trabajar (en un club como imitador de Elvis Presley, en un circo de acróbata…). Un estudiante debe hacer el papel de Manolito y una estudiante el de su madre.

Mejor dicho • • • • •

A. **Pasarlo bien/divertirse/gozar de/disfrutar de. Pasarlo bien** y **divertirse** significan *to have a good time*. ¡Cuidado! "Tener buen tiempo" significa *to have good weather*. **Divertirse** también significa *to amuse oneself*.

   Ya verás qué **bien lo pasamos,** nena.
   Me divertí anoche en la fiesta.

   Disfrutar de y **gozar de** significan *to enjoy something*.

   Siempre **gozábamos del** canto de los pájaros en la alameda.
   Manolo no **disfrutará** mucho **de** su viaje a Estocolomo.

B. **Tratar/tratar de** + *inf.*/**tratar de** + *sust.*/ **tratarse de.** **Tratar** significa *to treat.*

> Manolo **trataba** a Carmencita como si fuera una niña.

Tratar de + *infinitivo* significa *to try to.*

> Yo siempre **he tratado de** hacerlo todo lo mejor posible.

Tratar de + *sustantivo* significa *to deal with.*

> Esta novela **trata de** la familia española de los años 70.

Tratarse de significa *to be a question of.*

> **Se trataba de** trabajar por las noches en El Cerebro como go-go girl.

Práctica

A. En parejas, formen oraciones con los términos indicados. Utilicen para el término de la izquierda **pasarlo bien** o **divertirse y** para el de la derecha **disfrutar** o **gozar de.**

> Modelo: la playa/el sol
> *Lo paso muy bien en la playa porque disfruto del sol.*

las vacaciones/las horas de ocio   los viajes/las aventuras
el invierno/la nieve   las discotecas/la música
los museos/el arte   las montañas/el aire puro
mis amigos/su compañía

B. En parejas, contesten estas preguntas.
  1. ¿De qué trata esta unidad? ¿De qué trataba la lectura de este capítulo? ¿Y la última novela que leyó? ¿Y la última película que vio?
  2. Diga lo que Ud. trata de hacer en estas circunstancias:

  — Está en el cuarto de baño y alguien necesita entrar urgentemente.
  — Está hablando por teléfono en una cabina pública y alguien quiere llamar.
  — Va por la calle y ve a un niño que se cae de la bicicleta.
  — Tiene que llegar rápidamente a casa y en la autopista el tráfico es horrible.
  — Llega tarde al aeropuerto y pierde su vuelo.

  3. Explíquele a su compañero/a en qué ocasiones las siguientes personas lo tratan bien o mal.
   las bibliotecarias   los empleados del banco
   los camareros de la cafetería   las secretarias del decano/de la decana

Creación ● ● ● ● ●

¿Qué hacía su familia los domingos? Escriba una anécdota de un domingo en particular. Preste atención al uso correcto del imperfecto y del pretérito.

 ¿Liberalizar la droga?
Juan Tomás de Salas

Palabra por palabra ● ● ● ● ●

acabar	to end, finish
el **argumento***	reasoning, argument, plot
la **cárcel**	jail, prison
la **culpa**	fault, blame
el **delito***	crime, offense
peligroso/a	dangerous
perjudicial	harmful

tener en cuenta   to bear in mind

Práctica

En parejas, contesten las preguntas siguientes. Atención a las palabras del vocabulario.

1. ¿Dónde y cómo acaban algunos drogadictos? ¿Por qué acaban muchos en la cárcel? ¿Dónde acaban los narcotraficantes?
2. ¿Quién tiene más culpa del consumo de drogas: los narcotraficantes o los drogadictos? ¿Por qué? ¿Los países que producen drogas o los que las consumen? ¿Por qué?
3. ¿Qué acción le parece a Ud. más peligrosa?

probar un ácido	esnifar cocaína
fumar marihuana	inyectarse heroína
comer plantas alucinógenas	tomar anfetaminas

4. ¿Qué productos llevan una nota que dice "perjudicial para la salud"? ¿Por qué la llevan? ¿Deberían llevarlas los carros también? ¿Y qué otros objetos?

Repaso gramatical: El condicional simple y el condicional perfecto

Introducción ● ● ● ● ●

El uso de drogas, y las violentas consecuencias que tiene, es algo que nos afecta a todos. Los diversos intentos para erradicarlas o al menos controlarlas, han resultado fallidos hasta ahora. Una sugerencia atrevida e innovadora es la de legalizar el uso de las drogas. El siguiente artículo presenta algunas de las cuestiones más debatidas con respecto a esta posibilidad.

Alto ● ● ● ● ●

En una conferencia o discusión sobre la legalización de las drogas, ¿puede Ud. prever algunos de los argumentos que se mencionarán a favor y en contra?

▼▲▼ ¿Liberalizar la droga? ▼▲▼ ▼▲▼

¿Las drogas están prohibidas porque son **peligrosas** o son **peligrosas** porque están prohibidas? Esa es la gran pregunta que hay que plantear[1] al abordar[2] el gravísimo problema de la droga en las sociedades occidentales. Emma Bonino, presidenta del Partido Radical Italiano, respondió a la gran pregunta anterior con contundencia[3] en unas recientes jornadas[4] sobre la droga: las drogas son **peligrosas** sobre todo porque las han prohibido.

La idea de la legalización de las drogas más comunes aún prohibidas — heroína, cocaína, marihuana — va abriéndose paso[5] lentamente[6] en la conciencia occidental, y no sólo entre los círculos "progresistas" sino también en grandes pilares del conservadurismo liberal, como es el caso de Milton Friedman o aún el prestigioso semanario *The Economist*. En las jornadas sobre la droga, el editor del *The Economist,* Nicholas Harman, defendió con elocuencia la necesidad de legalizar las drogas, como el medio más eficaz para combatir sus más perniciosos efectos.

La tesis de la legalización sostiene que mucho más **peligrosa** es el hampa[7] que la libertad de comercio. Al legalizar las drogas, o despenalizarlas, el precio de la cocaína y la heroína se desplomaría[8] hasta el nivel[9] de la aspirina. Ello **acabaría** de un plumazo[10] con todas las mafias, hampas, bandas y gangsters dedicados hoy a este fabuloso comercio que mueve billones de pesetas anuales. En el acto desaparecerían las bandas, por consunción, por hambre, por falta de negocio.

Inmediatamente también, el día D de la legalización disminuirían de manera drástica los asaltos, tirones,[11] robos, puntazos[12] y

---

1. **plantear** to state, raise   2. **abordar** = considerar
3. **contundencia** forcefulness   4. **jornadas** = discusiones
5. **abriéndose paso** making its way   6. **lentamente** = despacio
7. **el hampa** the underworld   8. **se desplomaría** would plummet, drop   9. **nivel** level   10. **de un plumazo** with the stroke of a pen   11. **tirones** purse snatchings
12. **puntazos** hold-ups (with a knife)

demás crímenes cometidos hoy por drogadictos en busca del dinero necesario para
poder pincharse.[13] Si la heroína vale como
un paquete de aspirinas, los pequeños, pero
continuos **delitos** de la droga, se reducirían
casi a cero y de golpe.[14] Para gran tranquilidad y júbilo[15] de esa ciudadanía que tanto
sufre con la violencia drogata[16] en las
grandes urbes.[17]

Utilizar la misma
jeringuilla.

SIDA

   Ipso facto también se reducirían drástica-
mente las muertes por sobredosis.
Especialmente si se **tiene en cuenta** que la llamada sobredosis es, la mayoría de las veces,
puro y duro envenenamiento,[18] producido por
droga adulterada[19] hasta lo inverosímil[20] después de un corte detrás de otro. Ocurre sólo que la
policía y la sociedad se defienden con el eufemismo sobredosis, es decir, glotonería o codicia[21]
del muerto, **culpa** del muerto, en lugar de adulteración o envenenamiento, del que bien poco
responsable será el triste drogadicto fallecido.[22] Trampas[23] verbales para seguir viviendo
cómodamente por encima de los cadáveres de una juventud condenada a **la cárcel,** el crimen, el
SIDA[24] o la muerte.

   Estos **argumentos** en favor de la legalización se apoyan en el principio fundamental de que
cada uno es libre de hacer consigo lo que quiera, aunque sea **perjudicial,** con tal de no dañar[25]
a los demás. Y en la constatación[26] segunda de que se puede vivir consumiendo heroína o
cocaína en buenas condiciones, igual que se puede vivir consumiendo el veneno alcohol o el
veneno tabaco. Todo depende de la cantidad, pero no debe olvidarse que la mayoría de los
muertos por la droga son víctimas de las peregrinas[27] sustancias añadidas a la droga, y no de
la droga en sí.

   Sólo una seria duda planeó[28] en las jornadas: Tras[29] la legalización ¿aumentaría estruendosamente[30] el número de consumidores de drogas? Esta es la otra gran pregunta, y bien difícil de responder. Atisbos[31] de respuesta se aportaron[32] con ejemplos de legalización en

---

13. **pincharse** to shoot up   14. **de golpe** = inmediatamente   15. **júbilo** = alegría   16. **drogata** drug related   17. **urbes** =
ciudades   18. **envenenamiento** poisoning   19. **adulterada** impure   20. **inverosímil** unrecognizable   21. **codicia** greed
22. **fallecido** = muerto   23. **trampas** tricks   24. **SIDA** AIDS   25. **con tal de no dañar** provided that they do not harm
26. **constatación** = verificación   27. **peregrinas** foreign   28. **planeó** surfaced   29. **tras** = después   30. **estruendosamente**
exorbitantly   31. **atisbos** hints   32. **se aportaron** were provided

Holanda, Alaska y algún estado australiano. No se produjo riada[33] de drogadictos. Pero hay que reconocer que la inquietud tiene sentido en este punto.

El ex-ministro de Justicia colombiano, Enrique Parejo, que sufrió atentados[34] y persecución por obra de los mafiosos de la droga, desarrolló con elocuencia la tesis prohibicionista actual. Y Domingo Comas, experto hispano, defendió la ambigüedad española de autorizar el consumo y penalizar el tráfico, lo que parece presuponer la llegada mágica de la cocaína al consumidor en forma de maná.[35] Hipocresía legal, por cierto, que a mi entender[36] es bastante más humana que la prohibición pura y dura de George Bush que está llenando **las cárceles** americanas de cientos de millares de simples fumadores de marihuana o pobres drogatas de la marginalidad[37] urbana.

---

33. riada flood   **34. atentados** murder attempts   **35. maná** = manna *(según la Biblia, comida que Dios les envió del cielo a los israelitas cuando estaban a punto de morir de hambre)*   **36. a mi entender** = en mi opinión   **37. marginalidad** fringe of society

¿Entendido? • • • • •

Verdadero o falso. Corrija las oraciones falsas según el texto.

T 1. Las drogas están prohibidas porque son peligrosas.

F 2. La posibilidad de la legalización de las drogas más comunes es una idea sólo de los liberales.

V 3. Nicholas Harman, un progresista, favorece la legalización de las drogas.

4. Si despenalizamos las drogas, costarán mucho menos y no será necesario cometer crímenes para obtener el dinero para comprarlas.

5. El comercio de las drogas mantiene activas y florecientes a las mafias y otros grupos ilegales.

6. Si legalizan las drogas, habrá menos muertes por sobredosis.

7. La muerte por sobredosis ocurre simplemente al tomar demasiadas drogas en poco tiempo. *según más bien también*

8. En realidad muchas drogas están tan adulteradas que los drogadictos se envenenan con ellas.

9. Si el uso de drogas perjudica sólo al drogadicto, entonces no tenemos el derecho de prohibirlas.

10. Se puede vivir tomando alcohol o fumando así como consumiendo drogas, siempre que las drogas no estén adulteradas.

F 11. En España, la ley no castiga al consumidor sino al vendedor. *En Holanda.*

12. Las cárceles estadounidenses están llenas de fumadores de marihuana y de drogadictos ricos.

En mi opinión ● ● ● ● ●

1. Ahora, dé su opinión personal a las afirmaciones anteriores.
2. ¿Tiene resultados la campaña de EEUU contra la droga? ¿Y la campaña contra el SIDA? ¿Cómo lo sabe Ud.?
3. En grupos, comparen los efectos del alcohol y del tabaco con los de las drogas. ¿Por qué la campaña contra el fumar ha sido tan efectiva y no los esfuerzos para controlar las drogas?

En (inter)acción ● ● ● ● ●

Discutan en clase qué es exactamente una droga. Hagan una lista de las más comunes en la pizarra, mencionando sus efectos y su grado de adicción. ¿Son drogas, por ejemplo, las aspirinas, los antibióticos, las píldoras para perder peso, el alcohol, la cafeína?

Mejor dicho ● ● ● ● ●

A. Crimen/delito. Crimen es sinónimo de asesinato u homicidio. Es un acto violento dirigido contra una persona para causarle la muerte. Por eso una persona que comete un **crimen** es un criminal. Un **delito** es cualquier acto ilegal que no es un **crimen.** Atracos, fraudes, robos, etc., son ejemplos de **delitos.** Una persona que comete un **delito** es un delincuente.

B. Discusión/argumento. Discusión tiene dos significados: *discussion* y *argument.* Por eso, **tener una discusión** o **discutir** tienen dos sentidos: *to discuss* y *to argue.*

A Germán le fascina **discutir** temas de actualidad.
Es normal que los hermanos tengan tantas **discusiones.**

Argumento significa *plot* (of a novel, film, etc.) y *reason for supporting something.*

El **argumento** del cuento era muy simple.
Estos **argumentos** se apoyan en el principio de la libertad individual.

Práctica

A. En grupos, contesten estas preguntas.
1. Comenten algún delito que Ud., o alguien que Ud. conoce, ha presenciado.
2. Hablen de algunos de los crímenes más espantosos de la historia. ¿Quién los cometió? ¿Dónde? ¿Por qué motivo?
3. ¿En qué programas de televisión se habla de delitos y crímenes o se presentan casos? ¿Qué efecto tiene tanta violencia en el público?

4. Dígales a sus compañeros/as la razón por la que discutió con sus padres la última vez. ¿Y con un/a amigo/a? ¿Cuál ha sido la discusión más violenta que ha tenido con alguien en su vida?

5. Cuente a los miembros de su grupo argumentos de películas, novelas o canciones para que adivinen el título.

B. Entre todos busquen dos argumentos convincentes para:

legalizar o no la marihuana

cambiar o no la edad en que se permite beber

eliminar o no las cárceles

abolir o no los exámenes escritos

Creación ● ● ● ● ●

Por sorpresa

Sus padres los encuentran a Ud. y a unos amigos fumando marihuana. Examine la reacción de sus padres y prepare su defensa. O bien puede ser Ud. el/la que sorprende a sus padres. Use palabras del vocabulario en el diálogo y preséntelo a la clase.

▼▲▼ Las razones de una decisión ▼▲▼ ▼▲▼
Daniel Samper Pizano

Palabra por palabra ● ● ● ● ●

conseguir (i,i)	to obtain
evitar	to avoid
el **fracaso**	failure

ponerse de acuerdo	to come to an agreement
valer la pena	to be worthwhile

Práctica

En grupos, expresen su opinión personal respecto a las declaraciones siguientes.

1. En el campus se puede **conseguir** cualquier tipo de droga.
2. La policía debe **evitar** la venta de drogas en la universidad.
3. El **fracaso** de la campaña contra la droga se debe a los atroces anuncios publicitarios.
4. En los próximos 5 años los políticos **se pondrán de acuerdo** y legalizarán las drogas.
5. **Vale la pena** experimentar los efectos de alguna droga.

Ahora, intente Ud. expresar una idea polémica que contenga una de las palabras del vocabulario.

Repaso gramatical: Los pronombres preposicionales

Introducción ● ● ● ● ●

La idea de legalizar la droga, como alternativa a la represión de su uso, es un tema controvertido. Tanto los defensores como los detractores de la idea tienen argumentos para fundamentar su decisión.

Alto ● ● ● ● ●

¿Cuál cree Ud. que deba ser el castigo para los que producen drogas, las venden o las usan?

▼▲▼ Las razones de una decisión ▼▲▼ ▼▲▼

A favor

1. El modelo actual ha fracasado. La ilegalidad no ha podido contener el abuso de la droga.

2. Al despojar[2] al toxicómano de su perfil[4] legal de delincuente y tratarlo como un enfermo, se facilitará su cooperación.

3. El control oficial y médico de la droga le quitará su carácter de negocio clandestino y dejará de ser atractiva para las mafias.

4. Al desmontar[9] el crimen organizado del suministro[10] de drogas se pondrá fin a la violencia y a la corrupción en las mafias.

En contra

1. La posibilidad de **conseguir** droga sin cortapisas[1] legales podría estimular su consumo en personas que hoy se mantienen alejadas[3] de los tóxicos por respeto a la ley.

2. Legalizar la droga equivale a rendirse[5] ante el crimen organizado.

3. Lo que ha fallado[6] en la actual política[7] contra la droga son sus vacilaciones.

4. El debate sobre la legalización plantearía serios enfrentamientos[8] internacionales que podrían servir de estímulo a los traficantes.

5. Como ocurre con las armas, el hecho de que se pueda comprar droga legalmente no acabará con el mercado negro.

---

1. **cortapisas** = restricciones   2. **al despojar** on stripping   3. **alejadas** = distanciadas   4. **perfil** profile   5. **rendirse** surrender   6. **fallado** failed   7. **política** policy   8. **enfrentamientos** confrontations   9. **desmontar** removing   10. **suministro** supply

5. El suministro de tóxicos de calidad **evitará** las actuales muertes por droga adulterada.

6. Históricamente, los pueblos han sabido convivir con la droga libre.

7. Cuando el adicto pueda obtener dosis controladas a precio accesible, no necesitará robar, ni prostituirse para sostener su vicio.

8. La ley seca de Estados Unidos mostró **el fracaso** de la solución prohibicionista.

9. Una vez despojada de su carácter de fruta prohibida, el interés de los jóvenes en la droga disminuirá, como ocurrió cuando se legalizó la pornografía.

6. La permisividad no acaba con el vicio; el tabaco es legal, pero hay millones de fumadores.

7. Legalizar la droga es una utopía en la cual no **vale la pena** perder el tiempo.

8. A la propuesta antiprohibicionista le falta aclarar muchos detalles sobre los cuales todavía no han podido **ponerse de acuerdo** sus promotores.

¿Hay alguna organización semejante en Estados Unidos?

¿Entendido? y En mi opinión ● ● ● ● ●

Conteste las preguntas siguientes de acuerdo con el contenido de la lectura. Luego exprese su opinión.

1. La ilegalidad no ha podido contener el abuso de las drogas. ¿Por qué?
2. Hay que tratar al drogadicto como a un enfermo. ¿Por qué?
3. El negocio clandestino desaparecerá con la legalización. ¿Está de acuerdo o no? ¿Por qué sí o por qué no?
4. Después de la legalización, no habrá tantos crímenes como antes. ¿Está de acuerdo o no? ¿Por qué sí o por qué no?
5. Hoy día hay muchas muertes a causa de las drogas adulteradas. ¿Es posible evitar esas muertes?

6. Si no estuvieran prohibidas, las drogas perderían su atracción para los jóvenes. ¿Es la cosa prohibida la más deseada? ¿Por qué? ¿A usted le gusta probar lo que está prohibido? Hable de una experiencia suya con algo prohibido.

7. Si las drogas fueran legales, muchas más personas las usarían. ¿Está usted de acuerdo? ¿Por qué sí o por qué no?

8. Para acabar con las drogas, sólo hay que hacer leyes más estrictas. ¿Está usted de acuerdo? ¿Por qué sí o por qué no?

9. La verdad es que no sabemos qué efectos tendría la legalización de las drogas. ¿Ha leído artículos o escuchado conferencias sobre la legalización de las drogas? ¿Qué indican en cuanto al consumo o al crimen?

10. ¿Cómo era la actitud hacia las drogas en los años 60? ¿Y en los 80 y 90?

11. ¿Lo ha convencido o hecho cambiar de opinión la lectura? ¿De qué manera?

En (inter)acción ● ● ● ● ●

1. En clase, voten a favor o en contra de la legalización de las drogas. Especifiquen cuáles quisieran legalizar y defiendan sus ideas.

2. El artículo anterior examina las razones a favor y en contra de la legalización de las drogas. Ahora, Uds. deben analizar las razones de su uso.

Creación ● ● ● ● ●

Narre una experiencia (verdadera o no) con las drogas: alguien le ofrece en la escuela, ve en la calle a un conocido comprando, etc. A continuación tiene un ejemplo.

El lenguaje de las drogas

Los términos coloquiales relacionados con las drogas varían de país a país. Por ejemplo, en Colombia se llaman *mulas* a los que transportan o distribuyen la droga, mientras que en España se les conoce como *camellos*. La terminología cambia, incluso de ciudad a ciudad. Esto causa situaciones cómicas, pues recuerdo que paseando por Madrid con un amigo de Albacete unos tipos se nos acercaron y le preguntaron a él si quería *chocolate*. A mi amigo le sorprendió muchísimo que el chocolate se vendiera en las calles de Madrid y no en los supermercados. Más tarde le expliqué que lo que le habían intentado vender era, en realidad, hachís.

▼▲▼ La pasión por lo verde ▼▲▼ ▼▲▼
Inmaculada Moya y Julia Pérez

Palabra por palabra • • • • •

ahorrar*	to save
la **basura**	garbage
contaminar	to pollute
el **contenido**	content
desperdiciar	to waste
la **investigación**	research
el **medio ambiente**	environment
la **moda**	style, fashion
preocuparse por/de	to worry about
reciclar	to recycle
el **recurso**	resource

Práctica

En parejas, contesten las preguntas siguientes. Atención a las palabras del vocabulario.

1. ¿Qué productos de contenido tóxico tiene Ud. en su casa? ¿Cómo pueden contaminar dichos productos el medio ambiente?
2. ¿Se preocupa Ud. por el medio ambiente? ¿Está de moda el reciclaje? ¿Qué recicla Ud.?
3. ¿Cómo ahorra Ud. recursos como gasolina, electricidad u otros? ¿Hay algo que se desperdicia en su casa, en su escuela, en su comunidad? ¿Qué ha hecho Ud. para mejorar o corregir hábitos irresponsables con respecto al medio ambiente?
4. ¿Cuáles son algunas actividades deportivas y ociosas que perjudican al medio ambiente? ¿Cuáles no?

Repaso gramatical: El pluscuamperfecto de indicativo
Los números

Introducción • • • • •

En este artículo, Inmaculada Moya y Julia Pérez, dos colaboradoras de la revista *Cambio 16,* hablan de la nueva actitud de los españoles hacia los problemas y la recuperación del medio ambiente.

Alto ● ● ● ● ●

1. ¿Qué asocia Ud. con el color verde?
2. ¿Es siempre mejor lo natural? ¿Cuándo no? Explique.

▼▲▼ La pasión por lo verde ▼▲▼ ▼▲▼

Frigoríficos,[1] lavadoras, pilas,[2] coches… La publicidad presenta ahora todo como ecológico. Es el fruto del aumento de la enorme demanda de productos verdes, no contaminantes y naturales. El color verde conquista el mercado.

I.

Los desodorantes eran de tubo[3] o de spray, ahora dicen ser ecológicos; las empresas[4] anunciaban calidad y productividad, ahora preservan **el medio ambiente;** las pilas proclamaban su potencia,[5] ahora se definen como verdes. Los estantes[6] de los supermercados comienzan a estar invadidos de huevos, legumbres y cítricos denominados biológicos. Y los coches serán menos contaminantes.

El mensaje verde es utilizado desde hace escasos[7] meses como un reclamo[8] publicitario que refleja los cambios de mentalidad que se están produciendo en la sociedad española: envases[9] verdes, etiquetas[10] verdes, letras verdes y hasta ha salido al mercado un coche que **contamina** igual que los demás pero que se presenta como verde.

La extrema sensibilidad[11] hacia las alteraciones del **medio ambiente** que desde hace años está asentada[12] en Europa ha empezado a extenderse[13] a países mediterráneos como España. Nadie tiene datos, pero todos coinciden en que algo está cambiando desde la divulgación de catástrofes como Chernobil y del avance del agujero[14] de la capa[15] de ozono que es seguido por científicos de todo el mundo en la Antártida.

Esa sensibilidad se ha extendido a la Comunidad Económica Europea (CEE) que ya ha adoptado acuerdos[16] tales como la reducción en un 85 por ciento de los clorofluorocarbonos (CFC) para 1993, los principales gases causantes de la desaparición del ozono, y la obligatoriedad de introducir en el mercado, para 1993, gasolina sin plomo[17] y catalizadores que filtren los gases que emiten los coches. Ese año también será crucial para los fabricantes de pilas, que deberán reducir **el contenido** de mercurio y cadmio.

---

1. **frigoríficos** = refrigeradores   2. **pilas** batteries   3. **de tubo** stick   4. **empresas** = compañías   5. **potencia** power   6. **estantes** shelves   7. **escasos** = pocos   8. **reclamo** lure   9. **envases** packaging   10. **etiquetas** labels   11. **sensibilidad** concern   12. **asentada** = establecida   13. **extenderse** to spread   14. **agujero** hole   15. **capa** layer   16. **acuerdos** agreements   17. **sin plomo** unleaded

Vista panorámica de los Pirineos, en el norte de España.

Si el Parlamento europeo lo aprueba, en 1993 los productos que no dañen[18] al **medio ambiente** podrán lucir[19] el mensaje de que son ecológicos y, encima, serán más baratos.

Sin embargo, el papel **reciclado** aún es **un recurso** poco utilizado. En toda Europa **se desperdician** 210 kilos de papel por habitante y por año. En otros países, como en Estados Unidos, el reciclaje se realiza de una manera más generalizada: en muchos lugares se tienen dos o tres cubos[20] de **basura** para separar lo desechable[21] de lo que se puede **reciclar.** En España hay diversos puntos de reciclaje de papel a los que llevar cartones[22] o periódicos viejos para que puedan ser reutilizados y evitar así la tala[23] masiva de bosques.[24] Este papel **reciclado** sólo supone[25] en España un total de 1.446.900 kilos, mientras que se fabrican más de tres millones de papel y cartón de primer uso.

La tendencia a **preocuparse por** la conservación de la naturaleza ha aumentado. Según la casa editorial[26] Espasa Calpe, en un año las ventas de libros sobre ecología han crecido un 60 por ciento.

---

18. **dañen** harm   19. **lucir** to display   20. **cubos** cans   21. **lo desechable** trash   22. **cartones** cardboard boxes
23. **tala** = corte   24. **bosques** forests   25. **supone** amounts to   26. **casa editorial** publishing house

La flora chilena se estudia en Punta Las Molles.

II.

Para tener una tierra fértil, hay que rotarla[27] y respetar la estratificación. Las semillas[28] tienen que ser del lugar; las plagas se combaten con hormonas naturales y, para las malas hierbas,[29] no hay nada como la mano y el calor. Los insecticidas se consiguen del crisantemo y de la nicotina. Así, y no de otra forma, son las ordenanzas de la agricultura ecológica, también conocida como biológica.

España, Francia y Dinamarca fueron las pioneras en reglamentar[30] esta producción, la más moderna y también la más antigua. Fue en noviembre de 1988 cuando en España se concedió la denominación[31] de origen [y un distintivo[32]] para esos productos ecológicos. En realidad su garantía no es más que asegurar que todos ellos han sido conseguidos sin el empleo de productos químicos de síntesis.

Entre hortalizas, frutas, cítricos, vides,[33] aceites, cereales y cultivos proteicos,[34] la agricultura ecológica produce en España un total de 12.331 toneladas. Pero, además, han conseguido una media de[35] 25.250 docenas de huevos, 120.000 kilos de carne, más de millón y medio de litros de leche de vaca y cabra[36] y 20.000 kilos de miel.[37] La mitad se exporta al resto de Europa, lo que les supone unos ingresos[38] cercanos a los 500 millones de pesetas.

---

27. **rotarla** rotate it   28. **semillas** seeds   29. **malas hierbas** weeds   30. **reglamentar** = regular   31. **denominación** name
32. **distintivo** mark   33. **vides** grapevines   34. **proteicos** = variables   35. **una media de** an average of   36. **cabra** goat
37. **miel** honey   38. **ingresos** income, revenue

III.

La búsqueda[39] de productos que no alteren **el medio ambiente** y **la moda** por lo natural también han irrumpido en los hogares. Desde los *sprays* hasta los frigoríficos y lavadoras ecológicas y muebles bionaturales, junto a pinturas que rememoran[40] paisajes naturales y el aumento de la cosmética natural.

El compromiso de la CEE de reducir el consumo de los CFC ha traído consigo[41] que vayan a salir al mercado a principios del próximo año frigoríficos con una reducción del 50 por ciento de esos gases. Pero la mayor innovación está en las lavadoras de la empresa Bosch. Sus programas de lavado[42] **ahorran** agua, energía y hacen un uso racional del detergente. Ya ha aparecido el detergente ecológico y se llama Bionatur.

Los muebles también tienen su apartado[43] verde, se llaman biomuebles y su símbolo es de ese color. Sus impulsores,[44] una fábrica valenciana, garantizan muebles macizos[45] no tóxicos, no alérgicos y en cuya elaboración no ha intervenido ningún producto sintético ni derivado del petróleo. Además, en su acabado se utilizan elementos naturales como la cera,[46] grasa, tierra[47] y extractos de árboles.

Fernando Cervigón es uno de los pintores especializados en una técnica que se llama el "trampantojo".[48] Una pared grande, una habitación oscura, un cuarto de baño, son transformados con esta técnica, consiguiéndose paisajes en perspectiva, ventanas al mar, vistas idílicas.

Por último, la cosmética natural hace también furor.[49] Es el caso de los "Body Shops" que, provenientes de Inglaterra, se han implantado en España. Utilizan una proporción mínima de alcoholes, los tapones,[50] frascos[51] y etiquetas son biodegradables y en sus **investigaciones** no experimentan con animales. En España, el producto que más se consume es todo lo que tenga zarzamora,[52] además de las sales de baño de frambuesa.[53]

---

39. búsqueda search   **40. rememoran** = evocan   **41. ha traído consigo** has led to   **42. programas de lavado** washing cycles
43. apartado = sección   **44. impulsores** = promotores   **45. macizos** = sólidos   **46. cera** wax   **47. tierra** soil   **48. trampantojo** trompe-l'oeil; *lit.* trick of the eye   **49. hace furor** is all the rage   **50. tapones** bottle caps   **51. frascos** = botellas pequeñas
52. zarzamora blackberry   **53. sales de baño de frambuesa** raspberry bath salts

¿Entendido? • • • • •

1. ¿Con qué asocia la sociedad española actual el color verde? ¿Es así sólo en España?
2. Según el artículo, ¿cuáles son algunos de los problemas del medio ambiente?
3. Explique por qué la agricultura biológica es el método de producción más moderno y a la vez más antiguo.
4. ¿Cómo ha repercutido en los hogares españoles la *moda por lo natural*? Dé ejemplos.
5. ¿Qué relación existe entre la cosmética y la ecología?

En mi opinión • • • • •

1. ¿Qué efecto tiene o ha tenido la publicidad en nuestra preocupación por el medio ambiente? Sobre este tema, ¿cómo es la publicidad en su país? ¿Conoce Ud. algunas organizaciones interesadas en la preservación del medio ambiente? ¿Es Ud. miembro de alguna de ellas?

2. ¿Por qué razón se emplean productos químicos en la agricultura? ¿Qué opina Ud. de este uso? ¿Cómo pueden saber los consumidores el método de producción de ciertos alimentos? ¿Procura Ud. comprar productos naturales? ¿O le da a Ud. igual?

3. En Europa la CEE es uno de los organismos que trata de impedir la destrucción del medio ambiente. En su país, ¿qué organismo tiene esta función? ¿Es importante la posición de los políticos en este sentido? ¿Y la de los ciudadanos? ¿Cree Ud. que la situación del medio ambiente debe tener prioridad sobre otras cuestiones políticas y sociales?

4. ¿Qué responsabilidad debe tener el individuo, el gobierno, los negocios, en cuanto a la recuperación del medio ambiente? Explique y dé ejemplos.

En (inter)acción • • • • •

¿Hasta qué punto es Ud. "verde"?

1. La clase se divide en dos grupos y cada miembro debe contestar sí o no a las siguientes recomendaciones ecológicas. Al final del ejercicio, se escriben en la pizarra los resultados obtenidos y se ve qué grupo es más verde. Cada respuesta afirmativa vale un punto.

   a. ¿Usaría Ud. pañales *(diapers)* lavables en casa para sus hijos o hermanos?

   b. ¿Tiende *(Hang up)* la ropa en lugar de usar la secadora eléctrica?

   c. ¿No acepta bolsas *(bags)* de plástico cuando puede llevar en la mano lo que acaba de comprar?

   d. ¿Se ducha en vez de bañarse?

   e. ¿Escribe en las dos caras de una hoja de papel?

   f. ¿Va en autobús al trabajo o a la universidad, y no en coche?

   g. ¿Reserva una parte de su jardín para residuos orgánicos?

   h. ¿Rechaza frutas y verduras cultivadas con productos químicos?

   i. ¿Planta un árbol cada año?

   j. ¿No emplea platos o vasos de papel en los picnics?

   k. ¿Recicla aluminio, papel, vidrio y plástico?

   l. ¿Sabe cuál es la regla de las tres erres?

2. Cada estudiante debe darle a la clase algún consejo práctico que contribuya a la preservación de los recursos naturales.

   Modelo: *No gasten agua lavando el coche. Esperen a que llueva.*
   Al lavarse los dientes, no dejen correr el agua.

3. Clasifiquen los objetos de la página siguiente en cuatro grupos: a. reciclables, b. no reciclables, c. biodegradables, d. contaminantes.

Mejor dicho ● ● ● ● ●

Salvar/guardar/ahorrar. Estas tres palabras significan *to save.* Para expresar *to rescue* se utiliza *salvar.*

Una mujer desconocida **salvó** al niño.

Para indicar *to keep* o *to put aside* se emplea **guardar.**

Guardo los envases de las bebidas en el garaje.

Para expresar *not to spend or waste* se usa **ahorrar.**

Sus programas de lavado **ahorran** agua y energía.

Elena **ha ahorrado** un millón de pesos este año.

Práctica

En parejas, contesten estas preguntas.

1. ¿Ahorra Ud. dinero todos los meses? ¿Para qué lo ahorra? ¿Cómo consigue Ud. el dinero que ahorra? ¿Deben los niños empezar a ahorrar muy temprano? ¿Por qué?
2. ¿Dónde guarda Ud. sus libros? ¿Dónde guarda Ud. las cosas de mucho valor? ¿Guarda Ud. todas las cartas que recibe? ¿Por qué sí o por qué no?
3. ¿Podría Ud. salvarle la vida a alguien? ¿Cómo le salvaría la vida a alguien que tiene un ataque cardíaco? ¿A alguien que está atragantado *(is choking)*? ¿Cómo se llama el famoso método de salvarle la vida a alguien que está atragantado?

Creación ● ● ● ● ●

Describa un día en la vida de un/a ecologista fanático/a desde que se levanta hasta que se acuesta. Use las palabras del vocabulario y números. Escriba los números con palabras.

▼▲▼ En resumen ▼▲▼ ▼▲▼

A. Canción

Suite nupcial

Cantan: Gabinete Caligari

Gabinete Caligari es un grupo de pop español. Sus canciones tienen un sonido muy característico debido a que tocan instrumentos y ritmos tradicionales. Uno de sus álbumes más recientes se titula "Al calor del amor en un bar" (1991). La canción "Suite nupcial" se encuentra en un álbum anterior titulado "Camino Soria" (1987).

Mi cielito° y yo en la suite nupcial	*sweetheart*
cena para dos y el cartel de *no molestar°*	*do not disturb sign*
vistas° al mar y champán	*view*
hablamos de la vida de los dos	
y, cómo no, del amor	
yo en pijama y ella no.	
Mi cielito y yo en la suite nupcial	
nos decimos cosas tan bonitas	
que no se pueden contar sin rubor°	*blushing*
y nos reímos de todos nuestros *ex*	
pegándoles puntapiés°	*kicking them around*
el mundo es nuestro ya lo veis.	
Risas,° ternura° y pereza° en la suite nupcial	*laughter/tenderness/laziness*
no hay prisas hasta el día del juicio final.°	*Last Judgment*
Mi cielito y yo en la suite nupcial	
nos resbala° el mundo entero, estamos como Dios	*no nos importa*
mucho mejor, como dos	
yo en pijama y ella no.	
Hablamos de la vida de los dos	
y, cómo no, del amor	
yo en pijama y ella no.	
Risas, ternura y pereza en la suite nupcial	
no hay prisas hasta el día del juicio final	
con el mundo por montera¹ un hombre y una mujer de bandera°	*innovators*
se hablan en la suite nupcial,	

se ríen en la suite nupcial,
se quieren en la suite nupcial.
Mi cielito y yo en la suite nupcial
hasta el día del juicio final
mi cielito y yo en la suite nupcial.

---

1. **montera** bullfighter's hat; **tener el mundo por montera** to be above everything

Preguntas

1. ¿Por qué están el chico y la chica en la suite nupcial?
2. ¿Qué clase de relación tienen?
3. ¿Cuál es el tono de la canción?

B. Canción

Matador

Canta: Víctor Manuel

Otra canción del álbum de Ana Belén y Víctor Manuel "Para la ternura/siempre hay tiempo" (1986) es "Matador".

Matador, adonde vayas voy.
(bis) Matador, me compras y me doy.

Ella le espera a medianoche	
al fondo del callejón;°	*at the far end of the alley*
rueda° una lata° de cerveza,	*rolls/can*
alguien le grita (des)de un camión.°	*truck*
Saca del bolso una polvera,°	*powder compact*
la breve luz del farol°	*street lamp*
iluminando a duras penas°	*hardly*
las manecillas° del reloj.	*minute and hour hands*
Guarda el dinero en una media	
el cuerpo es puro temblor,°	*shiver*
sola, sin ver la pitillera°	*cigarette case*
que algún cliente descuidó.°	*overlooked*
Suda° y quisiera ser barrida,°	*Sweats/swept away*
sin más justificación,	
pero al doblar aquella esquina	
toda su acera iluminó el	
Matador…	
Dame el veneno,° por favor,	*poison*

que me quiero poner mejor,
sé que me estás vendiendo muerte,
pero no puedo cambiar mi suerte,
Matador…
Sólo sintió cristal molido,°   *crushed glass*
el tiempo se le borró.°   *became blurred*
Gira° la puerta del servicio°   *slams/toilet*
para aplazar° su ejecución.   *llevar a cabo*
Ya reconoce este camino
(que) termina en el hospital,
una vez más, siempre lo mismo
quien se pudiera descolgar.°   *recover from addiction*
Cambio consejos por amigos
no me hablen de voluntad,
sola me quedo ante el peligro
con las heridas° sin cerrar.   *wounds*
Sabe quién es la sombra° aquella   *shadow*
al fondo del callejón;
rota la guardia y sin defensa
con alma y cuerpo se entregó° al   *gave in*
Matador…
Dame el veneno, por favor,
que me quiero poner mejor,
sé que me estás vendiendo muerte,
pero no puedo cambiar mi suerte,
Matador…

Preguntas

1. La palabra *matador* significa en español *bullfighter* y *killer*. ¿Cuál de estos dos significados tiene esta palabra en la canción? ¿A qué se refiere?
2. ¿Qué problema tiene la mujer de la cual habla la canción?
3. ¿Qué elementos de la canción nos indican que ésta trata del tema de las drogas?
4. ¿Conoce Ud. canciones en inglés que traten de este problema? ¿Cómo lo presentan?

C. Tira cómica
   Describa cuadro por cuadro lo que ocurre en esta tira cómica.

El otro miembro de la familia

▼▲▼ En conclusión ▼▲▼ ▼▲▼

Preguntas para discutir o escribir.

1. ¿Qué tradiciones cree Ud. que deben mantenerse o eliminarse? ¿Por qué? Comente dos de cada una.

2. ¿Qué aspectos de la vida son más fáciles o difíciles de cambiar? Comente dos de cada uno.

3. ¿Tiene Ud. alguna costumbre que esté intentando cambiar? Explique. Se dice que el ser humano es un animal de costumbres. ¿En qué asuntos personales ha notado Ud. esto?

4. ¿Cuáles son algunas ventajas o desventajas de las sociedades muy tradicionales? ¿Y de las muy modernas? Dé ejemplos.

5. Contraste las ciudades y los pueblos con respecto a las tradiciones y al cambio. ¿Cuáles son más estables?

UNIDAD 2

Contrastes culturales

En el fondo todos los seres humanos somos iguales: compartimos el mismo ciclo de vida, idénticas necesidades básicas. Por eso resulta sorprendente la infinidad de formas de vivir presentadas por las distintas culturas.

Cuando somos pequeños pensamos que hay sólo un modo de hacer las cosas, el nuestro. Crecer es darnos cuenta de las opciones. No hay duda que lo familiar es la norma que siempre usamos para medir otras costumbres y que el encuentro con diferentes culturas puede resultar traumático. Pero el mundo multicultural en que vivimos exige conocimiento y respeto por otras tradiciones que siempre acaban por enriquecer la nuestra.

En esta unidad contrastaremos algunos aspectos de la existencia cotidiana, pues es en los hechos más comunes como hablar, comer, convivir y celebrar, donde las diferencias son más fascinantes y reveladoras.

Los textos que componen esta unidad presentan semejanzas y diferencias entre dos culturas o más. La primera sección, **España y Latinoamérica,** es un bosquejo de algunos aspectos culturales significativos de estas naciones. Empezaremos repasando los mapas ("Países y paisanos") para tener una idea más concreta de la variedad y extensión del mundo hispanohablante, de las que se derivan los aspectos únicos de cada país o región. Esta lectura incluye, además, algunas selecciones sobre el concepto de la nacionalidad, el cual se revela como algo curiosamente fluido y cambiante. Las dos lecturas siguientes comparan España con Hispanoamérica en cuanto al uso del español ("Dime cómo hablas y te diré de dónde eres") y los ritmos musicales ("Julio Iglesias y mucho más").

La segunda sección, **El mundo hispánico y los Estados Unidos,** contrasta la cultura norteamericana y la hispánica según ciertos refranes y expresiones idiomáticas ("No te acostarás sin saber otra cosa más"), los estereotipos que existen de cada país ("Hamburguesas y tequila") y el tipo de desperdicios que se arrojan a la basura ("Teoría de las canecas de basura").

La tercera sección es **Convivencias interculturales.** Cada una de las selecciones ("El extranjero y el turista", "La fiesta de Jasmín", "¡Ay, papi, no seas coca-colero!", "El etnógrafo") explora un ángulo diferente del contacto entre culturas. Todas constituyen ejemplos de personas que han experimentado otros modos de vivir y de pensar: turistas, emigrantes, exiliados políticos y científicos. El grado de asimilación e integración es diferente en cada caso y representa variados modos y distintas etapas en el acercamiento a otras culturas.

El proceso de enfrentarse a lo desconocido y absorberlo es tan fascinante como lento. Así lo reconoce el famoso proverbio árabe cuando dice que "el alma viaja siempre a la velocidad de un camello".

Que yo sepa ● ● ● ● ●

La clase se debe dividir en dos grupos y cada uno debe debatir las preguntas siguientes y hacer una lista de opiniones para compartir con los demás.

1. Estados Unidos es el país multicultural por excelencia. Según dicen algunos, los norteamericanos son como la salsa Heinz 57, en el sentido de que representan una impresionante mezcla de grupos étnicos y nacionales. ¿Cuáles cree Ud. que son algunos componentes perdurables de esa mezcla? Es decir, ¿qué grupos han influido más decisivamente en lo que es Estados Unidos hoy?

2. ¿Cuáles son algunas costumbres que proceden de otras culturas pero que ahora forman parte de la vida norteamericana? Piense por ejemplo, en comidas, tipos de música o deportes.
3. ¿Cuáles son algunas de las contribuciones de Estados Unidos a la cultura mundial? ¿Qué le parece a Ud. lo más auténticamente norteamericano?

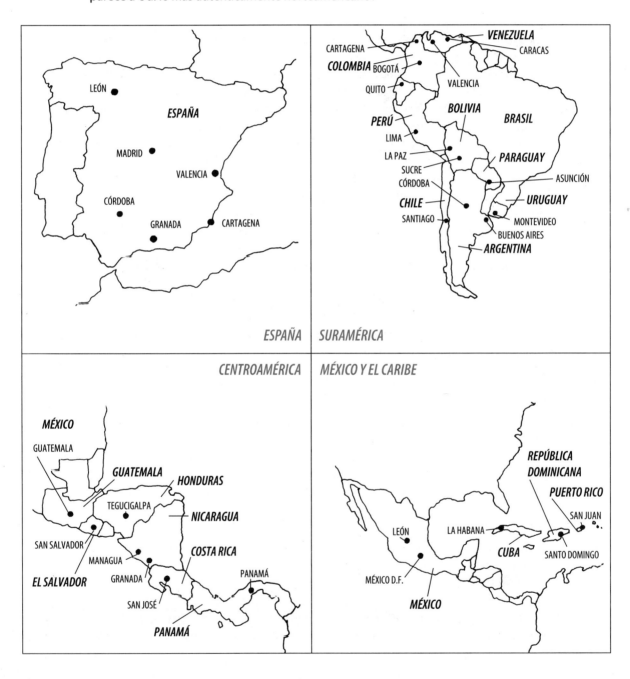

ESPAÑA Y LATINOAMÉRICA

▼▲▼ Países y paisanos   ▼▲▼ ▼▲▼

Palabra por palabra ● ● ● ● ●

A continuación hay una lista de los países hispanohablantes. Estúdiela en relación con los mapas.

País	Nacionalidad	Capital
1. Argentina	argentino, -a	Buenos Aires
2. Bolivia	boliviano, -a	La Paz*
3. Chile	chileno, -a	Santiago
4. Colombia	colombiano, -a	Bogotá
5. Costa Rica	costarricense	San José
6. Cuba	cubano, -a	La Habana
7. Ecuador	ecuatoriano, -a	Quito
8. El Salvador	salvadoreño, -a	San Salvador
9. España	español, -a	Madrid
10. Guatemala	guatemalteco, -a	Guatemala
11. Honduras	hondureño, -a	Tegucigalpa
12. México	mexicano, -a	México D.F.
13. Nicaragua	nicaragüense	Managua
14. Panamá	panameño, -a	Panamá
15. Paraguay	paraguayo, -a	Asunción
16. Perú	peruano, -a	Lima
17. Puerto Rico	puertorriqueño, -a	San Juan
18. República Dominicana	dominicano, -a	Santo Domingo
19. Uruguay	uruguayo, -a	Montevideo
20. Venezuela	venezolano, -a	Caracas

* Bolivia tiene dos capitales: La Paz y Sucre

Práctica

A. **¿Quién lo sabe?** Con la clase dividida en dos equipos, el/la profesor/a dirá una palabra de cualquiera de las tres columnas; un/a estudiante deberá responder con las otras dos que faltan (país, capital, nacionalidad).

Profesor: hondureño
Estudiante: *Honduras, Tegucigalpa*
Profesor: Santo Domingo
Estudiante: *República Dominicana, dominicano*

B. Si observa detenidamente los mapas notará que hay ciudades en España y en Hispanoamérica que tienen el mismo nombre. Busque tres y anote/señale dónde están.

C. Busque en un diccionario, enciclopedia o periódico

1. los nombres de los presidentes de cinco países hispánicos.
2. los nombres de la moneda de siete países hispánicos.

D. Mencione algunos datos que conozca sobre los países hispánicos (productos, personas o lugares famosos).

E. En parejas, preparen un itinerario de viaje a algunos países hispánicos que incluya visitas a cinco lugares famosos. Escojan entre las categorías mencionadas a continuación y especifiquen el nombre y el país.

1. playa	6. museo	11. lago
2. río	7. monumentos	12. selva
3. montañas	8. catedrales	13. desierto
4. islas	9. universidad	14. fiesta
5. ruinas	10. mercado	

F. A continuación se mencionan algunos puntos o aspectos importantes de México, Centro y Suramérica y el Caribe. Mencione con qué país se pueden asociar cinco de ellos y/o localícelos en el mapa.

1. cataratas de Iguazú	7. vinos Concha y Toro
2. pirámides de Teotihuacán	8. animales prehistóricos
3. esmeraldas	9. pampas
4. textiles y suéteres	10. flores
5. llamas	11. canal
6. gauchos	12. azúcar

G. Si yo quiero oír hablar uno de los siguientes idiomas o dialectos, ¿a qué ciudad de España tengo que ir?

1. éuskera   2. catalán   3. gallego   4. mallorquín

H. Si yo quiero oír hablar uno de los siguientes idiomas, ¿a qué país de Latinoamérica tengo que ir?

1. náhuatl   2. guaraní   3. quechua   4. portugués

Repaso gramatical: Comparaciones de igualdad y desigualdad (segundo repaso)

Introducción ● ● ● ● ●

Si es cierto que la lengua es expresión de una cultura, también refleja el medio en que se vive. Se sabe, por ejemplo, que en árabe hay numerosas palabras para referirse al desierto y a los camellos, mientras que otras lenguas, que no están tan ligadas a ese medio, no necesitan más que una. Un conocimiento del aspecto físico y de las propiedades regionales de los países de habla hispana le ayudarán a entender más profunda y claramente a su gente y, en consecuencia, su lengua. Aprender a hablar en español implica ampliar nuestro mundo y adquirir una nueva perspectiva de la vida; es decir, no es solamente un modo distinto de hablar en inglés.

Las selecciones que siguen están relacionadas con el tema de la nacionalidad. Son anécdotas u observaciones hechas por escritores hispanos.

Alto ● ● ● ● ●

Los términos para referirse a las nacionalidades, las regiones o los mismos países no son tan claros e inmutables como mucha gente se imagina, sino que a veces se interpretan y emplean de acuerdo con las circunstancias o la perspectiva.

1. ¿Sabe Ud. qué términos se emplean para referirse al bloque de naciones hispanohablantes del Nuevo Mundo? ¿Podría explicar cuáles son las diferencias entre estos términos?
2. ¿Sabe Ud. de algún país que tenga más de un nombre?
3. Si alguien dice en Europa que es "americano", ¿qué pensará quien lo escucha?

Preste atención a la razón del desconcierto o la confusión en las selecciones a continuación.

▼▲▼ Países y paisanos ▼▲▼ ▼▲▼

I.

Escena en Nueva York donde unos norteamericanos le preguntan a un conocido:

— "¿Es usted español?

— Sí, dice él, seguro del éxito.

— ¿Y de dónde es usted? ¿De México, de Nicaragua?

Porque lo que se entiende generalmente aquí por "español" es americano de habla española.

— No, rectifica uno, soy de España.

— ¿De España?… Ahh."

(Julio Camba, *Países, gentes y cosas*)

¿Entendido? • • • • •

1. ¿Qué significa *español* para un norteamericano? ¿Está Ud. de acuerdo? ¿Cómo lo emplea Ud.?
2. ¿Qué significa *español* para un hispano?
3. ¿Qué otro significado tiene la palabra *español*? Explique el significado del adjetivo *español* en las expresiones siguientes:

   diccionario de español
   actor español
   costumbres españolas
   gramática española

4. ¿De cuántas maneras se puede traducir *Spanish professor* en español?

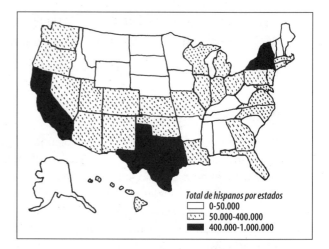

Total de hispanos por estados
☐ 0-50.000
▦ 50.000-400.000
■ 400.000-1.000.000

¿Sabe Ud. cuáles son y dónde viven los grupos principales de inmigrantes de origen hispano?

* * * * * * * * *

II.

"¿Qué es eso de hispano?," preguntaba un caraqueño[1] recién llegado a Miami, "Yo soy venezolano". Y el amigo le contestaba: "Sí, es cierto, tú todavía eres venezolano." Así, magistralmente, definía el amigo que ser hispano es, más que nada, un estado mental.

A propósito, el censo estadounidense registra 19 millones de hispanos en 1988, pero no los define por el apellido ni por el país de origen. Simplemente les preguntan: "¿Es usted blanco, negro o hispano?" Claro que la selección es absurda, porque se puede ser hispano blanco o hispano negro.

Lo importante es que alguien puede llamarse Martínez, haber llegado de México hace apenas dos años, y con decir que es blanco pasa estadísticamente a engrosar la mayoría. Es su opción, realmente sencilla, de renunciar a su hispanidad. Pero lo cierto es que 19 millones de residentes en EEUU, libremente, han escogido ser hispanos. Es decir, que lo son por vocación.

(Arturo Villar, "Los Hispanos-Hispanics", *UNO*)

---

1. caraqueño = de Caracas

¿Entendido? • • • • •

1. Según el autor, ¿qué o quién es un hispano?
2. ¿Es una definición cultural o racial?
3. ¿Es posible diferenciar a un *blanco caucásico* (de Europa) de un *blanco hispano*?

4. ¿Puede ser la lengua que habla una persona, en este caso el español, un buen criterio para diferenciar una raza?

5. ¿Qué entiende Ud. por *puertorriqueño, neorriqueño* y *chicano?*

6. ¿Sabría Ud. explicar cuándo se emplean las palabras *hispano* e *hispánico?*

En mi opinión ● ● ● ● ●

1. ¿De dónde cree Ud. que viene la confusión con respecto a la nacionalidad de las personas hispanohablantes? ¿Ocurre lo mismo con gente de otros países?

2. ¿Vale la pena salir de Estados Unidos cuando es probablemente el país más avanzado del mundo? ¿Para qué? ¿Conoce Ud. bien su país? ¿Qué se debe conocer primero, el propio país o uno extranjero? Explique.

En (inter)acción ● ● ● ● ●

1. En grupos de cuatro estudiantes hagan un pequeño censo en la clase para averiguar lo siguiente de cada uno:

   a. ¿De qué país son sus antepasados?

   b. ¿Se habla alguna otra lengua en su casa? ¿Cuál?

   c. ¿Hay algún miembro de la familia que no hable inglés?

2. Una amiga ha vuelto de un viaje por tierras hispánicas. Observen los billetes (o las entradas, los resguardos, los recibos) que ha traído y, en grupos, digan qué hizo en cada uno de estos lugares.

Creación • • • • •

Escriba un breve informe para presentar en clase sobre un país hispánico. Se puede hacer referencia a cualquiera de los siguientes aspectos:

1. la historia (*ej.:* la revolución cubana, la colonización, la independencia, las culturas indígenas, etc.)
2. figuras históricas del pasado o del presente (*ej.:* la Malinche, Che Guevara, Evita Perón, Pancho Villa, etc.)
3. la religión, las razas, los productos, etc.

Puede buscar los datos en cualquier enciclopedia.

▼▲▼ Dime cómo hablas y te diré de dónde eres ▼▲▼ ▼▲▼

Palabra por palabra • • • • •

además	besides, furthermore
confuso/a*	confusing
cotidiano/a	daily
la **creencia**	belief
entonces*	then
insultar	to insult
el **postre**	dessert
próximo/a*	next
sabroso/a	tasty
la **tarea**	task, homework

* Estas palabras aparecen explicadas en **Mejor dicho.**

Práctica

En parejas, contesten las siguientes preguntas. Atención a las palabras del vocabulario.

1. ¿Resulta una tarea confusa tratar de entender las expresiones de otros? ¿Cuál es la expresión o la creencia más rara que Ud. conoce? ¿Y la más cómica?
2. ¿Qué tareas cotidianas le molestan más? ¿Lavar la ropa, hacer la compra, limpiar la cocina? ¿Cuáles le gustan?
3. ¿Qué acciones, palabras, gestos considera Ud. un insulto? Explique por qué y dé un ejemplo.
4. ¿Es *sabroso,* con respecto a la comida, un concepto cultural, económico o personal? ¿Cambia de un país a otro? Piense, por ejemplo, en el hecho de que en China comen perros. Nombre algo que a Ud. le gusta pero que no les gusta a sus amigos, o viceversa.
5. ¿Cuál es su parte preferida de la comida: el aperitivo, la sopa, el plato principal, la ensalada, el postre? ¿Come Ud. fruta, yogur o queso de postre?

Repaso gramatical: Las interrogaciones y las exclamaciones

Introducción • • • • •

La lengua es una entidad viva y dinámica que cambia y evoluciona constantemente. Por eso se ha llegado a decir, medio en broma pero medio en serio, que Inglaterra y Estados Unidos son dos naciones separadas por el mismo idioma. Esta capacidad de la lengua de renovarse resulta en diferencias no sólo entre distintos países que hablan un mismo idioma, sino también entre diversas regiones del país, o entre personas de variadas generaciones, profesiones y niveles de educación. A continuación se presentan algunas de las diferencias, que ocurren principalmente en el lenguaje cotidiano, entre el español hablado en España y el de otros países de Latinoamérica. Más que crear problemas, estas diferencias ocasionan situaciones cómicas.

Alto • • • • •

1. ¿Qué impresión le causa el acento de una persona? ¿Tiene Ud. opiniones estereotipadas sobre la gente con acento sureño o de Nueva York o Boston, por ejemplo? ¿Le parece elegante o pedante el acento de Inglaterra? Mencione tres acentos de Estados Unidos. ¿Qué impresión causan?
2. ¿A quién tiene Ud. dificultad en entender en inglés? ¿Entenderían sus abuelos una conversación en su residencia estudiantil? ¿Entiende Ud. siempre lo que dicen sus profesores/as?

▼▲▼ Dime cómo hablas y te diré de dónde eres ▼▲▼ ▼▲▼

Algunas personas consideran a los hispanos un grupo homogéneo por el hecho de hablar la misma lengua. Para darnos cuenta del disparate[1] que representa tal percepción, bastaría aplicar la misma regla a Inglaterra y Estados Unidos. Aunque sin duda existen muchas semejanzas, estos países distan[2] de poseer costumbres y **creencias** idénticas. En el mundo hispánico la situación se complica aún más por tratarse de veinte países. Al viajar por ellos o conocer a personas de España o de Latinoamérica, las diferencias se hacen inmediatamente evidentes. Una de las más sutiles e interesantes es el uso del español. De nuevo resulta apropiado apelar al paralelo de Inglaterra y Estados Unidos. Los que hayan batallado para descifrar el inglés "cockney" saben que por encima de acentos y palabras locales, es la misma lengua y que, con buena voluntad, es posible entenderse. Algo similar ocurre con el inglés dentro de Estados Unidos, por ejemplo, en términos del habla sureña o de los africano-americanos. Otro tanto sucede en el mundo hispánico, el cual da cabida[3] a diversidad de acentos dentro de una sola lengua.

Para averiguar de dónde es (o no es) un hispanohablante, observe cómo pronuncia palabras como <u>z</u>apato, <u>c</u>erdo, <u>c</u>inco, <u>z</u>oo y <u>z</u>urdo. Si la persona pronuncia el primer sonido como /z/ (esto es, como la "th" de *think*) no hay duda que se trata de un español (excepto de Andalucía y de las islas Canarias). Pero si dice /s/ en su lugar, **entonces** la persona puede ser

---

1. disparate absurdity   **2. distan** are far from   **3. da cabida** allows

La Torre, Universidad de Puerto Rico en Río Piedras

de cualquier país de Latinoamérica, de Andalucía o de las islas Canarias. Al fenómeno lingüístico de pronunciar **za**, **ce**, **ci**, **zo**, **zu** como **sa**, **se**, **si**, **so**, **su**, se llama "seseo". Los latinoamericanos explican el acento español con una historia muy graciosa, pero no cierta. Dicen que el fenómeno de pronunciar la z y la c como "th" viene de que un rey tenía un defecto y no podía pronunciar como todo el mundo. ¡El resultado fue que todos, por respeto, decidieron hablar como el rey!

El seseo crea situaciones ambiguas y a veces cómicas. Si un mexicano le dice a un español que un libro trata de "siervos", éste pensará en primer lugar en "esclavos" *(slaves)*, pero es posible que aquél esté hablando de "ciervos" *(deer)*. O si le dice que algo ya está "cosido" *(sewn)*, esta palabra puede entenderse también como "cocido" *(cooked)*. Y, por último, imagínese el diálogo tan absurdo que pueden tener dos hispanohablantes en el caso de que el que sesea le comunique al otro que "se va a casar". "Casar/se" *(to marry)* y "cazar" *(to hunt)*, que él pronunciaría igual, son dos actividades bastante diferentes.[4]

En segundo lugar, preste atención a los pronombres y las formas verbales. Si una persona que está charlando con sus amigos se dirige a ellos usando el pronombre "vosotros" o las formas verbales correspondientes "sois, tenéis, vivís, estáis", entonces puede asegurar sin miedo

---

4. El contexto o la ortografía elimina, por supuesto, la ambigüedad. En cualquier caso, se puede evitar este problema recurriendo al uso de sinónimos. Por ejemplo, se puede sustituir *ir de cacería* por *cazar*.

a equivocarse que la persona es española. En Latinoamérica, en las mismas circunstancias, se diría "ustedes son, tienen, viven, están". Por otro lado, si el hablante utiliza para la segunda persona singular "vos sos, tenés, vivís, tomás" en lugar de "tú eres, tienes, hablas", este individuo habrá nacido en alguno de los países centroamericanos o en la región del río de la Plata (Argentina, Uruguay y parte de Paraguay). Esta segunda peculiaridad lingüística se denomina "voseo" y se extiende por dos terceras partes de Latinoamérica.

En cuanto al vocabulario, si oye decir a alguien que no tiene "coche" pero sí "carnet de conducir", no puede ser más que de la Península Ibérica. En cambio, si oye decir que no tiene "carro", pero sí "licencia o permiso de manejar", indudablemente se trata de un latinoamericano. Más aún, en España el coche se "aparca" mientras que de este lado del Atlántico se "estaciona" o se "parquea".

Otras palabras que sitúan al hablante en el área europea o americana son:

España	Latinoamérica	
sellos	estampillas	*(stamps)*
chaqueta	saco	*(jacket)*
fontanero	plomero	*(plumber)*
echar	botar	*(to throw out)*
zumo	jugo	*(juice)*
manzana	cuadra	*(block)*
días de fiesta	días feriados	*(holidays)*

Aún podría ser más precisa la identificación geográfica del hispano, si el tema de conversación fuera sobre los medios de transporte. Un mexicano mencionará la palabra "camión", un paraguayo o un peruano "ómnibus", un cubano o un puertorriqueño "guagua"[5], un guatemalteco "camioneta", un argentino "colectivo", un español "autobús" y un colombiano "bus", para referirse todos al mismo tipo de vehículo que puede transportar a más de diez personas a la vez.

Sin duda alguna, dentro de los productos alimenticios es donde existe mayor diversidad léxica en español y, por tanto, es más fácil saber mediante el uso de una palabra dónde nació una determinada persona. Por otro lado, los nombres que reciben los alimentos[6] resultan ser el área más compleja. Si bien hay productos conocidos en todas partes con el mismo sustantivo, en otros casos la variedad léxica es sorprendente. Sirva como ilustración el tipo de verduras conocido en inglés como "green beans"; según el país o la región del mundo hispano, se llamarán judías verdes, ejotes, vainitas, chauchas, porotos verdes, habichuelas, etc. A esta riqueza

---

5. **Cuidado con la palabra *guagua* pues, excepto en estas islas del Caribe y en las Canarias, significa *niño/a*.**   6. **alimentos** food items

Un mariachi saludando al "chavito" de un "cuate" (Guadalajara, México)

de vocabulario ha contribuido la incorporación al español de términos del quechua, náhuatl, guaraní; es decir, de algunas de las lenguas habladas por los pobladores indígenas de América.[7]

Si bien la multiplicidad de palabras que se refieren a un único producto crea cierta confusión, también resulta desconcertante el que dos hispanohablantes usen la misma palabra para referirse a cosas distintas. Por ejemplo, si Ud. va a un restaurante en Acapulco y pide "tortillas", el mesero le traerá unas tortas hechas de maíz; pero si la **próxima** vez que está en un bar de Madrid pide exactamente lo mismo, el camarero le servirá algo parecido a una pizza pero hecho de patatas y huevos, es decir, una "omelette".

Si de **postre** pide plátano o banana/o, debe tener en cuenta en qué lugar del mundo está, pues si se encuentra en San Juan y elige lo primero, tendrá que comerse una fruta bastante dura y verde, pero si elige lo segundo saboreará la deliciosa fruta que es la favorita de los monos. O bien puede ocurrir que el mesero puertorriqueño le dé a escoger entre estas dos frutas y otra de sus variedades: el guineo. Sin embargo, en otras regiones de Latinoamérica, no debe preocuparse por ello, pues pida lo que pida, le traerán lo mismo: una **sabrosa** fruta amarilla.

Algo, igualmente **confuso,** ocurre con la lima y el limón. En ciertos países latinoamericanos, como por ejemplo en México, estos frutos reciben los nombres contrarios; es decir que se

---

7. Algunas palabras del quechua son *coca, papa, alpaca;* del náhuatl, *chicle, tomate, chocolate;* del guaraní, *piraña, ananá.*

llama limón a la lima y viceversa. ¡La simple **tarea** de comer puede convertirse en una aventura con estos obstáculos!

Otra manera de saber de dónde es alguien, es observar su reacción a ciertas palabras **cotidianas,** aparentemente inocentes, como "tirar" *(to throw),* "fregar" *(to scrub),* "coger" *(to take).* Si al oír alguno de estos términos la persona abre desmesuradamente los ojos, se sonroja[8] o se ríe, es posible que para él/ella estas palabras tengan connotaciones sexuales. El primer término tiene más impacto en la zona central de los Andes (Bolivia, Perú, Ecuador), el segundo en el cono sur (Chile, Argentina, Uruguay), y el último en México. La variedad de significados de estos vocablos es también conocida en otras partes de Latinoamérica.

"Hablando se entiende la gente", como dice el refrán

Por último, los términos que se usan para **insultar** son a menudo peculiares a ciertos lugares y por lo tanto útiles para el propósito de distinguir entre los hispanohablantes. Por supuesto, también sirven para otros fines. **Además** de los insultos internacionales como estúpido, idiota, imbécil o tonto, existen otros más característicos de determinadas regiones del mundo hispano: en la zona del Caribe "pendejo" *(estúpido),* en Chile y Perú "huevón" *(lento, perezoso),* en Argentina "boludo" *(tonto, pesado),* en España "gilipollas" *(estúpido).*

Quizás, después de leer estas observaciones sobre el uso del español, se encuentre Ud. un poco desconcertado sobre el tipo de español que ha aprendido hasta el momento y se pregunte si le entenderán o no en otro país de habla española. En realidad, no hay problema. A pesar de tantas variaciones locales, la sintaxis del español es estable. **Además,** aproximadamente el 90 por ciento del léxico español es común a todas las naciones hispanohablantes. El diez por ciento que es diferente se asimila fácilmente viviendo en cualquiera de los países o conversando con personas procedentes de esas regiones, quienes seguramente le explicarán con orgullo[9] las peculiaridades de su lengua.

---

8. se sonroja blushes   **9. orgullo** pride

¿Entendido? • • • • •

1. Señale dos diferencias gramaticales entre el español hablado en España y el hablado en Latinoamérica. Dé ejemplos.

2. Indique tres palabras que no usaría un latinoamericano y sí un español.

3. ¿Cuáles son algunas palabras de uso diario en unos países que pueden resultar insultantes en otros?

4. ¿Qué áreas del vocabulario español resultan más complejas? ¿Por qué?

5. ¿Cómo comprenderían un cubano y un paraguayo la siguiente oración: "Mira, ahí viene tu guagua"?

6. ¿Es un problema grave para el estudiante de español la variedad léxica de esta lengua? ¿Por qué sí o no?

7. Resuma brevemente la idea principal de esta lectura.

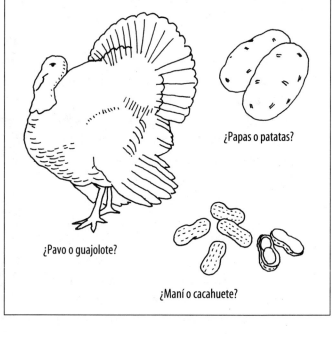

¿Papas o patatas?

¿Pavo o guajolote?

¿Maní o cacahuete?

En mi opinión • • • • •

1. ¿Qué acento o vocabulario prefiere Ud. aprender: el de Latinoamérica o el de España? ¿Se debe estudiar el uso de *vos* o *vosotros,* por ejemplo? ¿Cómo piensa emplear su español? ¿Para viajar, trabajar o simplemente conversar?

2. Así como ocurre en español, ¿cuáles son algunas palabras inglesas que significan algo diferente en Inglaterra, Estados Unidos y Australia? ¿Hay otras con significados divergentes en distintas partes del mismo país? En parejas, escriban al menos tres.

¿Qué quiere decir esta señal en inglés? ¿Sabe si es igual que en español?

¿Sabía que en español se dice adiós así? ¿Cómo se dice en inglés?

3. Cognados son palabras que se escriben igual, o casi igual, en dos idiomas, y que significan algo similar. Por ejemplo, **reservación** *(reservation)*. Los llamados falsos cognados parecen iguales pero quieren decir cosas diferentes, por ejemplo, **lectura** *(reading)* y *lecture*, o **constipado** *(having a cold)* y *constipated*. Cada estudiante debe mencionar dos falsos cognados, los cuales se irán escribiendo en la pizarra hasta formar una lista de todos los mencionados en clase.

En (inter)acción ● ● ● ● ● ●

1. Preste atención a la pronunciación de su profesor de español, de sus compañeros de clase y de otros hispanohablantes si es posible. (Por ejemplo, los locutores o los actores de cadenas de televisión en español). Si son de origen hispánico, ¿puede Ud. determinar de dónde son exactamente? Si son de otra procedencia, ¿puede Ud. notar si el español que han aprendido es peninsular (llamado también *castellano*) o latinoamericano? ¿Cómo lo sabe?

2. Lea en voz alta las siguientes oraciones según las pronunciarían una persona que sesea y otra que no lo hace.

   a. Cinco y cinco son diez.
   b. Me fascinan el arroz, los garbanzos y el azúcar.
   c. Hemos visto ciervos en el zoo.

3. Busque en el diccionario las distintas maneras de decir *hello* en español. ¿Sabe cuál se usa para contestar el teléfono? ¿Sabría Ud. más de un modo de decir *excuse me*? ¿Sabe cuándo se debe decir *felicidades* y cuándo *enhorabuena*? Consulte estas cuestiones con sus compañeros de grupo y de clase.

4. Según el anuncio de RENFE, ¿cuáles son algunas diferencias entre viajar en tren y viajar en coche?

CONDUZCASE CON PRUDENCIA

OBRAS

Obras públicas para disfrutar en privado. Cómodamente.
No pare hasta llegar al final.
Hasta su destino.

AFLOJENSE LOS CINTURONES

Así viajará más cómodo.
Sin aprietos. Sin agobios.
Sin molestias de ninguna clase.
Así viajará en el tren.

RENFE
MEJORA TU TREN DE VIDA

Mejor dicho ● ● ● ● ●

A. Ser confuso/estar confundido. Ser confuso significa *to be confusing, not clear* cuando el sujeto es inanimado.

La segunda lección **es** muy **confusa.**

Estar confundido significa *to be mixed up, perplexed, puzzled* y se usa con sujeto animado.

Anoche, durante el discurso del filósofo chileno, nosotros **estábamos** muy **confundidos.**

B. Entonces/luego, después. Entonces significa *right then, at that time.* **Luego** y **después** significan *next, then, later.* Con **entonces** se unen acciones inmediatas e interrelacionadas, con **luego** y **después** acciones consecutivas e independientes.

Terminó el examen y **entonces** se acordó de la respuesta.
Manuel y Beatriz se mudaron a otra ciudad y **luego** él perdió el trabajo.
Ellos vivieron en Montevideo unos años y **después** se separaron.

C. Próximo/siguiente. Próximo significa *next* y se emplea con acciones futuras. **Siguiente** quiere decir *following* y se usa con acciones ocurridas en el pasado. Compare:

Iremos de vacaciones la **próxima** semana.
Fuimos de vacaciones a la semana **siguiente.**
Nuestra **próxima** cita va a ser el martes.
Nuestra cita **siguiente** fue el martes.

Además, **próximo** suele preceder al sustantivo, **siguiente** suele seguirlo.

Práctica

A. En parejas, relacionen las expresiones siguientes con las situaciones que aparecen a continuación:

es confuso   **está confundido**

Ejemplo: Desde el accidente mi vecino tiene amnesia.
          Está confundido.
  1. Santiago cree que *blanco* se dice *black* en inglés.
  2. El timbre del teléfono acaba de despertar a Iván de un profundo sueño.
  3. Al trabajo escrito de Carola le faltan páginas.
  4. Gabriel lleva mucho tiempo tratando de decidir si casarse o no con Luisa.
  5. El uso del subjuntivo depende de múltiples factores.

B. En parejas, completen de modo original las frases siguientes.

   1. Luis descubrió lo que significaba boludo y entonces…
   2. Él es de Madrid, pero se fue a vivir a Colombia y luego…
   3. El policía le pidió su permiso de manejar y después…
   4. Jorge, un chico puertorriqueño, le dijo a Luis que él estaba esperando una guagua y entonces…
   5. Marisa usó varias veces la palabra fregar en casa de unos argentinos y después…

C. En parejas, contesten las preguntas siguientes con frases completas.

   1. ¿Qué piensa hacer…

      a. el próximo fin de semana?
      b. el próximo verano?
      c. las próximas Navidades?
      d. la próxima vez que llueva?
      e. los próximos cinco años?

   2. ¿Qué hizo al día siguiente de…

      a. tener su primer coche?
      b. tener su primer accidente?
      c. llegar a la universidad?
      d. quedarse sin ropa limpia?
      e. empezar una dieta?

Creación • • • • •

Hable de alguna ocasión en la que Ud. no entendió lo que alguien le había dicho en su propia lengua, o en la que alguien no lo/la entendió a Ud. Puede tomar las anécdotas siguientes como ejemplo:

En el cine

Lourdes, una cubana de visita en España, entró una tarde en un cine y quiso lavarse las manos antes de sentarse a ver la película. Le preguntó al acomodador dónde estaba el baño y éste le dijo que allí no tenían baño. Les tomó unos minutos de preguntas y aclaraciones hasta que ella comprendió que "baño" es el lugar para bañarse y el salón que tienen en los sitios públicos para otro tipo de necesidades se llama "el servicio". ¡Al menos en esa ciudad!

En la cafetería

Un joven mexicano, Javier, sentía nostalgia por su tierra durante su estancia en España y quería comer tacos. Cuando le preguntó a un camarero si los servían, éste se echó a reír muy divertido, y le informó que en España los tacos no se comen sino que se dicen. Ese día Javier aprendió que en España los tacos son malas palabras.

▼▲▼ Julio Iglesias y mucho más ▼▲▼ ▼▲▼

Palabra por palabra ● ● ● ● ●

actualmente*	nowadays, at the present time
la **canción**	song
el/la **cantante**	singer
dejar*	to leave something; to allow
la **estrofa**	stanza
la **letra**	lyrics
el **ritmo**	rhythm
la **tendencia**	trend

Práctica

En parejas, contesten las siguientes preguntas. Atención a las palabras del vocabulario.

1. ¿Conoce Ud. a algunos cantantes o canciones hispanas?
2. ¿Qué ritmos o instrumentos espera Ud. oír en música del Caribe o de España?
3. ¿Qué le importa más a Ud., la letra de una canción o su ritmo? ¿Hay relación entre la melodía de una canción y su letra? ¿Cuál es?
4. ¿Han cambiado con los años sus gustos en cuanto al tipo de música que disfruta, o a los cantantes? ¿En qué? ¿Escucha diferentes tipos de música?
5. ¿Cuáles son algunas tendencias de la música contemporánea? ¿Puede Ud. explicar la diferencia entre la música hispana y la norteamericana?

Repaso gramatical: El superlativo relativo y absoluto

Julio Iglesias en una de sus conocidas poses

Introducción ● ● ● ● ●

La música, como la lengua, es la síntesis de una cultura y de la intimidad de un pueblo. Por eso constituye otra vía para diferenciar lo español de lo latinoamericano, y también las distintas regiones de un mismo país. La variedad de la música hispana muestra la pluralidad de influencias que constituye su herencia histórica.

Alto ● ● ● ● ●

1. Piense en qué indican el ritmo de la música y los instrumentos que se emplean en un determinado lugar. ¿Nos revelan algo de la historia de un país, de su grado de desarrollo económico?
2. ¿Qué conclusiones podemos sacar de un país que tiene muchas estaciones de radio de música clásica? ¿En su ciudad natal se puede escuchar música en distintos idiomas o de distintas épocas y tipos? ¿Qué escucha Ud.?
3. ¿Por qué son distintas las canciones que se escuchan en una ciudad como Nueva York y en un pueblo pequeño del sur de los Estados Unidos? ¿Qué tendencias revelan estos contrastes?

▼▲▼ Julio Iglesias y mucho más ▼▲▼ ▼▲▼

Quizás el **cantante** hispano más conocido del mundo, dentro y fuera de España y de Latinoamérica, sea **actualmente** Julio Iglesias. Sin embargo para la mayoría de los hispanohablantes existen otros **cantantes,** grupos y **canciones** mucho más representativos de sus gustos musicales.

Al hablar de "música hispana", hay que tener en cuenta que las **canciones** españolas y latinoamericanas son bastante distintas. Aunque históricamente es innegable la influencia de la música española en los países de Latinoamérica, éstos han incorporado a su tradición musical elementos de origen indígena y africano. Tres de los instrumentos más utilizados en las **canciones** latinoamericanas, como la guitarra, la quena (un tipo de flauta) y el bongó, muestran esta triple influencia musical. En consecuencia, el término "música hispana" **deja** mucho que desear para referirse a estas dos manifestaciones musicales tan opuestas. Es preferible hablar de música latinoamericana y de música española, o bien de música en español.

Para dar una idea de la riqueza y variedad de los **ritmos** de Latinoamérica, recordemos algunos nombres de las **canciones** y los bailes más típicos: corridos (México), tangos (Argentina), cumbias (Colombia), habaneras (Cuba). Hay otros **ritmos** que son de todas partes en general como valses criollos, rumbas, boleros, tumbaos, mambos, danzones, cha-cha-chá, merengues y salsa.

Algunos de los artistas y grupos latinoamericanos de fama internacional son: Carlos Gardel, Celia Cruz, Rubén Blades, Soledad Bravo, Vicente Fernández, José José, Los violadores, Los laxantes, Alerta roja, Víctor Jara, Inti-Illimani, Silvio Rodríguez y Pablo Milanés. Los cuatro últimos son los principales representantes de la **canción** protesta, llamada "nueva **canción**". Este tipo de **canción,** de profunda conciencia social, se ha desarrollado con preferencia en Latinoamérica debido a su frecuentemente adversa situación política y económica.

Aunque cada país hispanohablante posee una variedad de música que lo caracteriza, y que por eso se denomina tradicional o folklórica, en todas partes se pueden escuchar canciones modernas de pop y rock, interpretadas no sólo por artistas extranjeros, sino también por nacionales. Incluso existen ya **canciones** de "rap" con **letra** en español en muchos países, pero hay que reconocer que no suenan como

Celia Cruz ha hecho populares en todo el mundo los ritmos del Caribe.

las de "rap" norteamericanas. Sin embargo, en algunas partes de Estados Unidos empieza a surgir el "rap" en Spanglish que mezcla los dos idiomas.

En España, por ejemplo, el flamenco es la música tradicional (aunque muchos españoles no estarían de acuerdo con esta afirmación), pero los jóvenes prefieren escuchar a los grupos de rock que han surgido en los últimos diez años. Los nombres seleccionados por los conjuntos tienden a ser graciosos, chocantes, ingeniosos. He aquí algunos: Los inhumanos, Un pingüino en mi ascensor, No me pises que llevo chanclas *(Don't step on my feet 'cause I'm wearing sandals)*, Golpes bajos *(Low Blows)*, Kaka de luxe, Peor imposible, Los toreros muertos, Coup de soup, La polla records, Semen-up, Siniestro total, El último de la fila, Presuntos implicados, Los elegantes, Ilegales, Olé-Olé, Loquillo y los trogloditas.

Solamente con repasar los títulos de las **canciones** de estos grupos de moda, podemos advertir su carácter inconformista, poco respetuoso y rebelde: "Bestia, bestia", "Come mierda", "Soy un animal", "No me gusta el trabajo", "Malditos refranes", "Pero qué público más tonto tengo", "Tiempos nuevos, tiempos salvajes", "Hoy voy a asesinarte", "Canción del odio".

Lo más destacable de estos grupos modernos hispánicos es su audacia para crear no sólo nombres extravagantes e irreverentes sino para tratar en sus **canciones** temas antes estrictamente tabú. Hace unos años, **la canción** del verano, "Mi agüita amarilla", hablaba de un hombre que mientras orina piensa en dónde irá a parar su "agüita amarilla". Del mismo grupo es una **canción** en la que un chico niega su paternidad recurriendo a una excusa muy original: la impotencia. Otra **canción** reciente titulada "Con un par" está dedicada a un guardia de seguridad que se robó 500 millones de pesetas de un banco. Lo inusitado del caso es que "Dioni", el guardia y ladrón, no usó armas. Su hazaña[1] lo convirtió en una figura muy admirada por el pueblo, que quería hacerle un monumento.

En los ejemplos anteriores se puede apreciar que las **canciones** modernas tienen una gran dosis de humor. A veces el absurdo de las **letras** puede igualmente causar risa. He aquí varias **estrofas** como ejemplos:

A. Tengo un problema,
   un problema sexual:
   un serio problema
   problema sexual:
   me gusta ver la televisión.
   ("Tengo un problema", Ilegales)

B. Yo para ser feliz
   quiero un camión,
   llevar el pecho tatuado,[2]
   ir en camiseta, mascar[3] tabaco.
   Yo para ser feliz quiero un camión.
   ("Yo quiero un camión", Loquillo y los trogloditas)

En otras ocasiones, el humor viene de la monotonía de la **canción.** Hay algunas que constan de una sola frase que se repite una y otra vez.

Lo dicho hasta aquí no implica que estas **canciones** muestren la única **tendencia** musical existente en España o Latinoamérica. Hay grupos, por ejemplo, que intentan combinar lo tradicional con lo moderno y su resultado se denomina "flamenco-rock". En cuanto a los temas y al tono de las **canciones,** otros artistas prefieren la seriedad al humor cuando cantan sobre la drogadicción, la delincuencia, el servicio militar, la homosexualidad, el SIDA, las relaciones amorosas, los sucesos políticos internacionales (el final del comunismo y de la Unión Soviética, por ejemplo) o las figuras notorias del momento.

Por último, el parentesco cultural entre España y Latinoamérica se nota en un grupo de **canciones** sin fronteras, conocidas por cualquiera que hable español: "Adiós, muchachos", "Adelita", "Nosotros". También hay melodías que han traspasado las barreras del idioma y que son populares en todo el mundo como "La bamba", "La cucaracha" y "Guantanamera".

---

1. hazaña deed   **2. tatuado** tatooed   **3. mascar** to chew

¿Entendido? ● ● ● ● ●

1. ¿Cómo se puede distinguir una canción latinoamericana de una española?
2. ¿Cómo se llaman las canciones o bailes tradicionales de México y Argentina?
3. Elija uno de los nombres de los conjuntos y explique por qué es un nombre gracioso, chocante o ingenioso.
4. ¿Por qué es absurda la letra de la canción "Tengo un problema"?
5. ¿Cuáles son algunas canciones en español que son populares en todo el mundo?

En mi opinión ● ● ● ● ●

1. ¿Es Ud. fan de Julio Iglesias? ¿Conoce a alguien que lo sea? ¿Dónde se puede escuchar canciones en español en la ciudad donde Ud. vive? ¿Dónde se puede bailar salsa?
2. ¿En qué momento del día le gusta escuchar canciones románticas? ¿Y canciones de rock? ¿Y de protesta? ¿Le gusta a Ud. sólo un tipo de música?
3. ¿Ha prestado atención a la letra de "La bamba"? ¿Podría cantar alguna de sus estrofas? ¿Y de "La cucaracha"? ¿Sabe cantar "Feliz cumpleaños" en español? ¿Conoce más canciones hispanas? ¿Qué cantantes norteamericanos cantan en español?
4. ¿Qué tipo de música prefiere para bailar?
5. ¿Qué piensa Ud. de la idea de indicar en los discos si las letras son obscenas o poco apropiadas para jóvenes menores de 16 años? ¿Es eso un tipo de censura?

Gloria Estefan, de origen cubano, ha triunfado en Estados Unidos.

En (inter)acción ● ● ● ● ●

1. En clase, escuchen algunas canciones en español. Coméntenlas y canten alguna de ellas.
2. Inventen un nombre en español para un conjunto. Compárenlo con los del resto de la clase y escojan los más originales. Explique qué significa el nombre y por qué lo escogieron. ¿Cuáles son los títulos de algunas de las canciones famosas de su grupo? Inventen dos.

Mejor dicho ● ● ● ● ●

A. Dejar/dejar de/salir (de). **Dejar** significa *to leave something or someone* o *to allow.*

> El guitarrista **dejó** el grupo. Ya no toca con ellos.
> ¿**Deja** Julio Iglesias que sus admiradoras entren en su camerino?

Dejar de (+ infinitivo) significa *to stop (+ gerund).*

> ¿Cuándo vas a **dejar de** escuchar esa música tan triste?

Salir (de) significa *to leave from somewhere enclosed* o *go out.*

> No **salgo** mucho últimamente.
> Al **salir de** un buen concierto siempre estoy contenta.
> Me lo encontré al **salir de** allí.

B. Actual/real. Las palabras **actual** y **real,** así como sus derivados, tienen significados distintos en español y en inglés.

español	inglés
actual	present
actualidad	present time
actualmente	at the present time
real	actual
realmente, en realidad	actually, in fact

> **Actualmente** hay pocos cantantes que ganan tanto como Julio Iglesias.
> ¿Cómo será la vida **real** de los rockeros?
> **En realidad** el propósito de muchas canciones es, simplemente, escandalizar.

Práctica

A. En parejas, contesten las preguntas.

1. ¿Sale Ud. mucho con sus amigos? ¿Van a conciertos? ¿Piensa salir este fin de semana? Durante las vacaciones, ¿salió todos los días o a veces se quedó en casa? ¿Prefiere Ud. salir en grupo o en pareja?

   2. ¿Ha dejado Ud. de escuchar canciones con letras obscenas? ¿Conoce a alguien que lo haya hecho? ¿Su familia lo/la deja poner todo tipo de música en su casa? ¿Lo/la deja ver vídeos de grupos que pueden ser ofensivos?

   3. ¿Siempre deja Ud. propina *(tip)* en una discoteca? ¿Cuándo no la deja? ¿Deja su abrigo a la entrada? ¿Ha dejado su coche alguna vez al portero de un restaurante?

B. En grupos, contesten las siguientes preguntas.

   1. ¿Cuántos cantantes hispanos son populares realmente fuera de España y Latinoamérica?

   2. Actualmente, ¿cuántas estaciones de música clásica hay en su ciudad?

   3. En la actualidad, ¿cuánto cuesta asistir a un concierto de rock?

   4. En realidad, ¿son obscenos muchos vídeos musicales?

   5. ¿Sabe Ud. el nombre real de Madonna?

Creación ● ● ● ● ●

1. Escriba una composición sobre su canción favorita; explique por qué le gusta tanto, quién la canta, dónde la escuchó por primera vez, etc.

2. Suponga que Ud. es un rockero hispano que busca la fama. En parejas, escojan una canción famosa de Elvis, los Beatles, Gloria Estefan o cualquier otro cantante, y traduzcan una estrofa al español.

▼▲▼ En resumen ▼▲▼ ▼▲▼

1. Usando los textos leídos, escriba (en parejas, si prefiere) el guión *(script)* de un programa de radio llamado *Confusiones* inventando anécdotas basadas en los contrastes estudiados en esta sección. Convierta en diálogo algo de lo que ha aprendido.

2. Lea la canción "Pedro Navaja" y conteste las preguntas.

3. Canción

Pedro Navaja

Canta: Rubén Blades

Rubén Blades nació en Panamá, se graduó de la Escuela de Derecho de la Universidad de Harvard y es uno de los cantantes de música hispana más conocidos del mundo. Su música da expresión a algunas de las experiencias de los hispanos en Estados Unidos. Actuó en la película *The Milagro Beanfield War* de Robert Redford. En la actualidad se dedica a la política en Panamá.

Por la esquina del viejo barrio lo vi pasar,	
con el tumbao° que tienen los guapos al caminar,	*rhythmic way of walking*
las manos siempre en los bolsillos de su gabán,°	*overcoat*
pa' que no sepan en cuál de ellas lleva el puñal.°	*knife*
Usa sombrero de ala° ancha de medio la(d)o,	*brim of a hat*
y zapatillas por si hay problemas salir vola(d)o,°	*to take off*

El polifacético Rubén Blades durante un concierto

lentes oscuros pa' que no sepan que está mirando,
y un diente de oro que cuando ríe se ve brillando.
Como a tres cuadras de aquella esquina, una mujer
va recorriendo la acera° entera por quinta vez,   *sidewalk*
y en un zaguán° entra y se da un trago° para olvidar   *foyer, takes a drink*
que el día está flojo y no hay clientes pa' trabajar.
Un carro pasa muy despacito por la avenida,
no tiene marcas pero to(d)os saben que es policía.
Pedro Navaja, las manos siempre dentro (d)el gabán,
mira y sonríe y el diente de oro vuelve a brillar;
mientras camina pasa la vista de esquina a esquina,
no se ve un alma, está desierta to(d)a la avenida,
cuando de pronto esa mujer sale del zaguán
y Pedro Navaja aprieta un puño° dentro (d)el gabán,   *makes a fist*
mira pa' un lado, mira pa'l otro y no ve a nadie,
y a la carrera pero sin ruido cruza la calle,
y mientras tanto en la otra acera va esa mujer,
refunfuñando° pues no hizo pesos con qué comer.   *grumbling*
Mientras camina del viejo abrigo saca un revólver,
esa mujer, y va a guardarlo en su cartera pa' que no estorbe,°   *hinder*

un 38 Smith & Wesson del especial,

que guarda encima pa' que la libre de todo mal.°   *keep from harm*

Y Pedro Navaja, puñal en mano, le fue pa' encima,

el diente de oro iba alumbrando to(d)a la avenida,

mientras reía el puñal le hundía° sin compasión,   *sunk in*

cuando de pronto sonó un disparo° como un cañón.   *shot*

Y Pedro Navaja cayó en la acera mientras veía a esa mujer

que, revólver en mano y de muerte herida, a él le decía:

"Yo que pensaba hoy no es mi día, estoy salá,°   *I'm out of luck*

pero, Pedro Navaja, tú estás peor, tú no estás en na'."°   *you're out of it*

Y créame gente que aunque hubo ruido nadie salió,

no hubo curiosos, no hubo preguntas, nadie lloró.

Sólo un borracho° con los dos muertos se tropezó,°   *drunkard, stumbled*

cogió el revólver, el puñal, los pesos y se marchó.

Y tropezando se fue cantando desafina(d)o,°   *out of tune*

el coro que aquí les traje, mira el mensaje de mi canción:

La vida te da sorpresas,

sorpresas te da la vida, ¡ay Dios!

Pedro Navaja, matón° de esquina;   *bully*

quien a hierro mata a hierro termina.°   *who lives by the sword, dies by the sword*

¿Entendido? • • • • •

1. ¿En qué (ciudad, país, …) tendrá lugar la acción? ¿Cómo lo sabe Ud.? ¿Qué tipo de personas son éstas?
2. ¿Por qué asalta Pedro Navaja a la mujer?
3. ¿Qué hace la mujer cuando Pedro Navaja la hiere?
4. Explique a qué o quién se refiere la oración "La vida te da sorpresas".
5. ¿Cree que Pedro Navaja sea el apodo *(nickname)* o el nombre del protagonista? ¿Por qué lo cree así?
6. ¿Cuál es la forma completa de *pa'* y *na'*? Indique otros ejemplos de habla coloquial en la canción.

En mi opinión ● ● ● ● ●

1. Imagine que Ud. y otra persona son testigos de este incidente. Debatan la justicia o la injusticia de la situación.
2. ¿Es una canción española o latinoamericana? ¿Qué palabras indican si el español es peninsular o latinoamericano?
3. En español hay un refrán que dice "Quién ríe (el) último, ríe mejor." Comente su posible aplicación a esta canción.

En (inter)acción ● ● ● ● ●

1. Escuchen alguna de las canciones en español sugeridas por su profesor/a y traten de comprender la letra. Con una compañero/a, escriban todo lo que entienden. ¿Pueden adivinar el tema de la canción o su origen?
2. Trabajando en parejas, cambien esta canción a la forma de "rap".
3. En el diagrama que sigue se muestra cómo se baila el mambo. En grupos, expliquen cómo se bailan algunos de los bailes folklóricos o modernos (*square dance, twist, chicken, salsa, lambada* o su baile favorito). Si no pueden hacerlo con palabras, tendrán que hacerle una demostración a la clase.

LOS PASOS BASICOS PARA BAILAR EL MAMBO

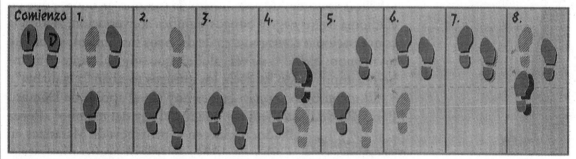

Comienzo. El mambo consta de 6 pasos que se bailan en 8 conteos. La pareja comienza en posición firme con los pies en paralelo.

Paso 1: Los pasos del hombre serán repetidos por su pareja en sentido inverso. El pie izquierdo se mueve un paso hacia atrás.

Pasos 2 y 3: Con el pie derecho se da otro paso por detrás del pie izquierdo.

Al tercer paso se levanta el pie izquierdo regresando a la misma posición.

Paso 4 (cuadros 4 y 5): Se levanta el pie derecho y se lleva por delante del pie izquierdo colocándolo delante de este. En este paso se dan dos conteos.

Paso 5 (cuadros 6 y 7): El pie izquierdo se levanta y se lleva delante del derecho. Se levanta el derecho y se deja en la misma posición; aquí se dan dos conteos.

Paso 6 (cuadro 8): Se levanta el pie izquierdo, se lleva un paso detrás del derecho volviendo al comienzo.

2

EL MUNDO HISPÁNICO Y LOS ESTADOS UNIDOS

▼▲▼ No te acostarás sin saber otra cosa más   ▼▲▼ ▼▲▼

Palabra por palabra ● ● ● ● ●

acostarse (con)	to go to bed, lie down, sleep with
destacar	to highlight, stand out
estrenar	to use something for the first time, debut
la expresión idiomática	idiom
pedir*	to ask for, request
el refrán	saying
la trampa	trap

Práctica

En parejas, contesten las siguientes preguntas. Atención a las palabras del vocabulario.

1. ¿Qué es lo que más destaca de su aspecto físico? ¿De su personalidad?
2. ¿Siempre estrena ropa el primer día de clases? ¿El día de su cumpleaños? ¿Qué hizo al estrenar su primer coche?
3. ¿Cuáles son algunas expresiones idiomáticas de sus amigos?
4. ¿A qué hora se acuesta Ud. generalmente? ¿Se acuesta durante el día?

Repaso gramatical: El presente de subjuntivo (formas y usos)
El subjuntivo con verbos de duda, negación y en expresiones impersonales

Introducción ● ● ● ● ●

La lengua refleja la cultura. Al examinar refranes y expresiones idiomáticas del español y del inglés, se pueden apreciar algunos contrastes culturales. Por ejemplo, para expresar la relación entre dos personas, el español usa *somos muy amigos,* frase que destaca la intimidad emocional, mientras que el inglés prefiere poner énfasis en el acercamiento físico entre ellos, diciendo *we are very close.* Es en estos pequeños detalles donde se revela el carácter de un pueblo.

Alto • • • • •

1. ¿Cuáles de los siguientes refranes se podrían colgar en las puertas de los establecimientos a la derecha?

   a. No digas de esta agua no beberé.
   b. Más ven cuatro ojos que dos.
   c. Al cabo de cien años, todos calvos.
   d. Quien hace la ley, hace la trampa.
   e. Quien mal anda, mal acaba.

2. ¿Conoce Ud. muchos refranes en inglés? ¿Los usa a menudo? ¿De quién los aprendió? ¿Cuál es su favorito?

▼▲▼ No te acostarás sin saber otra cosa más ▼▲▼ ▼▲▼

Estudiar una lengua extranjera es un proceso de descubrimiento a través del cual nos damos cuenta de que hay más de una forma de expresar la misma idea; es decir, más de una forma de entender la vida. Esto resulta evidente cuando, al tratar de traducir, notamos que no siempre es tan simple como echar mano al diccionario. De hecho, a menudo vemos que no existen equivalencias exactas entre las distintas lenguas y por eso el uso del diccionario a veces es más una frustración que una ayuda. Un ejemplo clásico de **las trampas** de la traducción literal es el del hispano que intenta expresar la cortés frase "entre y tome asiento" y da en[1] **pedirle** a su amigo angloparlante *between and drink a seat.*

   Los refranes representan un buen punto de partida para el análisis de una lengua y de su cultura. Son frases hechas que no cambian con el uso, ideas condensadas que pasan de una a otra generación y guardan la sabiduría[2] popular de los pueblos. A pesar de las diferencias culturales entre el mundo anglosajón y el mundo hispánico muchos de estos **refranes** coinciden en ambas lenguas y muestran una actitud similar ante la vida.

1. Más vale tarde que nunca.
2. Ver es creer.
3. No es oro todo lo que reluce.
4. Quien ríe (el) último, ríe mejor.

---

1. da en ends up by   **2. sabiduría** wisdom

Existe otra categoría de proverbios que comienzan a dar señas de divergencias culturales; **refranes** que son casi, pero no del todo iguales.

1. Matar dos pájaros de un tiro.[3]
   Kill two birds with one stone.
2. Más vale pájaro en mano que cien volando.
   A bird in hand is worth two in the bush.
3. Les das un dedo y se toman el brazo.
   Give them an inch and they take a mile.
4. El hábito[4] no hace al monje.[5]
   Clothes don't make the man.
5. Ojos que no ven, corazón que no siente.
   Out of sight, out of mind.

¿A qué se pueden atribuir estas pequeñas variaciones? ¿Por qué "tiro" y no "piedra" *(stone)*? ¿Por qué se habla de "cien" en vez de sólo "dos" pájaros? ¿Por qué se trata del cuerpo y no de distancia? ¿Por qué se habla en términos religiosos y no laicos en español? ¿Por qué se habla de sentimientos y no de pensamientos? Se dice lo que se piensa y en estas diferencias comenzamos a ver el hecho de que la lengua refleja una manera especial de vivir y relacionarse con los otros.

Otra categoría es la que expresa la misma idea de modo radicalmente distinto en los dos idiomas. ¿Se puede ya empezar a conjeturar el por qué de estas diferencias?

1. En boca cerrada no entran moscas.
   Silence is golden.
2. No hay mal que por bien no venga.
   Every cloud has a silver lining.
3. A quien madruga, Dios le ayuda.
   The early bird gets the worm.
4. Dios los cría[6] y ellos se juntan.
   Birds of a feather flock together.

---

3. tiro shot   **4. hábito** habit (monk's robe)   **5. monje** monk   **6. cría** creates

5. Que me quiten lo baila(d)o.
   Eat, drink, and be merry.

Parte de la diversión de aprender una lengua extranjera consiste en entender estas diferencias fundamentales de actitud que **destacan** un modo de vida distinto al que conocemos. Los ejemplos abundan y valdría la pena hacer una lista y comentar cada caso por separado. A continuación mencionaremos unas **expresiones idiomáticas** coloquiales que comunican la misma idea en términos divergentes en los dos idiomas.

1. Chiste verde *(Dirty joke)*
2. Cambiar de opinión *(To change one's mind)*
3. De carne y hueso *(Flesh and blood)*
4. A paso de tortuga *(At a snail's pace)*
5. **Acostarse** con alguien *(To sleep together)*
6. Martes 13 *(Friday the 13th)*
7. Ir a la americana *(To go Dutch)*
8. Una corazonada *(A hunch)*
9. No tener pelos en la lengua *(Not to mince words)*

Finalmente, hay expresiones sin equivalente alguno en la otra lengua. Algunas son:

Español
1. **Estrenar** (ropa, un coche, etc.)
2. Tertulia
3. La casa chica
4. Sobremesa

Inglés
1. To have a sweet tooth or a green thumb
2. To come out of the closet
3. To keep up with the Joneses
4. Workaholic
5. Couch potato

¿Cómo entiende Ud. las expresiones en español? ¿Cómo explicaría Ud. a un amigo hispano el significado de tales frases en inglés?

¿Entendido? • • • • •

1. ¿Por qué es con frecuencia inefectivo el uso del diccionario en una lengua extranjera? ¿Sabe Ud. cómo debe usarse el diccionario correctamente para averiguar el significado de una palabra que nunca antes ha oído?
2. ¿Cuál es la relación de la lengua con la cultura? Es decir, ¿por qué las mismas ideas se expresan de modo distinto en las diversas lenguas? ¿Por qué hay expresiones intraducibles?
3. Mencione tres ejemplos de diferencias idiomáticas entre el inglés y el español y explique cómo representan los valores de la cultura.

En mi opinión • • • • •

1. A continuación hay varios refranes y expresiones en español y en inglés. ¿Puede Ud. explicar la diferencia entre ellos?

   a. Amor con amor se paga.   *One good turn deserves another.*
   b. Con paciencia se gana el cielo.   *All things come to he who waits.*
   c. Levantarse con el pie izquierdo.   *To get up on the wrong side of the bed.*
   d. De Pascuas a Ramos.   *Once in a blue moon.*
   e. Saber algo de buena fuente.   *To find out from the horse's mouth.*

2. ¿Hay expresiones regionales en Estados Unidos que le resultan curiosas o sorprendentes a Ud.?
3. Mencione tres refranes. ¿Cree Ud. que aún tengan validez? ¿Existen refranes contemporáneos? ¿Cuáles son algunas expresiones de hoy como *When you're hot, you're hot* o *high five*? Mencione varios de ambos tipos.

En (inter)acción • • • • •

1. Los niños pequeños a veces entienden las expresiones literalmente, lo cual les causa mucha confusión. Por ejemplo, la expresión *to kiss and make up* o el postre *chocolate mousse*. En español la expresión *a caballo entre dos cosas* quiere decir *joining them together* pero evoca imágenes de galopar. En grupos pequeños hagan una lista de algunas expresiones así para presentar a la clase.
2. Seleccione uno de los refranes de la lectura y describa una situación en la que se emplearía ese refrán.
3. En parejas, y usando el diccionario, estudien las siguientes oraciones y expliquen cuál es el problema con la palabra subrayada. Substitúyanla con la correcta.

   a. En el partido de béisbol de anoche David Justice se enojó y tiró el <u>murciélago</u> al público.
   b. Soy alérgica a algo que comí y ahora tengo <u>colmenas.</u>

4. Sin usar el diccionario, piensen en expresiones coloquiales muy comunes que no se pueden traducir literalmente, y digan cómo se pueden expresarlas en español. Por ejemplo:

   out of order   *what's up?*

Mejor dicho • • • • •

Preguntar/pedir/preguntar por/hacer una pregunta. Preguntar quiere decir *to request information from someone.*

> La profesora **preguntó** la hora.
> Mi padre siempre me **pregunta** cuándo voy a volver a casa.

Preguntar por quiere decir *to inquire about someone or something.*

> El señor Ávila siempre **pregunta por** tus notas.

Hacer una pregunta significa *to ask a question.*

> Esa chica **hace** muchas **preguntas.**
> El alumno le **hizo** una **pregunta** a la maestra.

Pedir es *to beg or ask for something.*

> Le he **pedido** dinero a mi abuela.
> Le **pedimos** que no saliera con ese joven.

¡OJO! Con **pedir** no se usa la preposición **por** excepto cuando se menciona una cantidad de dinero.

> Le **pidieron** 6.000 dólares **por** el coche.

Práctica

A. En parejas, contesten las siguientes preguntas.
   1. ¿Qué les pide Ud. a sus padres? ¿Y a sus amigos? ¿Qué cosa no le gusta a Ud. que le pidan?
   2. ¿Hace Ud. muchas preguntas en clase? ¿Qué querría Ud. preguntarle a un terrorista o a un astronauta?
   3. ¿Le molesta a Ud. que le pregunten por algo? ¿Por qué? ¿Por su vida amorosa, su situación económica, el precio de un objeto? Explique.

B. En grupos alguien lee las palabras de la lista y los/as otros/as hacen una oración usando **pedir/pre-guntar/preguntar por.** Pongan atención al tiempo verbal que puede ser presente o pasado.

   Modelo: las llaves
   > *Me pidió las llaves.*
   > *Me preguntó dónde se guardaban las llaves.*

   1. mi nombre
   2. dinero
   3. mi hermana
   4. el disco de rap
   5. cómo estaba
   6. la hora
   7. cuánto costó
   8. un favor
   9. la cuenta
   10. la tarea
   11. una cerveza
   12. dónde vivía

Creación • • • • •

Escoja uno de los refranes o expresiones de esta lectura y invente una situación que sirva de ilustración.

▼▲▼ Hamburguesas y tequila ▼▲▼ ▼▲▼

Palabra por palabra • • • • •

bobo/a	dumb
odioso/a	hateful, unpleasant
pensar en*	to think about, ponder
la **pereza**	laziness

• •

a menudo	often
el colmo (de)	*(figurative)* the height of, the last straw
al contrario	on the contrary
estar bien/mal visto	to be socially acceptable or not

Práctica

En parejas, contesten las preguntas. Atención a las palabras del vocabulario.

1. ¿En qué consiste para Ud. el colmo de la frustración? ¿De la frescura *(imposition)*? ¿De la felicidad?
2. ¿Qué estereotipos le parecen bobos u odiosos? ¿Qué reglas de la universidad, qué cursos? ¿Qué peticiones de su familia, de su novio/a?
3. Mencione tres cosas que están bien vistas y tres que están mal vistas por sus compañeros o por la sociedad en general.
4. ¿Dónde se escuchan a menudo opiniones estereotipadas? Explique.

Repaso gramatical: Expresiones de tiempo con *hace/desde hace*
La *a* personal

Introducción • • • • •

Un conocimiento superficial de otros países y culturas puede dar lugar a nociones estereotipadas. A continuación se presentan y cuestionan algunos de los estereotipos más comunes que los hispanos tienen de los norteamericanos y viceversa.

Alto ● ● ● ● ●

¿Qué imagen asocia Ud. con España y con algunos países de Latinoamérica? Mencione qualquier cosa que le viene espontáneamente a la mente. Y ¿qué características cree Ud. que identifican a Estados Unidos a los ojos del resto del mundo? ¿De dónde proceden estas ideas? ¿Está Ud. de acuerdo con la imagen de su país? ¿Le sorprende, le gusta o le molesta? En parejas, hagan dos listas (una para EEUU y otra para el mundo hispánico) que se escribirán en la pizarra para ser discutidas.

▼▲▼ Hamburguesas y tequila ▼▲▼ ▼▲▼

Parte A

A pesar del considerable aumento en las posibilidades de viajar para todas las clases sociales hoy en día, o acaso por la brevedad de las visitas a países extranjeros, aún predomina la tendencia a **pensar en** otros en términos estereotipados. Los estereotipos son imágenes ingenuas de una raza, cultura, clase o religión que no es la nuestra. Estas imágenes, aunque casi siempre contienen un grado de verdad, **a menudo** impiden la apreciación en profundidad de algo o alguien que nos es extraño, ya que tendemos a reducir la compleja realidad humana a un esquema simplista. Por esta actitud perdemos gran parte de la riqueza de otras formas de vida, de su valor como respuestas a la experiencia humana.

Cada nacionalidad o grupo étnico parece tener su propia imagen. Por ejemplo, recientemente una chica cubana rubia y de ojos azules conoció a un músico ruso que se quedó boquiabierto e incrédulo al saber su procedencia. "No puede ser" decía, "¡todos los cubanos son mestizos!" Las impresiones estereotipadas afectan nuestra vida diaria y lo malo es que a veces no nos damos cuenta. El caso anterior ejemplifica los juicios que hacemos, **a menudo** basados en generalizaciones con muy poco fondo.[1]

Para la gente de la calle, ayudada por la televisión, los norteamericanos son trabajadores y materialistas, viven en mansiones suntuosas y son muy dados[2] a la violencia. Los hispanos, en cambio, siempre están de fiesta o haciendo revoluciones, son hedonistas, perezosos y, claro, muy pocos son blancos.

Estos estereotipos, que olvidan la gran diversidad que caracteriza tanto a los Estados Unidos como al mundo hispano, son la base de muchos chistes y situaciones confusas y exageradas. Observe, por ejemplo, en las dos narraciones siguientes, la actitud de los norteamericanos y la de los españoles con respecto al trabajo, según el escritor español Fernando Díaz Plaja:

---

1. fondo base   **2. muy dados** inclined

La pereza

Perder el tiempo es la frase más **odiosa** para un americano que se respete. El pecado capital de la **Pereza** no existe en los Estados Unidos. El trabajo es el dios unificador. No estar ocioso[3] es la gran virtud del norteamericano, y como todas las grandes virtudes se paga con la desaparición de un placer. En este caso el del goce de la vida pasiva, desde la puesta del sol,[4] paladeada[5] sensualmente, hasta esa flor de la civilización y la **pereza** que se llama conversar. El chicle representa, **a menudo,** la solución al problema de la inactividad. Da la sensación de comer cuando no se come, de beber cuando no se bebe y, lo más importante, la sensación de hacer algo continuamente.

Fernando Díaz Plaja,
Los siete pecados capitales en Estados Unidos

El trabajo

Escena en un ministerio de Madrid:

   Un norteamericano ha tratado repetidamente de obtener la firma de un funcionario para unos documentos que necesita. Lleva una semana intentándolo a todas horas, sin tener la suerte de ver a nadie. Por fin, en **el colmo** de la frustración le pregunta al bedel:[6]

   — ¿Qué pasa, es que aquí no trabajan por la tarde?

   — No, cuando no trabajan es por la mañana, por la tarde ni siquiera vienen — fue la respuesta.

Fernando Díaz Plaja,
El español y los siete pecados capitales

* * *

Igualmente, note en el texto siguiente el opuesto comportamiento de un estudiante español y uno norteamericano.

Los exámenes

Durante mi estancia en Maryland he podido observar manifestaciones de educación cívica, verbigracia,[7] los exámenes sin control.

   — ¿Sin vigilancia del profesor, quiere decir?

   — Eso.[8]

---

3. ocioso idle   **4. puesta del sol** sunset   **5. paladeada** savored   **6. bedel** janitor   **7. verbigracia = por ejemplo**   **8. eso** that's right

— Y ¿cómo es posible tal cosa? ¿Es que los chicos son **bobos**? Simplemente porque no se les pasa por la imaginación consultar el libro de texto o demandar el auxilio de un compañero. En Norteamérica esto **está** muy **mal visto;** se considera juego sucio. Al que incurre en una falta de este tipo se le abre expediente[9] e, incluso, se le expulsa de la Universidad. En España se considera falta de compañerismo negar una "chuleta"[10] al compañero indefenso. En Estados Unidos el que quebranta[11] las nobles normas del compañerismo es el que pide la "chuleta", la fórmula o la información. Este sería un mal compañero y, por consiguiente, un universitario indigno. Dos enfoques diametralmente opuestos, como se ve.

— Pero estos tipos son muy aburridos. Le quita usted a la vida estas picardías[12] y es una cosa insípida.

— Puede ser. Para el latino recortar la ley o saltarse a la torera[13] un reglamento constituye una diversión; un incentivo. Burlar al inspector o al profesor es casi tan sugestivo como ahorrarse unas pesetas o aprobar[14] una asignatura. Pero lo cierto es que caminando por su camino — aburrido o no — los yanquis han llegado a un punto muy importante, esto es, a tener confianza en el hombre y, en consecuencia, a la posibilidad de suprimir el control.

Miguel Delibes, USA y yo

---

9. **se le abre expediente** proceedings are started against him   10. **chuleta** cheat sheet   11. **quebranta** = rompe
12. **picardías** mischief   13. **saltarse a la torera** to disregard   14. **aprobar** passing

¿Entendido? • • • • •

1. ¿Qué es un estereotipo? ¿En qué se basan esas ideas? ¿Tienen algo de verdad?
2. ¿Por qué son perjudiciales los estereotipos?
3. ¿Cómo son los norteamericanos estereotípicos? ¿Y los hispanos? ¿Es así la gente en realidad? ¿Qué idea de los norteamericanos tendría alguien que viera el programa de Geraldo Rivera?
4. Según Díaz Plaja, ¿cuál es la gran virtud del norteamericano?
5. ¿A qué atribuye Díaz Plaja la popularidad del chicle?
6. ¿Por qué es difícil obtener un documento en un ministerio español?
7. ¿En qué es diferente la actitud ante los exámenes en Estados Unidos y en España?

Parte B

Las dos selecciones que aparecen a continuación presentan costumbres y actitudes, supuestamente típicas, de norteamericanos y de hispanos. Léalas muy críticamente para determinar si son o no estereotípicas.

La bebida

El beber constituye en el Mediterráneo un acto natural que acompaña a la comida, mientras en Estados Unidos la relación entre beber y comer es mínima. El alcohol no se considera como un suavizante[15] de la digestión, como un amenizador[16] de la conversación, como un apoyo de la sociedad. El alcohol en Estados Unidos es una evasión y se toma con el puro y evidente propósito de embriagarse.[17] Es curioso que la dureza puritana de las leyes se transforme en amable comprensión humana del bebedor. Exactamente **al contrario** de lo que ocurre en Europa, donde nadie se escandaliza ante un niño de ocho años que beba vino mezclado con agua en las comidas, pero que no tolera al borracho en sociedad.

Fernando Díaz Plaja,
Los siete pecados capitales en Estados Unidos

Entre hombres

La línea fronteriza que el español traza alrededor de su virilidad es tan tajante[18] como la mayoría de sus creencias. Por ejemplo, un hombre sólo puede notar la belleza de una mujer. Si se le pregunta sobre el aspecto físico de otro, dice muy seguro que él de hombres no entiende. Es decir, según él, no puede ver la corrección de una nariz, el tamaño de unos ojos, o si alguien tiene buena dentadura. Se niega rotundamente a comentar y, a juzgar por su respuesta, no podría distinguir entre Apolo[19] y Frankenstein.

Fernando Díaz Plaja,
El español y los siete pecados capitales

---

15. suavizante helper   **16. amenizador** enlivener   **17. embriagarse** = emborracharse   **18. tajante** sharp   **19. Apolo** = un dios mitológico muy guapo

¿Entendido? • • • • •

1. ¿Para qué se bebe en el Mediterráneo? ¿Y en los Estados Unidos?
2. ¿Está Ud. de acuerdo con el autor? ¿Le parece que el autor presenta estereotipos?
3. ¿Por qué afirma el español que "él de hombres no entiende"?
4. En su opinión, ¿es similar la actitud del hombre norteamericano a la de los hispanos?
5. ¿Por qué son los atletas los únicos hombres que suelen tocarse en público?

En mi opinión ● ● ● ● ●

1. Contraste el estereotipo norteamericano y el hispano con respecto al trabajo. ¿Sabe Ud. cuál es el origen de estas actitudes tan diferentes? ¿En que otros detalles de la vida cotidiana se manifiestan esas tendencias?

2. ¿Es cierto que los estudiantes norteamericanos no copien *(cheat)* nunca? ¿Ha conocido Ud. a alguien que lo haya hecho? ¿Qué le ocurrió? ¿Se pueden hacer trampas en un examen oral? ¿Hay algún estereotipo de estudiante universitario?

3. ¿Cuál es la actitud norteamericana con respecto a la comida? ¿Es similar en algo a la de la bebida? ¿Qué diferencias hay en el tratamiento de los que comen mucho en contraste con el de los que beben demasiado? ¿Por qué?

4. Haga una lista de tres estereotipos hispanos y otros tres norteamericanos y comente su validez (ej. la belleza sureña, el atleta, la mujer tradicional, el hombre de negocios, el torero).

5. Se dice que en Estados Unidos, al contrario de lo que ocurre en los países hispánicos, es costumbre mudarse a menudo. ¿Qué revela esto acerca de las dos culturas? ¿Le parece esto un estereotipo más? ¿Se ha mudado su familia muchas veces?

6. Describa al hombre ideal en EEUU. ¿Cuáles son sus gustos, sus pasatiempos, su ocupación?

¿Cuál les parece más inteligente?

En (inter)acción ● ● ● ● ●

1. Cada estudiante debe buscar dos anuncios (uno de TV y el otro de una revista) que exploten un estereotipo, y explicárselos a la clase.

2. Comenten en grupo las ilustraciones de esta página y de la siguiente.

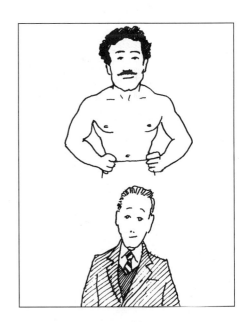

¿Quién les parece más de fiar?

¿A cuál le compraría Ud. un coche usado?

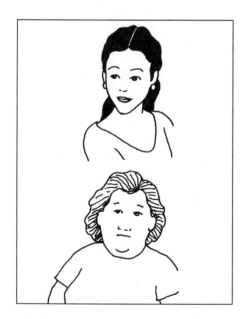

*¿Cuál de las dos sería mejor esposa o
secretaria?*

3. En EEUU la publicidad de McDonald's hace énfasis
   en los millones de hamburguesas vendidas. No es
   así en España y Latinoamérica. ¿Cómo podría expli-
   carse, en términos culturales, la distinta estrategia?

4. ¿Qué harían un norteamericano y un hispano en las
   situaciones siguientes? Compare los dos comportamientos.

   a. Una amiga le pide ayuda en un examen.
      Una hispana se la da.
      Una norteamericana …
   b. Un amigo no le ha pagado un dinero que le debe.
      Un hispano no se lo pide.
      Un norteamericano …
   c. Tiene dos horas libres para almorzar.
      Un hispano pasa dos horas en el restaurante.
      Un norteamericano …
   d. Dos amigos se encuentran en el cine.
      Un hispano abraza al otro.
      Un norteamericano …
   e. Se encuentra perdida en una gran ciudad.
      Una hispana pide instrucciones a un hombre.
      Una norteamericana …

Mejor dicho • • • • •

Pensar + *inf.*/**pensar en/pensar de. Pensar** significa
to intend cuando va seguido de un infinitivo.

> **Pienso** estudiar esta noche.

Pensar en significa *to have someone or something
on your mind.*

> Siempre **pienso en** ti, mi amor.
> Aún predomina la tendencia de **pensar en** otros
> en términos estereotipados.

Pensar de significa *to have an opinion about* y se
usa solamente en preguntas. En la respuesta se usa
pensar que.

> ¿Qué **piensa** Ud. **de** los hispanos?
> **Pienso que** les gusta mucho charlar.

Práctica

A. En parejas hagan y contesten las siguientes preguntas.   Después añadan otro término a cada categoría.

1. ¿En qué piensa o no a menudo?
   en su físico
   en el dinero
   en su futuro
   otras cosas
2. ¿Qué piensa Ud. de
   la televisión como medio educativo?
   las dietas?
   la comida de la universidad?
   las relaciones sexuales *sin riesgo*?

B. Haga una oración preguntando lo que piensa hacer su compañero/a con los objetos siguientes:

Modelo: Una maleta   *¿Piensas viajar?*

Creación ● ● ● ● ●

1. ¿Ha sido Ud. alguna vez víctima de un estereotipo? O ¿se ha dado cuenta de que se ha equivocado al juzgar a alguien por la primera impresión? Explique en una composición lo que ocurrió.

2. Muchos de los estereotipos contemporáneos vienen de la televisión. Comente algún programa que Ud. conoce que presenta estereotipos.

▼▲▼ Teoría de las canecas de basura ▼▲▼ ▼▲▼
Jairo Márquez

Palabra por palabra ● ● ● ● ●

aprovechar	to put something to use, take advantage of
el **consumo**	consumption
el **desperdicio**	waste
el **envase**	packaging, container
estropeado/a	damaged, broken
el **juguete**	toy
perder*	to lose, miss
vacío/a	empty

echar/tirar a la basura	to throw out/away
echar de menos	to miss
en efecto	in fact

Práctica

En parejas, contesten las preguntas. Atención a las palabras del vocabulario.

1. ¿Conoce a alguien que aproveche las cosas hasta el final? ¿Conoce a alguien que desperdicie mucho? Explique.

2. ¿Ha tirado algo importante a la basura? ¿Lo ha podido recuperar? ¿Qué cosa no echaría nunca a la basura?

3. ¿Cuáles eran algunos de sus juguetes favoritos cuando era niño/a?

Repaso gramatical: Los pronombres de objetos directos e indirectos
El pronombre "it"
Lo: uso especial del pronombre neutro

Introducción ● ● ● ● ●

En su libro *Anatomía del gringo,* el escritor colombiano Jairo Márquez analiza el contenido de las canecas de basura *(trash cans)* de Estados Unidos y Latinoamérica para poner de relieve sus diferencias económicas, políticas y culturales. Este interés en la basura podía parecer peculiar en los años 60, cuando Márquez realizó su investigación. Hoy en día, aunque por razones ecológicas y no culturales, la basura ha adquirido un gran interés para la sociedad en general.

Alto ● ● ● ● ●

En Estados Unidos existen modos de aprovechar las cosas que ya no le sirven a una persona o familia. El *garage sale,* por ejemplo, es un rito primaveral en toda la nación. ¿Puede mencionar otros tres? ¿Qué hace su familia con la ropa o los objetos que ya no utiliza?

▼▲▼ Teoría de las canecas de basura ▼▲▼ ▼▲▼

El examen pormenorizado[1] del contenido de una caneca de basura nos ofrece una desbordante[2] variedad de informaciones sobre las costumbres, los gustos, los hábitos y la vida íntima de las gentes. Una caneca puede informarnos acerca de la vida de un individuo, de una célula familiar o de una sociedad entera. Su inspección puede reflejar nítidamente[3] el nivel de vida de una nación, sin necesidad de acudir[4] a otros métodos de estudio.

La basura tiene mayor significado humano, puesto que versa[5] sobre productos que han pasado por las manos de un individuo que les imprime[6] un toque personal. En otras palabras, el **desperdicio** es mucho más humano que el objeto vendido y contabilizado.[7] Parafraseando una sentencia de la Biblia podríamos decir: "Por vuestras basuras se os conocerá".

* * *

Las canecas norteamericanas tienen generalmente una presentación intachable, aparecen limpias y recién pintadas. La igualdad de las canecas agrupadas por secciones me produjeron la impresión de una uniformidad bastante notable.

Una buena parte del espacio de las canecas investigadas por mí era ocupado por valiosos y elegantes sistemas de empaque.[8] Abundaban las botellas de licores y las cajetillas de cigarrillos más variadas y vistosas.[9] Los recipientes de latón, en toda clase de formas y tamaños, y las bolsas de polietileno se encontraban por docenas. La naturaleza de estos **desperdicios** suponía la utilización de inmensas cantidades de vidrio, latón, papel, cartón, tela, plástico, etc.,

---

1. pormenorizado = detallado   2. desbordante overflowing   3. nítidamente – claramente   4. acudir resorting   5. versa deals
6. imprime = da   7. contabilizado accounted for   8. empaque packaging   9. vistosas eye-catching

"…las canecas expresan la uniformidad que rige la vida del pueblo norteamericano."

lo que indicaba a su vez la existencia de poderosas industrias dedicadas a producirlos y a confeccionar los empaques.

Pude igualmente advertir entre los **desperdicios** un gran número de papeles que todavía podían ser **aprovechados** para escribir. Algunos aparecían usados por una sola cara, y otros tenían ambas caras en blanco. Los lápices más gastados medían cuatro pulgadas y media de largo y tenían sus borradores[10] intactos. En general, la mayoría de los artículos se encontraban en un estado de poco deterioro y ninguno daba muestras de haber sido reparado.

Era impresionante el **desperdicio** de ropa. Con frecuencia encontraba prendas de vestir que no **habían perdido** la viveza de sus colores ni su consistencia original.

Cantidades de alimentos en buen estado visitaban también las canecas. Se despreciaba el cereal que mostraba cierta sequedad. La cáscara ligeramente **estropeada** de una manzana la convertía en un **desperdicio.** El olor de los alimentos desechados[11] no indicaba el menor grado de descomposición.

El carácter paradisíaco que tienen los Estados Unidos para los niños se ve confirmado por la gran cantidad y diversidad de **juguetes** que reposan en el fondo de una caneca de basura norteamericana.

Resumiendo, en general, el 70 por ciento del contenido de una caneca de basura nortea-

---

10. borradores erasers   **11. desechados** discarded

mericana es susceptible de utilización. Este 70 por ciento de lo que el norteamericano considera basura bien podría cubrir las necesidades insatisfechas de muchos países.

Resulta indudable que la economía de los Estados Unidos descansa en el **consumo** excesivo y que no tiene precisamente la austeridad como programa. La identidad de los artículos que van a parar a los **desperdicios** así como la similitud del aspecto exterior de las canecas expresan también la uniformidad que rige la vida del pueblo norteamericano. Las canecas reflejaban a su manera el amor por lo nuevo. Otro tanto indicaba la ausencia de productos reparados.

El espíritu de orden norteamericano se reflejaba también en la presentación de la caneca: ésta se encontraba siempre debidamente marcada con el nombre de su propietario, la dirección completa de éste y el número del apartamento, y siempre cubierta con su tapa.[12] Nadie se robaba jamás una caneca, todo lo contrario de lo que ocurre en nuestros países.

La supremacía de la mujer en la vida norteamericana se expresaba en el hecho de que el 98 por ciento de las canecas eran sacadas y entradas por el hombre de la casa. De otra parte, la exactitud con que se realizaba esta tarea indicaba cierta inclinación metódica. En los edificios de apartamentos jamás se producían congestiones a la hora de la recolección. La colaboración mutua en la vida de grupo se manifestaba en la forma de entrar las canecas **vacías:** en este trabajo se turnaban las distintas familias que habitaban un inmueble,[13] sin que se presentasen nunca discusiones sobre a quién correspondía el turno.

* * *

Extendiendo nuestra investigación de la caneca de basura a Suramérica, obtenemos igualmente interesantes resultados. Aquí, se comienza por observar una clara diferencia entre las canecas de los diversos sectores urbanos. Pueden agruparse en tres categorías principales: A, B y C, de acuerdo con la calidad y el tipo de los **desperdicios.** El porcentaje de las canecas de tipo A es ínfimo,[14] mientras que el de las de tipo C es enorme. Las diferencias entre los contenidos de esas canecas es abismal. En las de tipo A abundan los **envases** de whisky y de toda clase de bebidas finas, las cajetillas de cigarrillos extranjeros mezcladas con empaques de productos exóticos. Diariamente se llenan con restos de suntuosas comidas y con los sobrantes de opíparos[15] banquetes. En conjunto, su contenido revela siempre la vida opulenta. Por el contrario, en las de tipo C se refleja una tragedia consumada.[16] Estas canecas constituyen recipientes para los residuos de los **desperdicios.** Nada en su interior puede catalogarse de útil o aprovechable. Su contenido representa una masa amorfa[17] que habla por sí misma del

---

12. **tapa** cover   13. **inmueble** = edificio   14. **ínfimo** = mínimo   15. **opíparos** = lujosos y abundantes   16. **consumada** real
17. **amorfa** shapeless

hambre y la miseria. Tarea prácticamente irrealizable es reconocer el origen de esta bazofia.[18] De otra parte, la apariencia exterior de la caneca es desastrosa, cualquier cajón destartalado[19] hace aquí las veces de caneca. **En efecto,** su grado de desintegración es tal que se confunde con la propia basura. Es conmovedora[20] la ausencia de todo indicio de juguetería infantil en estas canecas.

Las canecas sudamericanas se pueden agrupar en tres categorías: A, B, C.

Las canecas de tipo B ocupan un lugar intermedio entre las de tipo A y C. No son tan aristocráticas como las primeras ni tan miserables como las segundas. La calidad de los sobrantes que contienen habla de una vida más bien austera.

Las canecas de tipo A dan frecuente-mente motivo al más lamentable de los espectáculos: la visita de los canes[21] vagabundos que se turnan con seres humanos acosados[22] por el hambre. Abundan los menesterosos[23] cuya dieta se reduce a los artículos desechados en el fondo de las canecas.

Desviándonos un poco de nuestro tema, cabe señalar la inestabilidad social que conlleva[24] la existencia de extremos tan contrapuestos. Las diferencias que se pueden observar entre diversas categorías de canecas de basura expresan tales desigualdades sociales en nuestros países que no es aventurado señalar la existencia de una situación verdaderamente explosiva.

---

18. **bazofia** pulpy mess   19. **destartalado** = en mal estado   20. **conmovedora** touching   21. **canes** = perros   22. **acosados** besieged   23. **menesterosos** = pobres   24. **conlleva** = implica

¿Entendido? • • • • •

1. ¿Por qué son tan significativas las canecas de basura?
2. ¿Cuáles son algunos de los descubrimientos del autor con respecto a Estados Unidos? Mencione cinco al menos.
3. ¿Cree Ud. que todas las suposiciones del autor tengan validez? ¿Cuáles no? Comente.
4. ¿Qué pasa en el Tercer Mundo, por ejemplo en Latinoamérica, con las canecas?
5. ¿Cuáles son algunas de las conclusiones de este artículo en términos culturales y económicos?
6. ¿Qué usos prácticos pueden darse al contenido de las canecas de basura?

7. Rellene el siguiente cuadro con la información contenida en el artículo.

	Estados Unidos	Hispanoamérica
a. aspecto de las canecas		
b. objetos arrojados a las canecas		
c. clases sociales		
d. conclusiones sobre el tipo de sociedad		

8. Escoja cinco oraciones que considere importantes en esta lectura. Explique por qué lo son.

En mi opinión ● ● ● ● ●

1. ¿Considera Ud. válidas las conclusiones sobre Estados Unidos que saca Márquez? ¿Ha cambiado la situación en los últimos años desde que se escribió el artículo? ¿Cómo?

2. Divididos en dos grupos de opiniones opuestas, la clase debe debatir si debe ser legal o no registrar (*to search through*) la basura de otra persona.

3. ¿Hay alguna otra manera de conocer otra cultura o a otra persona sin hablar? En pequeños grupos, hagan una lista de las posibilidades; por ejemplo, el carrito de la compra en el mercado.

En (inter)acción ● ● ● ● ●

1. Observe la caneca de basura de su compañero/a de cuarto. Haga una lista de los objetos que contiene. Pásela a un/a compañero/a de clase, que escribirá un análisis de la personalidad de su amigo/a basado en la lista.

2. Escriba en una hoja de papel una lista de 5 objetos que se encuentran en su propia caneca de basura, pero no escriba su nombre. Sea lo más específico posible: dé la marca *(brand)* del producto o su variedad (por ejemplo, con/sin azúcar, con/sin cafeína, etc.). En clase, cada estudiante recibirá una lista y tendrá que encontrar a la persona a quien pertenece. A las preguntas sólo se puede contestar sí o no.

3. En pequeños grupos, hagan una encuesta entre sus compañeros/as para determinar cuántos de los siguientes objetos han tenido o tienen ellos personalmente o tiene su familia.

   a. teléfonos   f. bicicletas
   b. Walkman   g. secadores de pelo
   c. relojes   h. cámaras fotográficas
   d. televisores   i. computadoras
   e. coches   j. ventiladores

Mejor dicho ● ● ● ● ●

Extrañar/echar de menos/perder(se)/faltar a. Todas estas palabras expresan significados distintos de *to miss.* **Extrañar** y **echar de menos** quieren decir sentir nostalgia por personas o cosas ausentes.

> **Echo de menos** mi cuarto cuando no estoy en casa.
> José **extraña** mucho a su novia.

Perder expresa una acción que no se realizó por llegar tarde o por estar ocupado.

> Llegué a la estación a las seis y por eso **perdí** el tren de las 5:30.

Perderse, en la forma reflexiva, quiere decir *to get lost or miss out on something.* Expresa una acción involuntaria. En negativo quiere decir *don't miss.*

> **Me perdí** el bautizo de la niña porque estaba enferma.
> ¡No **te pierdas** la última película de Almodóvar!

Faltar a equivale a no asistir. Expresa una acción voluntaria.

> Hemos **faltado** a muchas reuniones del club.

Práctica

En pequeños grupos, hagan una encuesta sobre las siguientes situaciones. Pueden añadir otras categorías de su propia experiencia.

1. Cosas o personas que extrañan o no:

   a. su familia
   b. su cuarto
   c. su/s animal/es
   d. sus amigos/as

2. Cosas que han perdido:

   a. un avión
   b. una oportunidad
   c. tiempo

3. Actividades a las que ha faltado:

   a. un examen
   b. su graduación
   c. una conferencia

Creación ● ● ● ● ●

Escriba un párrafo comentando las medidas que se están tomando para proteger el medio ambiente. ¿Cuáles considera exageradas o impracticables? ¿Cuál es la multa *(fine)* en EEUU para los que tiran basura en lugares públicos? ¿Se aplica?

▼▲▼ En resumen   ▼▲▼ ▼▲▼

En pequeños grupos comente algunas de las siguientes nociones estereotipadas. ¿De dónde vienen? ¿Son ciertas?

1. Los norteamericanos son ruidosos y no tienen tacto (punto de vista europeo).
2. Las mujeres que sólo trabajan en casa son tontas.
3. Los mexicanos usan palabrotas todo el tiempo.
4. Los colombianos ricos todos venden drogas.
5. Los estudiantes de M.I.T. no hacen más que estudiar.
6. Los viejos no saben conducir.
7. Los jugadores de fútbol americano son poco inteligentes.
8. Todas las chicas de California son bonitas y rubias.
9. En Minnesota el clima es horrible.
10. Las personas guapas son honestas.

Ahora, añada al menos cinco más a esta lista.

CONVIVENCIAS INTERCULTURALES

▼▲▼ El extranjero y el turista ▼▲▼ ▼▲▼
Julián Marías

Palabra por palabra ● ● ● ● ●

aburrirse	to get bored
así	that way
el **azar**	chance
cómodo/a	comfortable
el/la **desconocido/a**	stranger
el/la **extranjero/a**	foreigner, foreign
extraño/a	strange
la **frontera**	national or regional borders
pasar*	to happen
el **tópico***	cliché

Práctica

En parejas, contesten las siguientes preguntas. Atención a las palabras del vocabulario.

1. ¿Tiene el azar un papel en su vida o lo planea todo? ¿Le aburre hacer lo mismo todos los días? ¿Cuándo/dónde no se aburre nunca?
2. ¿Por qué puede ser difícil compartir el cuarto con un compañero desconocido? ¿Es interesante vivir con alguien muy distinto?
3. ¿Habla Ud. con desconocidos? ¿Se siente incómodo/a si una desconocida le habla? ¿Son los desconocidos siempre posibles enemigos?
4. ¿Hay algo de verdad en el tópico que "los opuestos se atraen"?
5. ¿Hay fronteras entre todos los países? ¿Entre los estados? ¿Por qué existen? ¿Hay alguna diferencia entre la frontera de Estados Unidos y Canadá y la de Estados Unidos y México?

Repaso gramatical: *Hay que, tener que, deber (de)*
                          La nominalización

Introducción • • • • •

Julián Marías (1914), uno de los principales pensadores españoles contemporáneos, ha sido profesor de las universidades más prestigiosas de Europa y Estados Unidos. En sus escritos Marías analiza todo tipo de fenómenos culturales y sociales.

En "El extranjero y el turista", que forma parte de su libro *El oficio del pensamiento* (1958), Marías reflexiona sobre el turismo de masas y presenta dos alternativas, como indica el título de la selección. Sus observaciones son tan acertadas que tienen validez aún después de más de treinta años.

Alto • • • • •

La actitud del viajero, al entrar en contacto con un lugar que no es el suyo, es crucial. Marías presenta dos posibilidades radicalmente distintas.

1. ¿Con qué asocia Ud. la imagen del turista? Mencione cinco objetos. Haga lo mismo con un extranjero.
2. ¿Qué lugares de su ciudad tienen interés turístico? ¿Dónde se ve a extranjeros en su ciudad?
3. ¿Trata Ud. de aprender algo del lugar que va a visitar antes de hacer el viaje? ¿Dónde busca información?

▼▲▼ El extranjero y el turista ▼▲▼ ▼▲▼

Desde que terminó la Segunda Guerra Mundial, en todas partes se encuentra un crecido número de hombres y mujeres procedentes de países ajenos.[1] Con frecuencia se oye hablar en lenguas **extrañas** y se ve uno obligado a usarlas; se tropieza a cada paso con[2] personas que no pertenecen[3] al país en que se está. Barcos, aviones, trenes y automóviles, vierten[4] sin cesar su carga[5] humana al otro lado de todas **las fronteras.**

A las sociedades anteriores, homogéneas, en cierto modo domésticas y familiares, hechas de menudos[6] secretos de convivencia, de recuerdos, de cotidianidad y monotonía, llegaba, con mayor o menor frecuencia, **el extranjero.** ¿Quién era éste? Por lo pronto, el otro. El día festivo en la semana, el enigma que no se acaba de entender, el viajero que trae cosas que contar, el hombre con secretos.

El extranjero, según dijo Ortega y Gasset,[7] es el hombre que no está sino que llega y se va. "El extranjero — agregaba — es siempre, más o menos, **el desconocido;** es el transeúnte[8] que roza[9] un momento nuestra existencia … Dos existencias, que un momento antes se ignoraban por completo, gozan de un roce súbito y fugaz."[10]

Pero, si es **así,** ¿por qué enfrentar[11] al extranjero y al turista? ¿No es éste también, y muy

---

1. ajenos = extranjeros   2. se tropieza con bumps into   3. pertenecen belong   4. vierten pour out   5. carga cargo
6. menudos = pequeños   7. Ortega y Gasset = filósofo español (1883-1955)   8. transeúnte passer-by   9. roza barely touches
10. fugaz = breve   11. enfrentar = contrastar

¿Quiénes son los turistas aquí?

específicamente, "el hombre que llega y se va", hasta el extremo de que suele llevar en su bolsillo el billete de vuelta?

Parece evidente, pero es más que dudoso. El turista, lejos de ser el **desconocido,** es un **tópico.** Frente al halo de misteriosidad del **"extranjero",** el turista aparece como una realidad archisabida,[12] sin novedad, esquemática, indiferente. ¿Por qué es **así?** Ante todo, los turistas son muchos. Llegan en bandadas[13] en ciertas estaciones del año, como las aves migratorias o los bancos de peces;[14] se convierten, pues, en una realidad gregaria, en que la individualidad se desvanece.[15] En segundo lugar, suelen llevar un itinerario hecho: tales recorridos,[16] ciertas reservas de hotel, días predeterminados de estancia[17] en cada ciudad. Es decir, el turista no se puede interesar, ni se puede enojar, ni se puede enamorar, ni **se** puede **aburrir;** y si algo de eso le acontece, lo sacrificará al plan inexorable que le han trazado[18] las agencias. No es esto

---

12. archisabida = muy familiar   **13. bandadas** flocks *(of birds)*   **14. bancos de peces** schools of fish   **15. se desvanece** vanishes
16. recorridos tours   **17. estancia** stay   **18. han trazado** have planned

Contemplando la ciudad inca de Machu Picchu, Perú, hoy en ruinas

lo más grave.[19] El turista es de cualquier parte;[20] simplemente *de fuera;* a lo sumo,[21] se distinguen los turistas según sean más ricos o más pobres, según insistan más o menos en bañarse o tengan ciertas preferencias alimenticias.[22]

El viajero suspende[23] siempre en cierto modo[24] su vida, y por eso el viaje es una vacación y una probable delicia.[25] El viaje interrumpe la vida cotidiana; por eso aligera,[26] porque descarga de[27] rutina y habitualidad. El verdadero viajero es el hombre en disponibilidad,[28] abierto, a quien en principio le pueden **pasar** muchas cosas. Hasta tal extremo, que la finalidad[29] primaria del viajar ha sido provocar que le **pasen** a uno cosas que en su existencia diaria no le sucedían, en una palabra, salir en busca de aventuras. Pero el turista suspende su vida y la sustituye por una esquemática, impersonal e insignificante. Diríamos, para expresarlo en su forma más breve y sencilla, que al turista no debe **pasarle** nada. Si le **pasa** algo, esto es ya el fracaso del turismo, es que las cosas no han marchado[30] bien.

---

19. **grave** = serio   20. **de cualquier parte** anywhere   21. **a lo sumo** at most   22. **preferencias alimenticias** food preferences
23. **suspende** = interrumpe   24. **en cierto modo** somehow   25. **delicia** = placer   26. **aligera** lightens   27. **descarga de** frees
from   28. **en disponibilidad** available   29. **finalidad** = propósito   30. **no han marchado** = no han ido

En este tiempo, el turista tiende a salir de su país el mínimo indispensable; las organizaciones colectivas, las agencias con sus sistemas de intérpretes, itinerarios, servicios de información, etc., atenúan[31] el contacto del viajero con un medio ajeno. Se procura que el viajero siga encontrando fuera de su país el máximo de cosas de él, hasta en mínimos detalles materiales. Esto es un error, porque equivale a que el que viaja pague más por viajar menos, por disminuir la experiencia de lo nuevo y distinto, que es lo que precisamente va buscando. Ante[32] el turista, nadie se comporta humanamente, sino con arreglo a un esquema genérico consistente en extraerle el máximo posible de moneda.[33] Por esto, el turista sólo ve gestos convencionales, estereotipados, que no van dirigidos a él personalmente, sino a nadie, a cualquiera, al "turista **desconocido**." Por ello, en lugar de ser un viajero auténtico, se convierte en un coleccionista: de paradas,[34] de aterrizajes,[35] de etiquetas[36] de hotel, de paisajes, de monumentos, de platos típicos.

La catedral de la Sagrada Familia es obra de Antoni Gaudí, un arquitecto catalán.

Dicho en una palabra: el turista no está propiamente en el país que visita, sino en un lugar ficticio, compuesto de dos ingredientes: uno, restos en conserva[37] de su país de origen; el otro, el monótono y uniforme "mundo turístico" que recubre[38] por igual todos los países.

Urge[39] proceder a la desorganización del turismo internacional. Hay que dejar su parte al

---

31. atenúan cushion   **32. ante** = **enfrente de**   **33. moneda** = **dinero**   **34. paradas** stopovers   **35. aterrizajes** airplane landings   **36. etiquetas** tags   **37. restos en conserva** canned leftovers   **38. recubre** extends to   **39. urge** = **es urgente**

Los murales de Diego atraen a visitantes nacionales y extranjeros.

azar, a lo inesperado, al contratiempo,[40] a la sorpresa, a la aventura. Hay que dejar al turista solo y — mínimamente al menos — desamparado,[41] en el país ajeno. Tiene que intentar manejarlo él mismo, hacerlo funcionar, experimentar sus reacciones, conocer su lengua, su sistema real de comunicaciones, sus gestos espontáneos. El turista tiene que buscar los monumentos — a riesgo de saltarse[42] algunos — , porque los monumentos están en las ciudades, no en las guías o los catálogos. Tiene que intentar romper la muralla[43] que lo separa del semejante.[44] Sólo ese intento de aproximarse[45] al hombre que es otro puede enriquecer[46] a los dos. Esa aproximación los hace prójimos.[47] No es **extraño** que en estos últimos años se use y se abuse tanto de la palabra "coexistencia"; tiene un profundo parentesco[48] con el contacto abstracto, falso, insincero, deshumanizado, en que consiste el turismo actual. Conviene[49] ver claro que lo fértil, lo creador, lo humano no es la inerte[50] coexistencia con el que está al lado, sino la inventiva convivencia con el que es otro, con el extranjero, imaginado por la fantasía, misterioso y original.

---

40. contratiempo mishap   **41. desamparado** uncared for   **42. a riesgo de saltarse** at the risk of skipping   **43. muralla** wall
44. semejante fellow person   **45. aproximarse = acercarse**   **46. enriquecer** enrich   **47. prójimos** peers   **48. parentesco =**
relación   **49. conviene = es conveniente**   **50. inerte** deadening, passive

¿Entendido? • • • • •

1. Según Julián Marías, ¿qué ha ocurrido desde que terminó la Segunda Guerra Mundial?
2. ¿Qué significaba para las sociedades anteriores la llegada de un extranjero?
3. ¿Qué significa para las sociedades actuales la llegada de los turistas?
4. Exactamente, ¿qué critica Marías del turismo actual?
5. ¿Qué propone Marías para evitar los defectos del turismo?
6. Contraste el concepto de convivencia con el de coexistencia.
7. ¿Cuál es el propósito principal del viaje según Marías? ¿Está Ud. de acuerdo? Explique.

En mi opinión • • • • •

1. ¿Ha viajado Ud. alguna vez solo/a? ¿Y en grupo? ¿Cómo fue la experiencia? ¿Hubo problemas entre la gente del grupo? ¿Cómo prefiere Ud. viajar, solo/a o acompañado/a? ¿Con cuántas personas? ¿Qué piensa Ud. de los viajes organizados? ¿Y de los cruceros?
2. ¿Ha visto alguna película o leído algún libro que trate de viajeros o turistas? Comente. ¿Cree Ud. que el fenómeno del turismo de masas favorezca la continuidad de estereotipos nacionales y étnicos? ¿Por qué sí o no? Cuando visita un país, ¿cómo trata de apreciar su cultura?
3. Se dice de la antigua Alemania Oriental que en los años 40 cerraron la frontera para que la gente no se fuera del país y que en los 80 la abrieron para que la gente no se fuera del país tampoco. ¿Qué pasó? ¿Para qué sirven las fronteras, entonces? ¿Son las fronteras indicadores políticos, geográficos, culturales? Exploren este asunto en parejas.
4. En grupos pequeños discutan las ventajas y desventajas del turismo actual desde el punto de vista de:
   a. el dueño de una tienda
   b. un ecólogo
   c. un policía de tránsito
   d. un planificador urbano
   e. unos padres de hijos jóvenes

En (inter)acción • • • • •

1. En pequeños grupos, preparen un discurso representativo de la actitud de un extranjero o de un turista, explicando a qué tipos de lugares iría y por qué. Preséntenlo ante la clase y que sus compañeros digan de cuál de los dos se trata.
2. Con toda la clase. Digan la palabra "extranjero" o "turista" según corresponda, de acuerdo con las frases que el/la profesor/a dirá en voz alta.
   a. Llega y se va.
   b. Lleva un itinerario hecho.
   c. Es un ser misterioso; es la persona con secretos.
   d. Es una persona gregaria.
   e. Representa la aventura.
   f. Trae innovación, sorpresas, promesas de cosas inauditas.

g. Representa un provecho económico.

h. Quiere ver todos los monumentos famosos.

i. Implica coexistencia.

j. Implica convivencia.

k. Es el auténtico viajero.

Continúen la lista anterior con otras oraciones que describan al extranjero y al turista.

3. En parejas, preparen una lista de quince oraciones en español, indispensables para alguien que vaya a visitar un país hispanohablante.

Ejemplo: *¿Dónde está(n) el baño/el servicio/los sanitarios?*

4. Mirando la siguiente lista de áreas en un barco transatlántico, hagan una agenda para un día a bordo.

bar	restaurante
boutique	restaurante autoservicio
cocina	sala de juegos
cubierta	salón de vídeo
discoteca	veranda de babor
minicasino	veranda de estribor
piscina	vestíbulo

5. En grupos, comenten la reacción de uno de los siguientes personajes cinematográficos:

a. Tarzán en Los Angeles

b. Crocodile Dundee en Nueva York

c. E.T. en Estados Unidos

6. En parejas, escriban una postal a su familia desde un lugar de habla española donde están de vacaciones.

7. Después de leer la siguiente propaganda turística peruana, decidan cuál de estos lugares quieren visitar y por qué.

MACHU PICCHU

Una excursión inolvidable a Machu Picchu, "La Ciudad Perdida de los Incas". Traslado a la estación para un viaje en autovagón a través del Valle Sagrado de los Incas. Visita guiada de la maravillosa ciudadela incluyendo el Reloj Solar, el Templo de las Tres Ventanas, el Torreón Circular y otros puntos notables. Disfrute del almuerzo en la Hostería de Machu Picchu antes de regresar a Cuzco y al hotel.

VALLE SAGRADO

Excursión al Valle Sagrado de los Incas, a una hora del Cuzco, salpicado de típicas aldeas andinas tal como Pisac, con su colorido mercado indio. Disfrute del almuerzo en una posada campestre y por la tarde explore la magnífica fortaleza de Ollantaytambo.

CUZCO DE NOCHE

Un agradable recorrido por el pintoresco barrio de San Blas prosiguiendo hacia la Plaza de Armas para ver la Catedral de la ciudad y otros hermosos monumentos históricos. Disfrute de una fiesta andina con un excelente espectáculo folklórico mientras saborea una cena en un animado restaurante típico.

Mejor dicho • • • • •

A. Tópico/tema/sujeto/materia. El español tiene dos palabras diferentes, **tópico** y **tema,** para expresar los dos significados de la palabra inglesa *topic.*

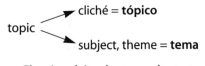

topic — cliché = **tópico**

subject, theme = **tema**

El turista, lejos de ser un desconocido, es un **tópico.**
Van a preparar una presentación sobre el **tema** del turismo.

La palabra *subject* tiene tres posibles significados en inglés, a los cuales les corresponden tres palabras distintas en español.

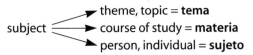

subject — theme, topic = **tema**

course of study = **materia**

person, individual = **sujeto**

El **tema** de esta novela es la homosexualidad.
La química es una **materia** impenetrable para mí.
Cuando vi a ese hombre me pareció un **sujeto** fascinante.

Recuerde que **sujeto** es también un término gramatical.

En español el **sujeto** concuerda siempre con el verbo.

B. Suceder/ocurrir/pasar. Estos tres verbos significan *to happen.*

Al turista no le **sucedió** nada.
El viajero es el hombre ágil, poroso, a quien le pueden **pasar** muchas cosas.
El accidente **ocurrió** ayer pero no se han llevado los coches todavía.

Cada uno tiene también otro significado. **Suceder** también significa *to follow in succession.*

¿Quién va a **suceder** al rey Juan Carlos?

Ocurrir también significa *to occur, to come to mind.*

Se me **ocurre** otra posibilidad.

Pasar también significa *to pass, pass through or go by.*

Tengo que **pasar** por el banco antes de irme de viaje.

¡OJO! Recuerde que la expresión *¿Qué te pasa?* significa *What's the matter?*

Práctica

A. En parejas, contesten las siguientes preguntas.
   1. Mencionen tres tópicos sobre los turistas. En general, ¿le molestan los tópicos? ¿Por qué sí o no?
   2. ¿Cuál es el tema de esta lectura? ¿Y de esta unidad? ¿Sobre qué otro tema le gustaría hablar? ¿De qué temas habla con sus amigos?

3. ¿Conoce Ud. a sujetos peligrosos? ¿Y pacíficos? ¿Qué tipo de sujetos son los artistas?

4. ¿Qué materias considera Ud. extrañas en la universidad? ¿Y necesarias?

B. En pequeños grupos, prepárense para hablarle a la clase de los temas siguientes.

1. Lo más sorprendente que les ha ocurrido durante un viaje.

2. Un incidente cómico que sucedió en un aeropuerto o avión.

3. Algo que pasó que les causó miedo estando lejos de su casa.

4. Por dónde tienen que pasar antes de ir a estudiar hoy.

5. Algo más que se les ocurre que pueda interesarle a la clase.

Creación ● ● ● ● ●

1. Comente qué es lo que más le sorprendería a un visitante extranjero de los Estados Unidos, de su ciudad, de su universidad.

2. ¿Ha cambiado en algo su percepción de un país extranjero o de su propio país después de un viaje? Comente.

▼▲▼ La fiesta de Jasmín ▼▲▼ ▼▲▼
Cliff Cunningham

Palabra por palabra ● ● ● ● ●

charlar	to chat
la **hora***	time, hour
saludar	to greet
tocar*	to play, touch, knock

cumplir…años	to turn *(age)*
en comparación con	compared to
en seguida	right away
por eso	for that reason
por fin	finally

Práctica

En parejas, contesten las preguntas. Atención a las palabras del vocabulario.

1. ¿Cómo celebran los jóvenes el cumpleaños en comparación con los niños o los adultos? ¿Cuál es el mejor día para una fiesta? ¿Por qué?

2. ¿Qué es lo que quieren hacer los niños en seguida que llegan a una fiesta? ¿Y los jóvenes? ¿A quién saluda Ud. primero al llegar? Generalmente, ¿con quién charla más, con sus amigos/as o con gente que acaba de conocer?

3. ¿Se siente Ud. diferente el día de su cumpleaños? ¿Qué cumpleaños ha sido el más especial para Ud.?

Repaso gramatical: El imperativo (formas y usos)

Introducción ● ● ● ● ●

También en la forma de celebrar difieren las distintas gentes, aun en ocasiones tan íntimas como un cumpleaños. El autor norteamericano Cliff Cunningham, actual profesor de la Universidad de Yale, contrasta la manera como lo hace su propia familia y una chicana.

Alto ● ● ● ● ●

En España existen ciertas costumbres asociadas con diferentes fiestas. Por ejemplo, el día del cumpleaños se suele tirar de las orejas al festejado. ¿Qué se hace en Estados Unidos?

También en España y otros países hispanos es tradicional comer uvas a las doce de la noche el 31 de diciembre. ¿Hay alguna tradición similar en Estados Unidos? ¿Qué comida asocia Ud. con las distintas celebraciones?

▼▲▼ La fiesta de Jasmín ▼▲▼ ▼▲▼

Es sábado por la tarde. Acabo de llegar a la fiesta de cumpleaños de Jasmín, la hija de mi amiga Eludivina Guerrero, que hoy **cumple** siete **años.** Recuerdo que cuando "Ludy" me invitó, me dijo:

Para todo el mundo, el cumpleaños es un día muy especial.

"Para los chicos, es la hora de la gloria."

— Verás una típica fiesta mexicana, Cliff. Y, oye, no te olvides de la guitarra ¿eh?

Por eso con la guitarra en la mano, camino hacia donde están los hombres que preparan el fuego para cocinar la carne.

Los hombres me **saludan:**

— ¡Hola Cliff, bienvenido!

— Adelante,[1] adelante. ¿Cuándo vas a cantar la canción del Piojito?[2]

Pienso qué diferente es esta fiesta **en comparación con** las fiestas de cumpleaños que yo recuerdo de mi juventud. En los Estados Unidos, las fiestas de cumpleaños, especialmente para los niños pequeños, son organizadas solamente por las mujeres. Aquí, en cambio, toda la familia participa, y los hombres tienen la tarea importante de cocinar la carne de puerco y res.[3]

De pronto, empieza a llover. Las charlas y los chistes[4] se detienen inmediatamente, y los hombres comienzan a dar instrucciones a los demás.[5]

— ¡Dame un pedazo de plástico!

— Ven, acá, Cliff. ¡Ayúdanos!

En un momento, una tienda[6] de plástico cubre el fuego y la olla.

---

1. adelante = entra   **2. piojito** little louse   **3. res** beef   **4. chistes** jokes   **5. los demás** = los otros   **6. tienda** tent

Voy a la cocina para **saludar** a Ludy, a Jasmín y a las otras mujeres que están trabajando allí. ¡Qué actividad! Cortan jalapeños, cocinan tortillas… Todas se ríen a la vez y cuentan historias de su trabajo. Hablan tan rápido en español que tengo que prestar mucha atención para entender.

Una vez más me impresiona el contraste que hay entre ésta y las fiestas que recuerdo. En Estados Unidos, la dueña[7] de la casa hace todo, y los invitados toman tragos[8] en el salón mientras esperan la comida. Aquí, en cambio, la dueña y las invitadas se reúnen a preparar la comida mientras todas **charlan,** intercambian recetas[9] y se divierten juntas.

Hablo un momento con Ludy. Ella es una chicana nacida en México. Trabaja como coordinadora del centro La Familia que está en el barrio mexicano de Santa Cruz que se llama Beach Flats. Ese centro es una maravilla, con servicio de médicos, bailes, fiestas, clases para aprender a leer y a escribir, y un montón de[10] actividades más. Todo el mundo quiere mucho a Ludy.

Sirven la comida, que es un banquete de sabores picantes[11] y deliciosos. Así lo pasamos bien. Después llega la hora de cantar. Canto:

El lunes me picó[12] un piojo,[13]
pero el martes lo agarré[14]
Para poder alcanzarlo,[15]
ocho caballos cansé.[16]

Después de cantar tres canciones, les doy las gracias. Pero me gritan:

— ¿Qué te pasa, Cliff, no vas a cantar más?

— Ay perdón, pero solamente sé tres canciones en español.

En seguida, un grupo de gente de Beach Flats empieza a cantar corridos mexicanos. Trato de imaginarme a mis padres y a mis amigos sacando guitarras y acordeones para **tocar** canciones en una fiesta, pero no puedo. La imagen que recuerdo es la de mi padre y sus amigos reunidos en un rincón donde **charlan** sobre el fútbol y otros deportes, mientras que mi madre y las otras mujeres, en otro rincón, hablan de sus hijos y de sus casas.

Por fin, es **la hora** de la piñata. Para los chicos, es **la hora** de la gloria. Los hombres toman la cuerda,[17] las mujeres dan instrucciones a los niños, y a pegar: ¡tras! ¡tras! El más pequeñito da vueltas[18] tratando de pegarle, con los ojos cubiertos con un pañuelo.[19]

Y, un momento después, la lluvia de dulces. Los niños pierden el control, gritan, ríen, saltan. Los dulces, en un segundo, desaparecen de la grama.[20]

Por fin puedo acercarme a Jasmín, que está muy bonita con su vestido nuevo. Aunque sólo **cumple** siete **años,** tiene la inteligencia de una niña mucho mayor. Me dice:

— Gracias, Cliff, por cantar en mi fiesta. Debe ser muy interesante para un gringo como tú, ¿no?

---

7. dueña owner   8. toman tragos = beben   9. recetas recipes   10. un montón de = muchas   11. picantes spicy   12. picó bit
13. piojo louse   14. agarré I caught it   15. alcanzar to reach   16. cansé I exhausted   17. cuerda rope   18. da vueltas
goes around   19. pañuelo handkerchief   20. grama = hierba

¿Entendido? • • • • •

1. ¿Por qué va Cliff a la casa de Ludy?
2. ¿Qué tiene que llevar Cliff a la fiesta?
3. ¿Qué hacen los hombres en la fiesta?
4. ¿Cuáles son las diferencias que recuerda Cliff entre las fiestas norteamericanas y las mexicanas?
5. ¿Qué ocurre mientras los hombres están preparando la carne?
6. ¿Qué pasa en la cocina?
7. ¿Quién es Ludy y qué trabajo hace?
8. Explique "es la hora de la gloria para los chicos".

En mi opinión • • • • •

1. Describa una celebración especial que Ud. recuerde. ¿Prefiere celebrar en privado o en lugares públicos?
2. ¿Cuántos años cumplirá este año? ¿Dice siempre su verdadera edad? ¿Cuándo no lo hace?
3. ¿Tiene Ud. amigos de otras razas, nacionalidades, edades, o prefiere reunirse con gente similar a Ud.?
4. ¿Cree Ud. que, aparte de satisfacer la simple curiosidad, tenga algún valor experimentar el modo de vivir de otra cultura?

En (inter)acción • • • • •

1. Explíquele detalladamente a la clase algún juego que se juegue en fiestas de niños o de jóvenes.

2. Un equivalente a la canción americana "99 bottles of beer on the wall" es "Un elefante" que se canta cada vez más rápido. En lugar de disminuir, en español los números aumentan. Ensaye la canción con su clase y pruebe a tener un concurso para ver quién puede cantarla mejor.

> **Un** elefante se balanceaba
> sobre la tela de una araña,
> como veía que no se caía
> fue a llamar a otro elefante.
> **Dos** elefantes se balanceaban...

3. En la lectura "La fiesta de Jasmín", Eludivina tiene un nombre más breve "Ludy", que usan sus familiares y amigos. En inglés es también frecuente este tipo de abreviación y/o terminación (Robert = Bob, Bobby; William = Bill). A continuación tiene dos listas de nombres propios. Consultando a un/a compañero/a, intente relacionar los nombres de una lista con los de la otra.

José, Josefa	a. Lupe, Lupita
Francisco, Francisca	b. Manolo, Manolito
Mercedes	c. Pepe, Pepa, Chepe
Manuel	d. Paco, Paca, Paquito, Paquita, Curro, Curra, Pancho, Panchita
Guadalupe	e. Lola, Lolita
Dolores	f. Carmiña, Carmencita
Enrique	g. Chuchi, Susi
María Teresa	h. Perico
Jesús	i. Quique
Pedro	j. Merche, Mecha, Meche
Carmen	k. Maite

Mejor dicho • • • • •

A. Jugar/tocar/poner. Los tres verbos expresan distintos significados de *to play*. **Jugar** se usa con juegos y deportes, y **tocar** con instrumentos musicales. **Tocar** también significa *to touch* y *to knock.*

> Siempre me enfado cuando **juego** al ajedrez con él.
> Cliff **toca** muy bien la guitarra.
> No **toques** nada, por favor.
> ¿Quién estará **tocando** a la puerta ahora?

Poner se usa con aparatos como el tocadiscos, el radio, el televisor.

> Mis vecinos siempre **ponen** el tocadiscos muy alto.

B. Juego/partido. Juego significa *game;* es un término genérico. **Partido** significa *match* cuando se usa referido a deportes.

El ajedrez es un **juego** bastante difícil.
Arantxa Sánchez Vicario ganó el **partido.**

C. Tiempo/hora/vez. Las tres palabras expresan distintos significados de *time.*

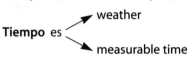

Tiempo es — weather / measurable time

Hace buen **tiempo** hoy.
¿Cuánto **tiempo** tengo para escribir este examen?

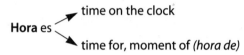

Hora es — time on the clock / time for, moment of *(hora de)*

¿Qué **hora** es?
Por fin es la **hora** de la piñata.
Ha llegado la **hora de** irnos.

Vez es ⟶ time as instance.

Una **vez** visité Paris.
¿Has visto a Juan Luis Guerra muchas **veces**?

* Hay muchas expresiones con **tiempo** y **vez.**

Con **tiempo**	*With time to spare*
A **tiempo**	*On time*
A **veces**	*Sometimes*
De **vez** en cuando	*From time to time*
A la **vez**	*At the same time*

Práctica

A. En parejas, contesten las preguntas siguientes.

1. ¿A qué prefiere jugar Ud., a las cartas o a las damas *(checkers)*? ¿Al ajedrez o al dominó? ¿Juega algún juego con su familia o con sus amigos? ¿Cuál? ¿Cuáles son más populares entre los jóvenes actualmente?

2. ¿Toca Ud. algún instrumento musical? ¿Cuál? ¿Le gustaría tocar otro? ¿Por qué? ¿Qué tipo de música toca Ud.? ¿Qué clase de música toca su conjunto favorito?

3. ¿Pone el radio cuando se despierta por la mañana? ¿Y la tele? ¿Necesita poner el despertador para despertarse a tiempo?

B. Describan las siguientes ilustraciones usando las palabras **jugar, tocar** o **poner** según sea necesario.

C. En parejas, describan las siguientes ilustraciones usando las palabras **juego** o **partido** según sea necesario.

D. En parejas, contesten las preguntas siguientes.

1. ¿A qué hora se acuesta Ud.? ¿Y a qué hora se despierta? ¿Cuántas horas estudia al día? ¿Cuántas horas tarda Ud. en llegar desde su casa hasta aquí? ¿A qué hora le gusta cenar? ¿Son diferentes las horas de las comidas aquí que en los países hispánicos?

2. ¿Cuántas veces ha viajado Ud. a un país extranjero? ¿Cuántas veces ha tenido a un extranjero como invitado en casa? ¿Tiene a veces fiestas en su casa o prefiere salir a celebrarlas?

3. ¿Tiene Ud. mucho tiempo libre aquí? ¿Qué le gusta hacer en su tiempo libre?

E. Describa las siguientes ilustraciones usando **hora/tiempo/vez**.

Creación ● ● ● ● ●

Escriba un párrafo describiendo la celebración más extraña a la que Ud. ha asistido en su vida o una fiesta por sorpresa.

▼▲▼ ¡Ay, papi, no seas coca-colero! ▼▲▼ ▼▲▼
Luis Fernández Caubí

Palabra por palabra ● ● ● ● ●

el **esfuerzo**	effort
llorar	to cry
el **puesto**	job
tardar (en)	to take time
trabajar*	to work

● ●

en cuanto	as soon as
tener éxito*	to be successful

Práctica

1. En parejas, contesten las siguientes preguntas. Atención a las palabras del vocabulario.

   a. ¿Llora Ud. al irse de su casa? ¿Al despedirse de sus amigos? ¿Cuándo y por qué lloró Ud. la última vez?

   b. ¿Cree Ud. que sea fácil o que requiera mucho esfuerzo adaptarse a otro modo de vida? Explique con detalles.

   c. ¿Cuál fue su primer puesto? ¿Cómo lo consiguió? ¿Cuánto tardó en encontrarlo? ¿Tuvo éxito en ese trabajo?

2. Describan las siguientes ilustraciones usando palabras del vocabulario.

Repaso gramatical: El subjuntivo con verbos de deseo, voluntad y emoción
El presente perfecto de subjuntivo
La desinencia -ero/a

Introducción ● ● ● ● ●

Luis Fernández Caubí escribe para *El Diario de Las Américas,* un periódico en español de Miami. Cubano de nacimiento, Fernández Caubí relata una anécdota autobiográfica que le sucedió durante sus primeros meses como exiliado político en Estados Unidos. Aunque el proceso de integración de cada inmigrante a una nueva cultura es algo muy personal, el primer contacto está siempre lleno de sorpresas. En esta selección se presentan las reacciones de dos personajes de distintas edades.

Alto ● ● ● ● ●

1. ¿Qué le sugiere el título acerca del tema y los protagonistas de este cuento?
2. ¿Quién tarda más, generalmente, en adaptarse a un nuevo ambiente, un adulto, un joven o un niño? ¿Qué factores aceleran o retardan el proceso de adaptación?
3. Si Ud. tuviera que ir a otro país, ¿qué tipo de trabajo podría conseguir? ¿Aceptaría cualquier puesto al principio?

▼▲▼ ¡Ay, papi, no seas coca-colero! ▼▲▼ ▼▲▼

En aquellos primeros días de exilio, un buen amigo de la infancia, Abelardo Fernández Angelino, me abrió las puertas de la producción en este mercado afluyente y capitalista de los Estados Unidos. Me llevó a una oficina donde no **tardaron** dos minutos **en** darme mi Social Security y de allí fuimos a una embotelladora[1] de Coca-Cola situada en el noroeste, donde me esperaba un trabajo de auxiliar[2] en un camión. *Come on, Al,* le dijo el capataz,[3] *This is an office man, he will never make it in the field.* Pero Abelardo, ahora convertido en Al, insistió: *Don't worry, I'll help him out.* Y me dieron el **puesto.**

Y con el **puesto** me dieron un uniforme color tierra[4] con un anuncio de Coca-Cola a la altura del corazón y me montaron[5] en un camión lleno de unos cilindros metálicos, duros y fríos.

Para centenares[6] de personas los cilindros significarían una pausa refrescante; a mí se me convirtieron en callos[7] en las manos, dolores en la espalda, martirio en los pies y trece benditos dólares en el bolsillo[8] vacío. Era 1961. Todo el mundo hablaba de los ingenios[9] y las riquezas que tuvieron en Cuba. Yo, por mi parte, tenía el **puesto** de auxiliar del camión conseguido por Abelardito, a regalo y honor dispensado por la vida.

Sucede que yo no había tenido otro ingenio[10] en Cuba que el muy poco que quiso Dios ponerme en la cabeza. Pero, sí tenía una práctica profesional de abogado que me permitía y me obligaba a andar siempre vestido de cuello y corbata[11] y con trajes finos.

En fin, volviendo al tema, que cuando llegué a mi casa, entrada la tarde,[12] con mi traje color

---

1. **embotelladora** bottling plant   2. **auxiliar** assistant   3. **capataz** foreman   4. **color tierra** khaki   5. **me montaron** put me
6. **centenares** hundreds   7. **callos** callouses   8. **bolsillo** pocket   9. **ingenios** sugar plantations   10. **ingenio** wit *(pun intended)*   11. **cuello y corbata** shirt and tie   12. **entrada la tarde** late afternoon

tierra, mis manos adoloridas, el lumbago a millón,[13] la satisfacción de haberle
demostrado al capataz que *I could do it*
y los trece dólares bailándome en el
bolsillo, me recibió mi hija de cuatro
años. **En cuanto** me vio, empezó a **llorar** como una desesperada al tiempo
que me decía,

— Ay, papi, yo no quiero que tú seas
coca-colero.

Me estremecí.[14] Pensé que le había
impresionado[15] el contraste entre el traje
fino y el uniforme color tierra y comencé
a consolarla. Yo tenía que **trabajar,** estaba feliz con mi camión, los cilindros no
eran tan pesados…trataba de convencerla mientras, desde el fondo del alma, le deseaba las siete plagas[16] a Kruschev, a Castro y a
todos los jefes políticos que en el mundo han sido.[17] Mis **esfuerzos** no **tuvieron éxito.** Mi
tesorito[18] seguía llorando al tiempo que repetía:

— Papi, papi, yo no quiero que tú seas coca-colero.

Pero, en la vida todo pasa, hasta el llanto. Y cuando se recuperó de las lágrimas, con los ojitos brillosos y las mejillas mojadas[19] me dijo:

— Papi, papi, yo no quiero que tú seas coca-colero; yo quiero que tú seas pepsi-colero.

Y, no obstante[20] el lumbago, los callos y la fatiga, por primera vez desde mi llegada a Miami
pude disfrutar de una refrescante carcajada.[21]

---

13. el lumbago a millón my back aching   **14. me estremecí** I shuddered   **15. impresionado = afectado**   **16. plagas** Biblical
plagues   **17. han sido** that ever were   **18. tesorito** *(fig.)* sweetie   **19. mejillas mojadas** wet cheeks   **20. no obstante** in
spite of   **21. carcajada** burst of laughter

¿Entendido? ● ● ● ● ●

1. ¿Qué sabemos del narrador? ¿Dónde está?
2. Para trabajar en EEUU, ¿qué hay que tener?
3. ¿Qué tipo de trabajo encuentra el narrador? ¿Cómo?
4. ¿Por qué no quería darle el puesto el capataz?
5. ¿Qué significan estos cilindros metálicos para muchas personas? ¿Y para el narrador?
6. ¿Qué ocurrió en Cuba en 1959?

7. ¿Qué había hecho el narrador en Cuba?
8. ¿Cuál es la reacción de su hija de cuatro años cuando el narrador llegó a casa?
9. ¿Por qué piensa el narrador que está tan triste su hija? De verdad, ¿por qué está descontenta ella?
10. ¿Cuál es la reacción del padre?

En mi opinión ● ● ● ● ●

1. ¿Qué quería ser Ud. cuando era pequeño/a? ¿Cómo han cambiado sus aspiraciones a través de los años?
2. ¿Se avergüenza Ud. *(are you embarrassed)* a veces de algo que hace su familia? ¿Por qué?
3. ¿Hay problemas de comunicación entre las generaciones en su familia? ¿Qué quieren sus padres que Ud. estudie? ¿Se enfadarían sus padres si Ud. estudiara otra cosa? ¿Si Ud. dejara de estudiar?
4. ¿Son los niños pequeños adorables u odiosos? ¿Cómo afecta nuestro carácter el ser hijo/a único/a o el tener más hermanos?
5. ¿Sabe Ud. qué es el bilingüismo? ¿Debe existir en EEUU? ¿Hasta qué punto deben los inmigrantes mezclarse o mantener su cultura?

En (inter)acción ● ● ● ● ●

1. En los anuncios clasificados del periódico a continuación busque un empleo para el protagonista del cuento y explique por qué sería bueno para él. ¿Cuál es un puesto que el protagonista no podría aceptar? Recuerde que aún no habla inglés.

2. Con un/a compañero/a, tengan una entrevista de trabajo para uno de los puestos que aparecen en el periódico. Decidan entre ustedes quién va a ser el jefe y quién el solicitante.

3. En parejas, imaginen que ustedes son inmigrantes en EEUU, que están solicitando la famosa tarjeta verde (es decir, el permiso de residir y trabajar en el país). Escriban dos razones por las que su vida es mejor aquí. Mencionen también de qué país vienen y dos aspectos que echan de menos de su tierra natal.

Mejor dicho ● ● ● ● ●

A. Lograr/tener éxito. Lograr significa *to succeed in, manage.* En español va seguido de un infinitivo.

Logré terminar mi composición a tiempo.

Tener éxito significa *to be successful.* Va seguido de las preposiciones **en** o **con** cuando hay un sustantivo detrás.

en + cosas   **con** + personas
Mi hijo **tiene éxito en** los deportes y **con** sus amigos.
Mis esfuerzos no **tuvieron éxito.**

CUIDADO: **Suceder** no significa nunca *to be successful.*

B. Trabajar/funcionar. Ambos verbos expresan *to work.* El sujeto gramatical del verbo **trabajar** es un ser humano y el del verbo **funcionar** es una máquina.

Yo tenía que **trabajar** todos los sábados.
El camión de reparto no **funciona.** Está roto.

Práctica

A. En parejas, contesten las preguntas.

1. ¿Logra Ud. hacer mucho de lo que se propone o planea? ¿Hay algo importante que haya logrado ya? ¿Hay algo importante que no haya logrado obtener? Describa el incidente y explique qué aprendió de la experiencia.

2. ¿Qué significa para Ud. *tener éxito*? ¿Es el concepto norteamericano del éxito diferente del de otras naciones? Dé algunos ejemplos. ¿Es su concepto del éxito diferente al de sus amigos? ¿Y al de sus padres? Explique.

B. En parejas, contesten las preguntas.

1. ¿A Ud. le gusta trabajar o descansar durante las vacaciones? ¿Por qué? ¿Trabaja su madre fuera de casa? ¿Desde cuándo? ¿Le parece bueno o malo que las madres trabajen?

2. ¿Funciona bien su coche? ¿Y su computadora? ¿Y su bicicleta? ¿Sabe Ud. arreglarlos si no funcionan? ¿Le gusta ese tipo de trabajo?

C. **¿Trabaja o funciona?**

Cada estudiante debe decir en voz alta el nombre de una profesión, de una máquina o de un instrumento. Nadie debe repetir la misma palabra. Los demás estudiantes deben responder con "trabaja" o "funciona".

Modelo: **E1:** El teléfono
Todos: *Funciona*
E2: La recepcionista
Todos: *Trabaja*

Creación ● ● ● ● ●

1. Vuelva a escribir o a contar el cuento desde el punto de vista de la niña. Explique por qué Ud. cree que ella prefiere la Pepsi-Cola.
2. Escriba un cuento distinto usando el título de esta lectura.
3. Cuente algo que Ud. no quiere que haga su madre o su padre.
4. Escriba dos anuncios para el periódico, uno pidiendo trabajo para sí mismo, otro ofreciendo trabajo a otra persona (imagine que Ud. es presidente/a de una compañía). Trate de usar las palabras del vocabulario.

▼▲▼ El etnógrafo ▼▲▼ ▼▲▼
Jorge Luis Borges

Palabra por palabra ● ● ● ● ●

aconsejar	to advise
atar	to tie, bind
comprobar	to verify
confiar	to trust
la **historia***	history, story
la **nostalgia**	longing
rechazar*	to reject
el **vínculo**	bond

de una manera	in a way

Práctica

En parejas, contesten las preguntas. Atención a las palabras del vocabulario.

1. ¿Es fácil formar vínculos con gente muy distinta de nosotros? ¿Gente de otro país, raza, cultura, clase social, edad?
2. ¿Confía Ud. en el azar o en la suerte para tomar sus decisiones? ¿Pide a otros que lo/a aconsejen? ¿A quiénes?
3. ¿Qué cosas o situaciones le producen nostalgia?
4. ¿Le molesta sentirse atado? ¿Rechaza situaciones que lo atan a un lugar, a una persona, a unas responsabilidades?
5. ¿Comprueba Ud. alguna vez lo que dicen su cuenta de banco, las noticias, los libros, los anuncios comerciales? ¿Se pueden comprobar las estadísticas fácilmente? ¿Cómo?

Repaso gramatical: El subjuntivo con verbos de petición y mandato
El imperfecto de subjuntivo
Prefijos y sufijos

Introducción • • • • •

Jorge Luis Borges (1899–1986), uno de los escritores latinoamericanos más traducidos a otras lenguas, es célebre por la complejidad filosófica y literaria de sus cuentos. Las narraciones borgianas cautivan a los lectores por las cuestiones que exploran y por las múltiples y personales interpretaciones que admiten.

"El etnógrafo" trata de un estudiante norteamericano que vive con una tribu de indios, y de los cambios que esta convivencia provoca en su existencia.

Todas las referencias que hay en el cuento al tipo de vida de los indios coinciden con la información que el antropólogo norteamericano George Peter Murdock (antiguo profesor de Yale) ofrece en su libro *Our Primitive Contemporaries* (1934) sobre los indios Asparoke o Crow.

Alto • • • • •

Por lo general sólo los exiliados políticos se ven forzados a convivir con otras culturas. Por eso, a menudo, esa situación les causa gran amargura y nostalgia. Para la mayoría de las demás personas, sin embargo, se trata de una opción voluntaria, por razones familiares, económicas, profesionales, o por pura aventura. Si Ud. tuviera que pasar un año entre otras gentes, ¿a dónde iría y por qué?

▼▲▼ El etnógrafo ▼▲▼ ▼▲▼

El caso me lo refirieron en Texas, pero había acontecido[1] en otro estado. Cuenta con[2] un solo protagonista, salvo[3] que en toda **historia** los protagonistas son miles, visibles e invisibles, vivos y muertos. Se llamaba, creo, Fred Murdock. Era alto a la manera americana, ni rubio ni

---

1. **acontecido** = ocurrido   2. **cuenta con** = tiene   3. **salvo** = excepto

moreno, de perfil de hacha,[4] de muy pocas palabras. Nada singular había en él, ni siquiera[5] esa fingida[6] singularidad que es propia de los jóvenes. Naturalmente[7] respetuoso, no descreía[8] de los libros ni de quienes escriben los libros. Era suya esa edad en que el hombre no sabe aún quién es y está listo a entregarse[9] a lo que le propone el azar: la mística del persa[10] o el desconocido origen del húngaro, las aventuras de la guerra o el álgebra, el puritanismo o la orgía. En la universidad le **aconsejaron** el estudio de las lenguas indígenas. Hay ritos esotéricos[11] que perduran en ciertas tribus del oeste; su profesor, un hombre entrado en años,[12] le propuso que hiciera su habitación[13] en una toldería,[14] que observara los ritos y que descubriera el secreto que los brujos[15] revelan al iniciado. A su vuelta, redactaría una tesis que las autoridades del instituto darían a la imprenta. Murdock aceptó con alacridad.[16] Uno de sus

El etnógrafo, *David Alfaro Siqueiros*

mayores[17] había muerto en las guerras de la frontera; esa antigua discordia de sus estirpes[18] era un **vínculo** ahora. Previó,[19] sin duda, las dificultades que lo aguardaban;[20] tenía que lograr que los hombres rojos[21] lo aceptaran como uno de los suyos. Emprendió[22] la larga aventura. Más de dos años habitó en la pradera,[23] bajo toldos de cuero[24] o a la intemperie.[25] Se

---

4. perfil de hacha sharp profile   **5. ni siquiera** not even   **6. fingida** fake   **7. naturalmente** = de naturaleza   **8. descreía** disbelieved   **9. entregarse** to surrender   **10. persa** Persian   **11. esotéricos** = secretos   **12. entrado en años** = viejo   **13. hiciera su habitación** = viviera   **14. toldería** = campamento de indios   **15. brujos** shamans   **16. con alacridad** readily   **17. mayores** = antepasados   **18. estirpes** = antepasados   **19. previó** foresaw   **20. aguardaban** = esperaban   **21. los hombres rojos** natives   **22. emprendió** undertook   **23. pradera** prairie   **24. toldos de cuero** tepees   **25. a la intemperie** unsheltered

levantaba antes del alba,[26] se acostaba al anochecer,[27] llegó a soñar en un idioma que no era el de sus padres. Acostumbró su paladar[28] a sabores ásperos,[29] se cubrió con ropas extrañas, olvidó los amigos y la ciudad, llegó a pensar **de una manera** que su lógica **rechazaba.**

Durante los primeros meses de aprendizaje[30] tomaba notas sigilosas,[31] que rompería después, acaso[32] para no despertar la suspicacia[33] de los otros, acaso porque ya no las precisaba.[34] Al término de[35] un plazo prefijado[36] por ciertos ejercicios, de índole[37] moral y de índole física, el sacerdote[38] le ordenó que fuera recordando sus sueños y que se los **confiara** al clarear el día.[39] **Comprobó** que en las noches de luna llena soñaba con bisontes.[40] **Confió** estos sueños repetidos a su maestro; éste acabó por revelarle su doctrina secreta. Una mañana, sin haberse despedido[41] de nadie, Murdock se fue.

En la ciudad, sintió la **nostalgia** de aquellas tardes iniciales de la pradera en que había sentido, hace tiempo, **nostalgia** de la ciudad. Se encaminó[42] al despacho[43] del profesor y le dijo que sabía el secreto y que había resuelto[44] no publicarlo.

— ¿Lo **ata** su juramento?[45] — preguntó el otro.

— No es ésa mi razón — dijo Murdock—. En esas lejanías[46] aprendí algo que no puedo decir.

— ¿Acaso el idioma inglés es insuficiente? — observaría el otro.

— Nada de eso, señor. Ahora que poseo el secreto, podría enunciarlo de cien modos distintos y aun contradictorios. No sé muy bien cómo decirle que el secreto es precioso y que ahora la ciencia, nuestra ciencia, me parece una mera frivolidad.

Agregó[47] al cabo de[48] una pausa:

— El secreto, por lo demás,[49] no vale lo que valen los caminos que me condujeron a él. Esos caminos hay que andarlos.

El profesor le dijo con frialdad:

— Comunicaré su decisión al Consejo. ¿Usted piensa vivir entre los indios?

Murdock le contestó:

— No. Tal vez no vuelva a la pradera. Lo que me enseñaron sus hombres vale para cualquier lugar y para cualquier circunstancia.

Tal fue, en esencia, el diálogo. Fred se casó, se divorció y es ahora uno de los bibliotecarios de Yale.

---

26. alba dawn   27. anochecer nightfall   28. paladar palate   29. sabores ásperos harsh flavors   30. aprendizaje apprenticeship   31. sigilosas cautious   32. acaso = quizás   33. suspicacia = sospecha   34. precisaba = necesitaba   35. al término de = al final de   36. plazo prefijado prearranged date   37. índole = tipo   38. sacerdote priest   39. al clarear el día at dawn   40. bisontes = búfalos   41. despedido said goodbye   42. se encaminó = caminó hacia   43. despacho = oficina   44. resuelto = decidido   45. lo ata … are you bound to silence?   46. lejanías = lugares lejanos   47. agregó = añadió   48. al cabo de = al final de   49. por lo demás besides

¿Entendido? • • • • •

1. ¿Cómo conoció el narrador la historia de Fred Murdock?
2. Describa el físico y la personalidad de Murdock.
3. ¿Por qué fue a vivir Murdock con los indios?
4. ¿Qué cambios sufrió en los dos años que vivió en la toldería?
5. ¿Por qué no le revela Fred Murdock el secreto al profesor?
6. El final ¿es sorprendente? ¿Cómo lo interpreta Ud.?
7. Explique el significado de las siguientes oraciones:

   a. "Era suya esa edad en que el hombre no sabe aún quién es y está listo a entregarse a lo que le propone el azar."
   b. "…llegó a pensar de una manera que su lógica rechazaba."

En mi opinión • • • • •

1. ¿Cree Ud. que el cuento sería diferente si Fred Murdock hubiese sido mayor cuando convivió con los indios? ¿Y si hubiese sido un niño? ¿Es diferente la reacción que manifiesta una persona a otra cultura según la edad que tiene?
2. Borges presenta en el cuento una experiencia vivida por muchas personas: la inmersión en otra cultura. ¿En qué parte del cuento sugiere esta idea el autor? ¿Qué razones existen para que un individuo tenga contactos con otro sistema cultural? Revise los textos que ha leído hasta ahora para dar una respuesta.
3. En su opinión, ¿cuál podría ser el contenido del secreto? ¿Qué desea expresar Murdock al decir que "la ciencia, nuestra ciencia, me parece una mera frivolidad"? ¿Qué sugiere el hecho de que termine trabajando como bibliotecario?
4. ¿En qué sería distinta la experiencia de alguien del Tercer Mundo que emigrara a Estados Unidos de la del que experimentara el cambio al revés? ¿Ha visto Ud. alguna película en que se refleje alguna de estas dos situaciones?

En (inter)acción • • • • •

En Estados Unidos los jóvenes suelen ir a una universidad lejos de su casa. ¿Ha representado ese cambio geográfico una transformación psicológica para Ud.? ¿Ha tenido momentos de descubrimiento, de miedo, de choque? Coméntenlos en grupos.

Mejor dicho • • • • •

A. **Historia/cuento/cuenta/contar.** La palabra **historia** significa *history* y *story*. **El cuento** es *short story* y *tale*. *To tell a story* se dice en español **contar un cuento. La cuenta** es *the bill.*

En toda **historia** hay muchos protagonistas.
"El etnógrafo" es un **cuento** de Jorge Luis Borges.
A Borges le encantaba **contar cuentos.**
La **cuenta** del gas fue de dos mil pesos.

B. Rechazar/no querer/negarse a. Rechazar se traduce al inglés por *to reject* y siempre va acompañado de un sustantivo. **No querer** y **negarse a** significan *to refuse* (**no querer** solamente cuando se usa en pretérito). Los dos van seguidos de infinitivos.

> Su lógica **rechazaba** la manera de pensar de los indios.
> Murdock **no quiso/se negó a** revelar el secreto.

Práctica

A. En parejas, contesten las preguntas.

1. ¿Le parece a Ud. interesante la historia de su propia vida? ¿Le gusta contarla?
2. ¿Quién le contaba cuentos cuando era pequeño/a? ¿Le gustan más las historias verdaderas o los cuentos de ficción? ¿Prefiere Ud. leer novelas o (las) cuentas?
3. Cuéntele a la clase un momento de su vida en que tuvo
     miedo   vergüenza   orgullo
4. ¿Cómo se puede pagar la cuenta en los sitios siguientes?
     a. un restaurante   b. un mercado   c. Wendy's   d. una tienda de ropa
     e. el cine

B. En parejas, inventen frases que expliquen las ilustraciones siguientes. Usen las palabras **cuento, historia** y **cuenta.**

C. En parejas, contesten las preguntas.

1. ¿Ha rechazado Ud. un regalo alguna vez? ¿Un premio? ¿Por qué?
2. ¿Qué se niega Ud. a hacer un sábado por la noche? ¿Qué se niega Ud. a hacer solo/a?
3. De niño/a, ¿qué no quiso Ud. comer nunca? ¿O aprender, o hacer?

Creación ● ● ● ● ●

1. Escriba un final diferente para el cuento de Borges.
2. Suponga que Ud. es el profesor o la madre de Fred Murdock. Escriba un párrafo reaccionando a su actitud y decisiones.

3. Escríbales una carta a sus padres explicándoles por qué ha decidido no ejercer su carrera. Razone que Ud. ha pasado años estudiando leyes, o medicina o negocios y ahora quiere hacer otra cosa con su vida.

▼▲▼ En resumen ▼▲▼ ▼▲▼

1. Imagine que un/a amigo/a tiene que vivir un año en un país hispánico y le pide consejos sobre lo que debe hacer, llevar, saber para disfrutarlo. Escríbale una carta explicándole qué haría Ud. en sus circunstancias y comentando un poco la realidad y la cultura hispánicas. ¿Qué recomendaría Ud. en el caso opuesto de un hispano que viniera a Estados Unidos?
2. Analice el siguiente poema a la luz de los contrastes culturales. Comente el lugar, los personajes, la situación.

Nocturno chicano
Margarita Cota-Cárdenas

Margarita Cota-Cárdenas (1941) nació en un pueblecito de California cercano a la frontera de México, de donde es su familia. Es poeta, co-fundadora de Scorpion Press, que publica poesía bilingüe de mujeres, y profesora de literatura en una universidad de Arizona.

cuando éramos niños
el plonquito° y yo   *mi hermano*
no había
sirenas
por la noche
por el día
de bomberos
de ambulancias
de la policía
aterrorizando asustando
a los grandes
a los jóvenes
y a los hermanitos
sólo había   bastaba
          "LA MIGRA"

▼▲▼ En conclusión ▼▲▼ ▼▲▼

Se pueden hacer oralmente o emplearse como temas de composición.

1. Los deportes son también un aspecto muy revelador de una cultura. En grupos pequeños, comparen el fútbol norteamericano con el europeo *(soccer)*. ¿Cómo se reflejan en ellos la distinta mentalidad de las naciones?

2. Lo diferente siempre nos afecta radicalmente al entrar en contacto con ello. ¿Cuál debe ser nuestra actitud?

3. No solamente lo que se come y cuándo se come, sino el mismo modo de comer (la manera de usar los cubiertos, por ejemplo) es distinta en Estados Unidos y en el mundo hispánico. ¿Lo sabía Ud.? ¿Podría explicar la diferencia?

4. Compare y contraste cinco aspectos de la vida en los Estados Unidos y en los países hispánicos.

5. ¿Conoce Ud. algún contraste cultural importante que no se haya discutido en esta unidad?

UNIDAD 3

Los derechos humanos

En Estados Unidos los ciudadanos gozan de libertades garantizadas por la constitución. Pueden criticar al presidente, practicar la religión de su preferencia, entrar y salir del país cuando quieren. Por otra parte, el gobierno no puede encarcelar a ningún ciudadano ni registrar (*search*) su casa sin la documentación adecuada. Cualquiera que sea arrestado/a tiene derecho a saber la razón de su detención y a tener representación legal.

Estos derechos, que muchos norteamericanos dan por sentado (*take for granted*), no son automáticos en otros países. Desafortunadamente, a lo largo de su historia muchas naciones hispánicas han tenido gobiernos dictatoriales bajo los cuales la vida es terrible. Entre sus víctimas se encuentran no sólo los muertos y los prisioneros sino también sus familiares, quienes sufren directa o indirectamente las consecuencias de la violencia institucionalizada.

Las selecciones de esta unidad presentan diversas experiencias humanas vividas en algunos países latinoamericanos bajo regímenes políticos antidemocráticos. No ha sido posible incluir lecturas de

Las madres de los desaparecidos en una manifestación callejera

169

todos los países hispánicos que han sufrido este tipo de gobierno por razones de espacio.

La primera parte, **Civiles y militares,** consta de dos cuentos, "Un día de éstos" y "Espuma y nada más". En ellos se dramatiza la oposición ideológica y vital entre un militar y un civil. Por otro lado, estos cuentos y la canción "La vida no vale nada" expresan la responsabilidad que tiene cada individuo de transformar y mejorar la sociedad en que vive.

En la segunda sección, **Los desaparecidos,** las lecturas *Preso sin nombre, celda sin número,* "Dos más dos" y "Testamento" tienen como protagonistas a presos políticos. Ellos nos relatan el tratamiento que recibieron en cárceles clandestinas. La canción "Uno más uno" expresa el ferviente pero fútil deseo de que todas las personas desaparecidas regresen algún día.

Los dos poemas siguientes, "Margarita Naranjo" e "Identidad", presentan las reacciones de distintas mujeres a la pérdida de sus seres queridos, bien sea porque han desaparecido, están presos o han sido asesinados. La canción "Ellas danzan solas" alude también a la penosa situación de estas mujeres.

La historia "Los mejor calzados" trata de los efectos deshumanizantes que tiene la violencia política en un grupo de ciudadanos. Tan incomprensible y absurda resulta la reacción de estos personajes como la del militar que aparece en la tira cómica "Los pájaros y la libertad de expresión".

La última parte, **Aperturas,** ofrece ciertos aspectos positivos, nunca totalmente ausentes aun en las situaciones más trágicas. *Un día en la vida* plantea la función y posición de un sector de la Iglesia Católica en los países con gobiernos dictatoriales. La canción "Credo" expone musicalmente las ideas expresadas en el texto anterior conocidas como "teología de la liberación".

El texto "¿De qué se ríen?" recoge una serie de chistes políticos que nos muestra una posible y frecuente forma de resistencia a los abusos del poder.

Que yo sepa ● ● ● ● ●

1. ¿Qué exactamente entiende Ud. por derechos humanos?
2. ¿Por qué deben preocuparnos las violaciones a los derechos humanos en otros países? ¿Existen violaciones a los derechos humanos en Estados Unidos?
3. Mencione algunos casos de violaciones a los derechos humanos en la historia.
4. ¿Está Ud. de acuerdo o no con lo que dice el cartel de la página siguiente? ¿A qué debemos dedicar la mayor parte del presupuesto (*budget*) nacional, a la defensa militar o a la educación?

Será magnífico el día
cuando
nuestras escuelas
reciban todo el dinero
que necesitan,
y el ejército aéreo
tenga que organizar
una rifa
para comprar
un avión
de bombardero

CIVILES Y MILITARES

▼▲▼ **Un día de éstos** ▼▲▼ ▼▲▼
Gabriel García Márquez

Palabra por palabra ● ● ● ● ●

acercarse a	to approach
el alcalde	mayor
despedirse de	to say goodbye to
doler*	to ache, hurt
el **dolor**	pain
parecer*	to seem, look

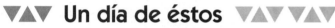

pegarle un tiro a alguien	to shoot someone
sacar un diente/una muela	to pull a tooth/molar

* Estas palabras aparecen explicadas en **Mejor dicho.**

Práctica

En parejas, contesten las preguntas. Atención a las palabras del vocabulario.

1. ¿Qué hace Ud. cuando tiene un dolor muy fuerte? ¿Qué tipo de dolor le molesta más? ¿Cuál le preocupa más? ¿Aguanta Ud. bien el dolor o no?

2. ¿Qué funciones tienen los alcaldes? ¿Cómo se llama el alcalde o la alcaldesa de su ciudad? ¿Lo/la conoce? ¿Cómo se llaman algunos de los alcaldes o alcaldesas más famosos/as?

3. Exprese con gestos o verbalmente cómo se despiden dos amigos, dos novios, dos militares, Ud. y su madre o su padre.

Repaso gramatical: Verbos de comunicación con el indicativo y con el subjuntivo

Introducción • • • • •

El autor colombiano Gabriel García Márquez (1928), ganador del premio Nobel de Literatura en 1982, ha alcanzado fama mundial. Su novela *Cien años de soledad* se considera una de las obras maestras de las letras latinoamericanas.

"Un día de éstos" (1962) pone en evidencia la enemistad existente entre el alcalde de un pueblo y el dentista cuando el primero visita al segundo y solicita sus servicios.

Gabriel García Márquez, autor de "Un día de éstos"

Alto • • • • •

1. ¿Por qué motivos vamos al dentista? ¿Va Ud. sólo cuando le duele una muela o se le ha roto un diente?
2. ¿Cómo se manifiesta la enemistad entre dos personas?
3. ¿Tiene su familia un revólver en casa? ¿Por qué sí/no?

▼▲▼ Un día de éstos ▼▲▼ ▼▲▼

El lunes amaneció[1] tibio[2] y sin lluvia. Don Aurelio Escovar, dentista sin título y buen madrugador,[3] abrió su gabinete[4] a las seis. Sacó de la vidriera[5] la dentadura postiza[6] montada aún en el molde de yeso[7] y puso sobre la mesa un puñado[8] de instrumentos que ordenó de mayor a menor como en una exposición. Llevaba una camisa a rayas, sin cuello,[9] cerrada arriba con un botón dorado, y los pantalones sostenidos con cargadores elásticos. Era rígido, enjuto,[10] con una mirada que raras veces correspondía a la situación, como la mirada de los sordos.[11]

Cuando tuvo las cosas dispuestas[12] sobre la mesa rodó[13] la fresa[14] hacia el sillón de resortes[15] y se sentó a pulir[16] la dentadura postiza. **Parecía** no pensar en lo que hacía, pero trabajaba con obstinación, pedaleando en la fresa incluso cuando no se servía de ella.

Después de las ocho hizo una pausa para mirar el cielo por la ventana y vio dos gallinazos[17] pensativos que se secaban al sol en el caballete[18] de la casa vecina. Siguió trabajando con la idea de que antes del almuerzo volvería a llover. La voz destemplada[19] de su hijo de once años lo sacó de la abstracción.[20]

— Papá.

— Qué.

— Dice el **alcalde** que si le **sacas una muela.**

— Dile que no estoy aquí.

Estaba puliendo un diente de oro. Lo retiró a la distancia[21] del brazo y lo examinó con los ojos a medio cerrar. En la salita de espera volvió a gritar su hijo.

— Dice que sí estás porque te está oyendo.

El dentista siguió examinando el diente. Sólo cuando lo puso en la mesa con los trabajos terminados, dijo:

— Mejor.

Volvió a operar la fresa. De una cajita de cartón[22] donde guardaba las cosas por hacer, sacó un puente[23] de varias piezas y empezó a pulir el oro.

— Papá.

— Qué.

Aún no había cambiado de expresión.

— Dice que si no le **sacas la muela te pega un tiro.**

---

1. amaneció dawned   2. tibio warm   3. madrugador early riser   4. gabinete = oficina   5. vidriera glass case   6. dentadura postiza false teeth   7. molde de yeso plaster mold   8. puñado handful   9. cuello collar   10. enjuto = muy delgado   11. sordos deaf   12. dispuestas = arregladas   13. rodó rolled   14. fresa dentist's drill   15. sillón de resortes adjustable chair   16. pulir to polish   17. gallinazos buzzards   18. caballete roof ridge   19. destemplada off-key   20. abstracción = concentración   21. retiró a la distancia held at a distance   22. cajita de cartón small cardboard box   23. puente (dental) bridge

Sin apresurarse,[24] con un movimiento extremadamente tranquilo, dejó de pedalear la fresa, la retiró del sillón y abrió por completo la gaveta inferior[25] de la mesa. Allí estaba el revólver.

— Bueno — dijo—. Dile que venga a **pegármelo.**

Hizo girar[26] el sillón hasta quedar de frente a la puerta, la mano apoyada[27] en el borde de la gaveta. El alcalde apareció en el umbral.[28] Se había afeitado la mejilla[29] izquierda, pero en la otra, hinchada[30] y dolorida, tenía una barba de cinco días. El dentista vio en sus ojos marchitos[31] muchas noches de desesperación. Cerró la gaveta con la punta de los dedos y dijo suavemente:

— Siéntese.

— Buenos días —dijo el alcalde.

— Buenos —dijo el dentista.

Mientras hervían[32] los instrumentos, el alcalde apoyó el cráneo[33] en el cabezal de la silla y se sintió mejor. Respiraba un olor glacial.[34] Era un gabinete pobre: una vieja silla de madera, la fresa de pedal, y una vidriera con pomos de loza.[35] Frente a la silla, una ventana con un cancel

---

24. **sin apresurarse** = sin prisa   25. **gaveta inferior** lower drawer   26. **hizo girar** turned   27. **apoyada** leaning   28. **umbral** threshold   29. **mejilla** cheek   30. **hinchada** swollen   31. **marchitos** = cansados   32. **hervían** were boiling   33. **cráneo** = cabeza   34. **glacial** = frío   35. **pomos de loza** porcelain bottles

de tela[36] hasta la altura de un hombre. Cuando sintió que el dentista **se acercaba,** el alcalde afirmó los talones[37] y abrió la boca.

Don Aurelio Escovar le movió la cara hacia la luz. Después de observar la muela dañada,[38] ajustó la mandíbula[39] con una cautelosa presión[40] de los dedos.

— Tiene que ser sin anestesia —dijo.

— ¿Por qué?

— Porque tiene un absceso.

El alcalde lo miró en los ojos.

— Está bien —dijo, y trató de sonreír.

El dentista no le correspondió. Llevó a la mesa de trabajo la cacerola[41] con los instrumentos hervidos[42] y los sacó del agua con unas pinzas[43] frías, todavía sin apresurarse. Después rodó la escupidera[44] con la punta del zapato y fue a lavarse las manos en el aguamanil. Hizo todo sin mirar al alcalde. Pero el alcalde no lo perdió de vista.[45]

Era un cordal[46] inferior. El dentista abrió las piernas y apretó[47] la muela con el gatillo[48] caliente. El alcalde se aferró[49] a las barras de la silla, descargó[50] toda su fuerza en los pies y sintió un vacío[51] helado en los riñones,[52] pero no soltó un suspiro.[53] El dentista sólo movió la muñeca.[54] Sin rencor, más bien con una amarga ternura,[55] dijo:

— Aquí nos paga veinte muertos, teniente.[56]

El alcalde sintió un crujido de huesos[57] en la mandíbula y sus ojos se llenaron de lágrimas. Pero no suspiró hasta que no sintió salir la muela. Entonces la vio a través de las lágrimas. Le **pareció** tan extraña a su **dolor,** que no pudo entender la tortura de sus cinco noches anteriores. Inclinado[58] sobre la escupidera, sudoroso, jadeante,[59] se desabotonó la guerrera[60] y buscó a tientas el pañuelo[61] en el bolsillo del pantalón. El dentista le dio un trapo[62] limpio.

— Séquese las lágrimas.

El alcalde lo hizo. Estaba temblando. Mientras el dentista se lavaba las manos, vio el cielorraso desfondado[63] y una telaraña polvorienta[64] con huevos de araña e insectos muertos. El dentista regresó secándose las manos.

— Acuéstese —dijo— y haga buches[65] de agua de sal.

---

36. cancel de tela cloth screen   **37. afirmó los talones** dug in his heels   **38. dañada** = **infectada**   **39. mandíbula** jaw
40. presión pressure   **41. cacerola** pot   **42. hervidos** = **esterilizados**   **43. pinzas** tongs   **44. escupidera** spittoon
45. no lo perdió de vista did not lose sight of him   **46. cordal** wisdom tooth   **47. apretó** grabbed   **48. gatillo** (dental)
forceps   **49. aferró** held on   **50. descargó** braced   **51. vacío** emptiness   **52. riñones** kidneys   **53. suspiro** sigh
54. muñeca wrist   **55. amarga ternura** bitter sweetness   **56. teniente** lieutenant   **57. crujidos de huesos** crunching of
bones   **58. inclinado** bent over   **59. jadeante** panting   **60. desabotonó la guerrera** unbuttoned his military jacket
61. buscó…el pañuelo groped for a handkerchief   **62. trapo** rag   **63. cielorraso desfondado** crumbling ceiling   **64. telaraña
polvorienta** dusty spiderweb   **65. haga buches** gargle

El alcalde se puso de pie, **se despidió** con un displicente saludo militar, y se dirigió a la puerta estirando[66] las piernas, sin abotonarse la guerrera.

— Me pasa[67] la cuenta —dijo.

— ¿A usted o al municipio?

El alcalde lo miró. Cerró la puerta, y dijo, a través de la red metálica.[68]

— Es la misma vaina.[69]

---

66. estirando stretching   **67. me pasa** = me manda   **68. red** screen   **69. vaina** nuisance, annoyance (*lit.* pod)

¿Entendido? • • • • •

1. ¿Qué hizo ese lunes don Aurelio Escovar?
2. ¿Quién vino a verlo? ¿Para qué?
3. ¿Por qué dijo don Aurelio que no estaba en su gabinete?
4. ¿Cómo consiguió el alcalde lo que quería?
5. ¿Qué hizo el dentista con el revólver?
6. ¿Cuál era el aspecto del alcalde esa mañana?
7. ¿Cómo trató don Aurelio al alcalde?
8. ¿Es posible que el dentista no quisiera usar anestesia por otras razones? Explíquelo.
9. ¿Cómo se comportó el alcalde durante la operación?
10. ¿Qué revela don Aurelio al decir: "Aquí nos paga veinte muertos"?
11. ¿Quién o qué indica en el cuento que el alcalde tiene un cargo militar?
12. Según el dentista, ¿qué debía hacer el alcalde después de la extracción de la muela?
13. ¿Quién va a pagar la cuenta del dentista? Explique la última oración: "Es la misma vaina."
14. ¿Qué significa el título del cuento?

En mi opinión • • • • •

1. ¿Qué tipo de sociedad o conflicto presenta el cuento? ¿Por qué es el alcalde un militar? ¿Abusa de su poder como teniente? ¿Por qué no usa el revólver el dentista? ¿A qué grupo político debe pertenecer el dentista?
2. ¿Qué ideas políticas sugiere el autor? García Márquez ha sido muy buen amigo de Fidel Castro. ¿Es esto contradictorio? ¿Por qué sí o no?
3. Contraste la personalidad de los dos protagonistas. ¿Por quién siente Ud. más simpatía? ¿Y el autor? Explique con detalles.
4. ¿Iría Ud. a un médico o dentista sin título? ¿Pide Ud. un segundo diagnóstico o acepta el primero? ¿Cree que tienen algún mérito otras formas de medicina alternativa (por ejemplo, los quiroprácticos, los curanderos, etc.)?

En (inter)acción ● ● ● ● ●

En defensa propia

En grupos, digan cómo reaccionarían si presenciaran los hechos siguientes. ¿Tomarían la ley en sus propias manos?

1. Va a recoger su coche del aparcamiento y alguien le está robando el radio.
2. Mirando por la ventana de su cuarto, observa que un grupo de jóvenes están rompiendo las farolas (*street lights*).
3. Paseando al perro, Ud. ve a un adulto golpeando a un niño.

Mejor dicho ● ● ● ● ●

A. Parecer/aparecer/parecerse a. **Parecer** significa *to seem, look.*

> **Parecía** no pensar en lo que hacía.

Aparecer significa *to appear, show up.*

> El alcalde **apareció** en el umbral.

Parecerse a significa *to look like.*

> No sé **a** quién **me parezco.**

B. Doler/lastimar/hacer daño. **Doler** significa *to ache or hurt.* El sujeto gramatical es una parte del cuerpo y la persona es el objeto indirecto.

> *Al teniente* le **duele** *una muela.*
>   OBJETO   SUJETO

Lastimar(se) y **hacer daño** significan *to hurt physically or harm.* El sujeto gramatical puede ser una persona o un objeto.

> El dentista **se lastimó** la mano con las pinzas.
> Las fuerzas policiales les **hicieron** muchísimo **daño** a los manifestantes con las porras.

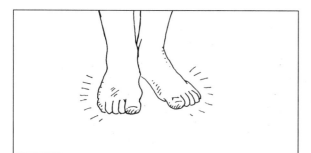

Me duelen los pies.

Los zapatos me hacen daño/lastiman.

Práctica

A. En parejas, contesten las preguntas en relación con el cuento.

1. ¿Qué le parece a Ud. el cuento de García Márquez? ¿Le parece Escovar un buen dentista? ¿Le parece que el teniente puede ser un buen alcalde?

2. ¿Por qué aparece el teniente en el gabinete? ¿Qué tipo de ropa lleva cuando aparece en el umbral? ¿En qué parte del cuento aparece el hijo de Escovar?

3. ¿Se parecen los personajes físicamente? ¿Y en otros aspectos?

B. A todos nos gustaría parecernos a alguien. ¿A quién le gustaría parecerse Ud.? ¿Por qué?

C. En parejas, digan qué parte del cuerpo le duele a alguien cuando realiza las actividades siguientes.

Modelo: bailar mucho → *Le duelen los pies.*

pintar la casa	gritar en un partido de fútbol
correr diez millas	mascar chicle
pensar profundamente	levantar pesas
leer seis horas	

D. En parejas, comenten qué o quién causa dolor a las personas siguientes y, como resultado, qué les duele.

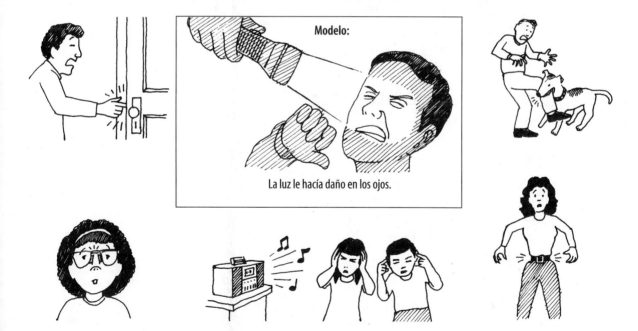

Modelo:

La luz le hacía daño en los ojos.

Creación ● ● ● ● ●

1. Vuelva a escribir "Un día de éstos" desde el punto de vista del hijo del dentista. ¿Cómo les referiría a sus amigos lo que acaba de pasarle a su padre?
2. Describa una visita a su médico, a su dentista, o a alguien en el hospital.

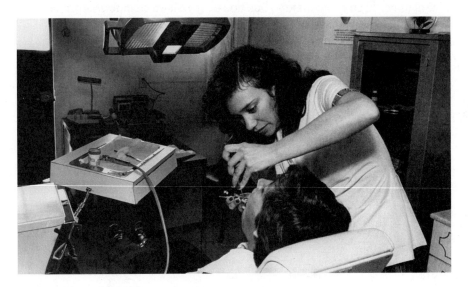

Las clínicas dentales mexicanas disposen de equipo moderno.

▼▲▼ Espuma y nada más ▼▲▼ ▼▲▼
Hernando Téllez

Palabra por palabra ● ● ● ● ●

el/la **asesino/a**	murderer
clandestino/a	underground
colgar	to hang
colocar*	to place
desnudo/a	naked
el **fusilamiento**	execution (by firing squad)
huir	to flee
manchar(se)	to stain (oneself)
ocultar	to hide
orgulloso/a	proud
ponerse a	to begin to
traicionar	to betray

Práctica

En parejas, contesten las preguntas. Atención a las palabras del vocabulario.

1. Nombre algunos asesinos célebres. ¿Hay muchas mujeres asesinas?
2. ¿Qué cárceles famosas hay y por qué lo son? ¿Sabe Ud. si alguien ha podido huir de ellas?
3. Describa una escena de fusilamiento. ¿Es más cruel fusilar, electrocutar o colgar a un/a condenado/a a muerte?
4. ¿De qué está Ud. más orgulloso/a (de su profesión, carácter, logros, aspecto físico) y por qué?
5. ¿Alguna vez sus padres o sus amigos/as le han ocultado a Ud. algo importante? ¿Y Ud., les ha ocultado algo? ¿Por qué motivo? ¿Lo han traicionado alguna vez? ¿Cómo?
6. ¿Ha visto Ud. a alguien desnudo/a en un lugar público? ¿Cómo reaccionó? ¿Hay sitios donde se permite estar desnudo?

Repaso gramatical: El subjuntivo — conjunciones de propósito, excepción y condición
El pluscuamperfecto de subjuntivo
El imperfecto de subjuntivo terminado en -se

Introducción ● ● ● ● ●

Hernando Téllez (1908–1966) dedicó gran parte de su vida al periodismo, pero ocupó también numerosos puestos oficiales en Colombia. Sus cuentos y ensayos muestran un profundo interés por los aspectos sociales, políticos, económicos y culturales de la realidad latinoamericana.

"Espuma y nada más" (1950) tiene lugar en una barbería. Presenta el debate interno de un barbero ante una situación en la que entran en conflicto sus valores personales con los profesionales. Note los factores que afectan su decisión.

Alto ● ● ● ● ●

1. En la vida hay momentos en los que uno hace cosas aunque no tenga ganas de hacerlas. ¿Cuáles son algunas cosas que Ud. ha hecho sin querer?

Muchas barberías conservan todavía su carácter tradicional.

2. ¿Alguna vez ha tenido Ud. que ayudar a alguien antipático? ¿Por qué lo hizo?

3. ¿Qué entiende Ud. por ética? ¿Hay una ética profesional entre los abogados y los médicos? ¿Tienen los estudiantes una ética? ¿Y los profesores?

▼▲▼ Espuma y nada más ▼▲▼ ▼▲▼

No saludó al entrar. Yo estaba repasando[1] sobre una badana[2] la mejor de mis navajas. Y cuando lo reconocí **me puse a** temblar. Pero él no se dio cuenta. Para disimular continué repasando la hoja.[3] La probé luego sobre la yema del dedo gordo[4] y volví a mirarla contra la luz. En ese instante se quitaba el cinturón ribeteado de balas[5] de donde pendía la funda[6] de la pistola. Lo **colgó** de uno de los clavos del ropero y encima **colocó** el kepis.[7] Volvió completamente el cuerpo para hablarme y, deshaciendo el nudo de la corbata, me dijo: "Hace un calor de todos los demonios. Aféiteme." Y se sentó en la silla. Le calculé cuatro días de barba. Los cuatro días de la última excursión en busca de los nuestros. El rostro[8] aparecía quemado, curtido por el sol.[9] **Me puse a** preparar minuciosamente el jabón. Corté unas rebanadas de la pasta,[10] dejándolas caer en el recipiente, mezclé un poco de agua tibia y con la brocha[11] empecé a revolver.[12] Pronto subió la espuma.[13] "Los muchachos de la tropa deben tener tanta barba como yo." Seguí batiendo la espuma. "Pero nos fue bien, ¿sabe? Pescamos[14] a los principales. Unos vienen muertos y otros todavía viven. Pero pronto estarán todos muertos." "¿Cuántos cogieron?"[15] pregunté. "Catorce. Tuvimos que internarnos bastante para dar con[16] ellos. Pero ya la están pagando. Y no se salvará ni uno, ni uno." Se echó para atrás[17] en la silla al verme con la brocha en la mano, rebosante de espuma. Faltaba ponerle la sábana.[18] Ciertamente yo estaba aturdido.[19] Extraje del cajón una sábana y la anudé[20] al cuello de mi cliente. El no cesaba de hablar. Suponía que yo era uno de los partidarios del orden. "El pueblo habrá escarmentado[21] con lo del otro día," dijo. "Sí," repuse[22] mientras concluía de hacer el nudo sobre la oscura nuca[23] olorosa a sudor. "¿Estuvo bueno, verdad?" "Muy bueno," contesté mientras regresaba a la brocha. El hombre cerró los ojos con un gesto de fatiga y esperó así la fresca caricia[24] del jabón. Jamás lo había tenido tan cerca de mí. El día en que ordenó que el pueblo desfilara[25] por el patio de la Escuela para ver a los cuatro rebeldes allí **colgados**, me crucé con él un instante. Pero el espectáculo de los cuerpos mutilados me impedía fijarme en el rostro del hombre que lo dirigía todo y que ahora iba a tomar en mis manos. No era un rostro

---

1. **repasando** sharpening   2. **badana** leather strap   3. **hoja** blade   4. **dedo gordo** thumb   5. **ribeteado de balas** with bullets all around   6. **funda** holster   7. **kepis** military cap   8. **rostro** = cara   9. **curtido por el sol** suntanned   10. **pasta** = barra de jabón   11. **brocha** brush   12. **revolver** to stir   13. **espuma** foam   14. **pescamos** = capturamos   15. **cogieron** = capturaron   16. **dar con** = encontrar   17. **Se echó para atrás** he threw himself back   18. **sábana** sheet   19. **aturdido** dazed, bewildered   20. **anudé** tied   21. **escarmentado** learned a lesson   22. **repuse** = contesté   23. **nuca** nape   24. **caricia** caress   25. **desfilara** parade

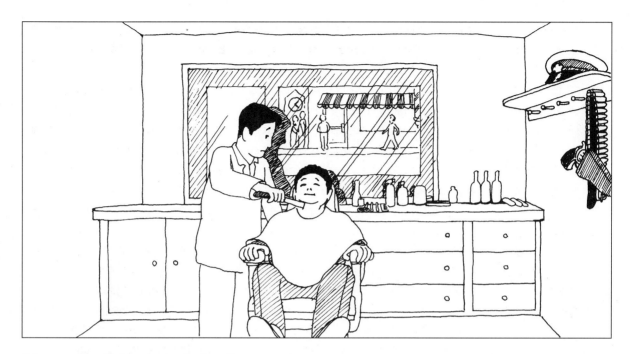

"Yo era un revolucionario clandestino..."

desagradable, ciertamente. Y la barba, envejeciéndolo un poco, no le caía mal.[26] Se llamaba Torres. El capitán Torres. Un hombre con imaginación, porque ¿a quién se le había ocurrido antes **colgar** a los rebeldes **desnudos** y luego ensayar[27] sobre determinados sitios del cuerpo una mutilación a bala?[28] Empecé a extender la primera capa de jabón. El seguía con los ojos cerrados. "De buena gana me iría a dormir un poco,"—dijo, "pero esta tarde hay mucho que hacer." Retiré[29] la brocha y pregunté con aire falsamente desinteresado: "¿**Fusilamiento?**" "Algo por el estilo, pero más lento," respondió. "¿Todos?" "No. Unos cuantos apenas." Reanudé[30] de nuevo la tarea de enjabonarle la barba. Otra vez me temblaban las manos. El hombre no podía darse cuenta de ello y esa era mi ventaja. Pero yo hubiera querido que él no viniera. Probablemente muchos de los nuestros lo habrían visto entrar. Y el enemigo en la casa impone condiciones. Yo tendría que afeitar esa barba como cualquier otra, con cuidado, con esmero, como la de un buen parroquiano,[31] cuidando de que ni por un solo poro fuese a brotar[32] una gota de sangre. Cuidando de que en los pequeños remolinos[33] no se desviara[34] la hoja. Cuidando de que la piel quedara limpia, templada, pulida, y de que al pasar el dorso de mi mano[35] por ella, sintiera la

---

26. no le caía mal suited him   **27. ensayar = practicar**   **28. a bala** by shooting   **29. retiré** I withdrew   **30. reanudé** I resumed   **31. parroquiano = cliente**   **32. brotar** to flow   **33. remolinos** swirls   **34. desviara** did not stray   **35. dorso de mi mano** back of my hand

superficie sin un pelo. Sí. Yo era un revolucionario **clandestino,** pero era también un barbero de conciencia, **orgulloso** de la pulcritud[36] en su oficio. Y esa barba de cuatro días se prestaba para una buena faena.[37]

Tomé la navaja, levanté en ángulo oblicuo las dos cachas,[38] dejé libre la hoja y empecé la tarea, de una de las patillas[39] hacia abajo. La hoja respondía a la perfección. El pelo se presentaba indócil y duro, no muy crecido,[40] pero compacto. La piel iba apareciendo poco a poco. Sonaba la hoja con su ruido característico, y sobre ella crecían los grumos[41] de jabón mezclados con trocitos de pelo. Hice una pausa para limpiarla, tomé la badana de nuevo y me puse a asentar el acero,[42] porque yo soy un barbero que hace bien sus cosas. El hombre que había mantenido los ojos cerrados, los abrió, sacó una de las manos por encima de la sábana, se palpó[43] la zona del rostro que empezaba a quedar libre de jabón, y me dijo: "Venga usted a las seis, esta tarde, a la Escuela." "¿Lo mismo que el otro día?" le pregunté horrorizado. "Puede que resulte mejor," respondió. "¿Qué piensa usted hacer?" "No sé todavía. Pero nos divertiremos." Otra vez se echó hacia atrás y cerró los ojos. Yo me acerqué con la navaja en alto. "¿Piensa castigarlos a todos?" aventuré[44] tímidamente. "A todos." El jabón se secaba sobre la cara. Debía apresurarme. Por el espejo, miré hacia la calle. Lo mismo de siempre: la tienda de víveres[45] y en ella dos o tres compradores. Luego miré el reloj: las dos y veinte de la tarde. La navaja seguía descendiendo. Ahora de la otra patilla hacia abajo. Una barba azul, cerrada.[46] Debía dejársela crecer como algunos poetas o como algunos sacerdotes. Le quedaría bien.[47] Muchos no lo reconocerían. Y mejor para él, pensé, mientras trataba de pulir suavemente todo el sector del cuello. Porque allí sí que debía manejar con habilidad la hoja, pues el pelo, aunque en agraz,[48] se enredaba[49] en pequeños remolinos. Una barba crespa.[50] Los poros podían abrirse, diminutos, y soltar su perla de sangre. Un buen barbero como yo finca su orgullo en que eso no ocurra a ningún cliente. Y éste era un cliente de calidad. ¿A cuántos de los nuestros había mandado matar? ¿A cuántos de los nuestros había ordenado que los mutilaran? … Mejor no pensarlo. Torres no sabía que yo era su enemigo. No lo sabía él ni lo sabían los demás. Se trataba de un secreto entre muy pocos, precisamente para que yo pudiese informar a los revolucionarios de lo que Torres estaba haciendo en el pueblo y de lo que proyectaba hacer cada vez que emprendía[51] una excursión para cazar revolucionarios. Iba a ser, pues, muy difícil explicar que yo lo tuve entre mis manos y lo dejé ir tranquilamente, vivo y afeitado.

La barba le había desaparecido casi completamente. Parecía más joven, con menos años de los que llevaba a cuestas[52] cuando entró. Yo supongo que eso ocurre siempre con los

---

36. pulcritud neatness   **37. faena** task   **38. cachas** handles   **39. patillas** sideburns   **40. crecido = largo**   **41. grumos** clumps   **42. asentar el acero** to sharpen the steel of the blade   **43. palpó = tocó**   **44. aventuré** I dared to ask
45. víveres = comida   **46. cerrada** thick   **47. le quedaría bien** it would suit him   **48. en agraz = muy corto**   **49. se enredaba** got tangled   **50. crespa** curly   **51. emprendía** undertook   **52. llevaba a cuestas =** *(fig.)* **tenía (años)**

hombres que entran y salen de las peluquerías. Bajo el golpe de mi navaja Torres rejuvenecía, sí, porque yo soy un buen barbero, el mejor de este pueblo, lo digo sin vanidad. Un poco más de jabón, aquí bajo la barbilla,[53] sobre la manzana,[54] sobre esta gran vena. ¡Qué calor! Torres debe estar sudando tanto como yo. Pero él no tiene miedo. Es un hombre sereno que ni siquiera piensa en lo que ha de hacer esta tarde con los prisioneros. En cambio yo, con esta navaja entre las manos, puliendo y puliendo esta piel, evitando[55] que brote sangre de estos poros, cuidando todo golpe, no puedo pensar serenamente. Maldita[56] la hora en que vino, porque yo soy un revolucionario pero no soy un **asesino.** Y tan fácil como resultaría matarlo. Y lo merece. ¿Lo merece? No, ¡qué diablos! Nadie merece que los demás hagan el sacrificio de convertirse en **asesinos.** ¿Qué se gana con ello? Pues nada. Vienen otros y otros y los primeros matan a los segundos y éstos a los terceros y siguen y siguen hasta que todo es un mar de sangre. Yo podría cortar este cuello, así, ¡zas!, ¡zas! No le daría tiempo de quejarse[57] y como tiene los ojos cerrados no vería ni el brillo[58] de la navaja ni el brillo de mis ojos. Pero estoy temblando como un verdadero **asesino.** De ese cuello brotaría un chorro de sangre sobre la sábana, sobre la silla, sobre mis manos, sobre el suelo. Tendría que cerrar la puerta. Y la sangre seguiría corriendo por el piso, tibia, imborrable,[59] incontenible, hasta la calle, como un pequeño arroyo[60] escarlata. Estoy seguro de que un golpe fuerte, una honda[61] incisión, le evitaría todo dolor. No sufriría. ¿Y qué hacer con el cuerpo? ¿Dónde **ocultarlo?** Yo tendría que **huir,** dejar estas cosas, refugiarme lejos, bien lejos. Pero me perseguirían hasta dar conmigo. "El **asesino** del capitán Torres. Lo degolló[62] mientras le afeitaba la barba. Una cobardía." Y por otro lado: "El vengador[63] de los nuestros. Un nombre para recordar (aquí mi nombre). Era el barbero del pueblo. Nadie sabía que él defendía nuestra causa …" ¿Y qué? ¿**Asesino** o héroe? Del filo[64] de esta navaja depende mi destino. Puedo inclinar un poco más la mano, apoyar un poco más la hoja, y hundirla.[65] La piel cederá[66] como la seda, como el caucho,[67] como la badana. No hay nada más tierno que la piel del hombre y la sangre siempre está allí lista a brotar. Una navaja como ésta no **traiciona.** Es la mejor de mis navajas. Pero yo no quiero ser un **asesino,** no señor. Usted vino para que yo lo afeitara. Y yo cumplo honradamente con mi trabajo … No quiero **mancharme** de sangre. De espuma y nada más. Usted es un verdugo[68] y yo no soy más que un barbero. Y cada cual en su puesto.[69] Eso es. Cada cual en su puesto.

La barba había quedado limpia, pulida y templada. El hombre se incorporó[70] para mirarse en el espejo. Se pasó la mano por la piel y la sintió fresca y nuevecita.

---

53. **barbilla** chin   54. **manzana** Adam's apple   55. **evitando** preventing   56. **maldita** damn   57. **quejarse** to moan

58. **brillo** gleam   59. **imborrable** indelible   60. **arroyo** stream   61. **honda** deep   62. **degolló** cut his throat

63. **vengador** avenger   64. **filo** edge   65. **hundirla** plunge it   66. **cederá** will give way   67. **caucho** rubber

68. **verdugo** executioner   69. **puesto** place   70. **se incorporó** sat up

"Gracias," dijo. Se dirigió al ropero en busca del cinturón, de la pistola y el kepis. Yo debía estar muy pálido y sentía la camisa empapada.[71] Torres concluyó de ajustar la hebilla,[72] rectificó la posición de la pistola en la funda y, luego de alisarse[73] maquinalmente los cabellos, se puso el kepis. Del bolsillo del pantalón extrajo unas monedas para pagarme el importe[74] del servicio. Y empezó a caminar hacia la puerta. En el umbral se detuvo un segundo y volviéndose me dijo:

"Me habían dicho que usted me mataría. Vine para comprobarlo, pero matar no es fácil. Yo sé por qué se lo digo." Y siguió calle abajo.

---

71. empapada soaking wet   **72. hebilla** buckle   **73. alisarse** smoothing   **74. importe = costo**

¿Entendido? • • • • •

1. ¿Quién es el narrador de este cuento?
2. ¿Qué hacía el narrador cuando el otro hombre entró?
3. ¿Por qué no se había afeitado el hombre en cuatro días?
4. ¿Qué sabe el narrador del capitán Torres?
5. ¿A dónde quiere Torres que vaya el barbero esa tarde? ¿Para qué?
6. ¿Sabe Torres que el barbero es su enemigo?
7. ¿Qué dilema tiene el barbero en el cuento?
8. ¿Por qué no mata el barbero a Torres?
9. En realidad, ¿para qué viene Torres a la barbería?
10. ¿Cómo se explica que Torres deje su pistola en el ropero?
11. ¿Qué significado tiene el título del cuento?

En mi opinión • • • • •

1. Contraste la personalidad de los dos protagonistas. ¿Quién es más valiente, más atrevido (*daring*), más profesional, más humano? Comente la ambivalencia del barbero.
2. ¿Qué tienen en común estas palabras: fusilar, torturar, mutilar, colgar, pegar un tiro? ¿Significan todas lo mismo? ¿Qué otros métodos de tortura hay? ¿Qué es más soportable, una tortura física o una psicológica? ¿Qué tipo de persona concibe torturas? ¿Existe la tortura exclusivamente en países con gobiernos dictatoriales?
3. ¿Cree Ud. al capitán Torres cuando afirma que "matar no es fácil"? ¿Por qué es entonces una "diversión" para él ejecutar a los rebeldes? ¿Él también, como el barbero, tiene que realizar su trabajo lo mejor posible? ¿Qué quiere decir "matar a sangre fría"?
4. ¿Qué piensa Ud. de los militares? ¿Y de la policía? ¿Hay alguna diferencia entre esos dos grupos? ¿Qué cree Ud. que pensarán las personas que viven o han vivido bajo un gobierno militar? Cuando un militar o un policía se le acerca, ¿tiene Ud. miedo? ¿Cómo se sentirá una persona que vive bajo una dictadura?
5. ¿Hay alguna diferencia entre el entrenamiento de los militares y el de los terroristas? Explique.

En (inter)acción • • • • •

Cuestiones de ética profesional

1. Los cuentos "Un día de éstos" y "Espuma y nada más" presentan a sus personajes respectivos, un dentista y un barbero, enfrentados con el mismo dilema: cumplir su trabajo profesionalmente o dejarse influir por sus ideas políticas. En grupos discutan cómo reaccionarían Uds. en las mismas circunstancias presentadas en los cuentos.

2. En parejas, discutan lo qué haría cada uno de Uds. en las siguientes situaciones.

   a. Ud. es médica y está de guardia en Urgencias cuando traen a un delincuente peligrosísimo que ha sido herido gravemente.

   b. Ud. es abogado y un asesino quiere que Ud. lo defienda en un juicio.

   c. Ud. es periodista y acaba de descubrir documentos que incriminan al candidato político de su partido.

   d. Un amigo suyo, buscado por el FBI por narcotráfico, le pide que lo oculte en su casa.

   e. Ud. es el gerente de un supermercado y ve a una mujer muy pobre, con un niño, robando comida.

Mejor dicho • • • • •

Colocar/poner(se)/meter. Colocar significa *to place.*

El capitán **colocó** los documentos en el archivo.

Poner significa *to put.*

El barbero **puso** la navaja en la mesa.

¡OJO! **Ponerse** + adjetivo significa *to become* y **ponerse** + prenda de vestir significa *to put on.*

El coronel **se puso** pálido.

El capitán y el teniente **se han puesto** la guerrera.

Meter significa *to put into.*

Metí la mano en el agua.

Práctica

En parejas, contesten las preguntas según lo que dice la lectura.

1. Al llegar, ¿dónde colocó el capitán la pistola? ¿Y el kepis?

2. ¿Qué puso el barbero en el recipiente? ¿Por qué tuvo que ponerle mucho jabón al capitán? ¿Por qué se puso a temblar?

3. Antes de despedirse ¿por qué metió el capitán la mano en el bolsillo? En vez de meter a los prisioneros en la cárcel, ¿qué les hizo el capitán?

Creación ● ● ● ● ●

¡Venganza!

En la escuela secundaria alguien lo/la hizo sufrir mucho y ahora esa persona necesita su ayuda o sus servicios. Escriba una composición explicando la situación y lo que haría Ud.

▼▲▼ En resumen ▼▲▼ ▼▲▼

1. Comparación de "Un día de éstos" y "Espuma y nada más"

Es evidente que el cuento de García Márquez es una variante del cuento de Hernando Téllez. Tenga esto en cuenta al llenar el cuadro siguiente.

	"Un día de éstos" I	"Espuma y nada más" II
a. nacionalidad del autor y fecha del cuento	colombiano, 1962	colombiano, 1950
b. ¿quién es el narrador?		
c. nombre de los personajes		
d. profesión de los personajes		
e. características de los protagonistas		
f. instrumentos que usan en su trabajo		
g. lugar donde ocurren los hechos		
h. causa del encuentro entre los personajes		
i. momentos de tensión		
j. conversación entre los personajes		
k. referencias a la situación política del pueblo		
l. participación de los personajes en los asuntos políticos		
m. resolución del conflicto		

2. Estudie los dibujos de cada cuento y luego contrástelos.

3. Canción

La vida no vale nada

Canta: Pablo Milanés

Pablo Milanés y Silvio Rodríguez son los cantantes más representativos de un movimiento musical denominado la Nueva Trova cubana, surgido en Cuba después de 1959. Con sus canciones, este grupo de cantantes tiene como propósito concienciar políticamente al público. ¿Sobre qué tema cree Ud. que quiere concienciarnos el autor en la siguiente canción?

La vida no vale nada
si no es para merecer
que otros puedan tener
lo que uno disfruta y ama.
La vida no vale nada
si yo me quedo aquí sentado
después que he visto y soñado
que en otras partes me llaman.
La vida no vale nada
cuando otros están matando y
yo sigo aquí cantando

"…yo sigo aquí cantando cual si no pasara nada…"

cual si no pasara nada.
La vida no vale nada
si escucho un grito° mortal   *scream*
y no es capaz de tocar
mi corazón que se apaga.°   *is deadened*
La vida no vale nada
si ignoro que el asesino
cogió por otro camino
y preparó otra celada.°   *ambush*
La vida no vale nada
si se sorprendió a tu hermano
cuando supe de antemano°   *beforehand*
lo que se le preparaba.
La vida no vale nada
si cuatro caen por minuto
y al final por el abuso
se decide la jornada.°   *fig. asunto*
La vida no vale nada
si tengo que posponer
otro minuto de ser
y morirme en una cama.
La vida no vale nada
si en fin lo que me rodea°   *surrounds*
no puede cambiar cual fuera
lo que tengo y que me ampara.°   *protects*
Y por eso para mí,
la vida no vale nada.

Preguntas ● ● ● ● ●

1. ¿Por qué dice el cantante que "la vida no vale nada"?
2. ¿Qué debería hacer el cantante para que su vida cobrara valor?
3. ¿Cuál es el mensaje de esta canción?
4. ¿Qué relación encuentra Ud. entre el contenido de la canción y el(los) cuento(s) anterior(es)?
5. ¿Conoce Ud. canciones en inglés que tengan un mensaje social/político? ¿Cómo interpreta Ud. la conocida canción de John Lennon "Imagine"?

LOS DESAPARECIDOS

▼▲▼ Preso sin nombre, celda sin número ▼▲▼ ▼▲▼
Jacobo Timerman

Palabra por palabra ● ● ● ● ●

asustar	to frighten
débil	weak
derrotar	to defeat
el **ejército**	army
jurar	to swear
mover(se)*	to move
odiar	to hate
la **oración**	prayer
el **secuestro**	kidnapping
la **sensación***	sensation
el **sentimiento***	feeling
la **soledad**	loneliness

Práctica

En parejas, contesten las preguntas. Atención a las palabras del vocabulario.

1. ¿Qué se puede aprender en el ejército? ¿Qué función tiene en su país el ejército? ¿Es posible que un país pueda ser independiente sin tener un ejército? ¿Sabía que en Costa Rica no hay ejército?

2. ¿Es buena la soledad? ¿Cuándo no lo es? ¿Qué hace para evitar la soledad? ¿Ha estado alguna vez solo mucho tiempo?

3. ¿Qué sentimiento, lugar o recuerdo asocia Ud. con las siguientes palabras?

asustar   jurar   oración   odiar

4. ¿Cree Ud. que sea de débiles tener miedo?

Repaso gramatical: El subjuntivo — cláusulas adjetivales
Repaso de *ser/estar/hay*

Introducción ● ● ● ● ●

Jacobo Timerman (1923), un conocido escritor y periodista de familia judía, nació en Bar, Ucrania. En 1928 su familia se trasladó a Buenos Aires. Fue secuestrado por fuerzas extremistas del ejército argentino en 1977 y estuvo preso dos años en condiciones infrahumanas. En la cárcel sufrió repetidamente tortura e interrogatorios antes de que lo pusieran en libertad. Recientemente ha vuelto a Argentina después de pasar varios años exiliado en el extranjero.

En *Preso sin nombre, celda sin número* (1980) Timerman nos relata algunos hechos que le ocurrieron en una cárcel clandestina.

Alto ● ● ● ● ●

1. ¿Qué es un preso político? ¿Por qué hay presos políticos?

2. ¿Qué función tiene una cárcel clandestina? ¿Quiénes estarán allí? ¿Por qué? ¿Qué les pasa a esas personas?

3. ¿Nos afecta y/o determina de algún modo nuestro nombre? ¿Hay otros modos de identificación? ¿En qué consiste la identidad?

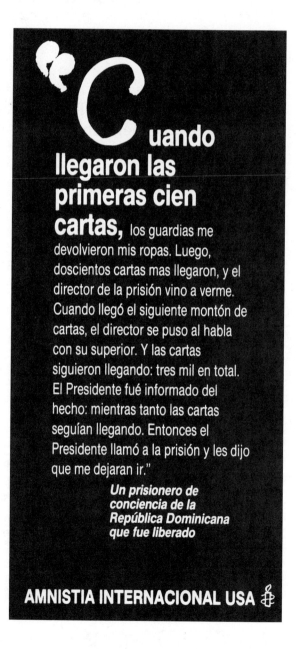

"**C**uando llegaron las primeras cien cartas, los guardias me devolvieron mis ropas. Luego, doscientos cartas mas llegaron, y el director de la prisión vino a verme. Cuando llegó el siguiente montón de cartas, el director se puso al habla con su superior. Y las cartas siguieron llegando: tres mil en total. El Presidente fué informado del hecho: mientras tanto las cartas seguían llegando. Entonces el Presidente llamó a la prisión y les dijo que me dejaran ir."

Un prisionero de conciencia de la República Dominicana que fue liberado

AMNISTIA INTERNACIONAL USA

▼▲▼ Preso sin nombre, celda sin número

La celda[1] es angosta.[2] Cuando me paro[3] en el centro, mirando hacia la puerta de acero,[4] no puedo extender los brazos. Pero la celda es larga. Cuando me acuesto,[5] puedo extender todo el cuerpo. Es una suerte, porque vengo de una celda en la cual estuve un tiempo —¿cuánto?— encogido,[6] sentado, acostado con las rodillas dobladas.[7]

La celda es muy alta. Saltando,[8] no llego al techo. Las paredes blancas, recién encaladas.[9] Seguramente había nombres, mensajes, palabras de aliento,[10] fechas. Ahora no hay testimonios, ni vestigios.[11]

El piso de la celda está permanentemente mojado.[12] Hay una filtración[13] por algún lado. El colchón[14] también está mojado. Yo tengo una manta.[15] Me dieron una manta, y para que no se humedezca la llevo siempre sobre los hombros.[16] Pero si me acuesto con la manta encima, quedo empapado[17] de agua en la parte que toca el colchón. Descubro que es mejor enrollar el colchón, para que una parte no toque el suelo. Con el tiempo la parte superior se seca. Pero ya no puedo acostarme, y duermo sentado. Vivo, durante todo este tiempo, —¿cuánto?— parado o sentado.

La celda tiene una puerta de acero con una abertura[18] que deja ver una porción de la cara, o quizás un poco menos. Pero la guardia tiene orden de mantener la abertura cerrada. La luz llega desde afuera, por una pequeña rendija[19] que sirve también de respiradero.[20] Es el único respiradero y la única luz. Una lamparilla prendida[21] día y noche, lo que elimina el tiempo. Produce una semipenumbra[22] en un ambiente de aire viciado,[23] de semi-aire.

Extraño la celda desde la cual me trajeron a ésta —¿desde dónde?—, porque tenía un agujero[24] en el suelo[25] para orinar y defecar.[26] En ésta que estoy ahora tengo que llamar a la guardia para que me lleve a los baños. Es una operación complicada, y no siempre están de humor: tienen que abrir una puerta que seguramente es la entrada del pabellón[27] donde está mi celda, cerrarla por dentro,[28] anunciarme que van a abrir la puerta de mi celda para que yo me coloque de espaldas a ésta,[29] vendarme los ojos,[30] irme guiando hasta los baños, y traerme de vuelta repitiendo toda la operación. Les causa gracia[31] a veces decirme que ya estoy sobre el pozo[32] cuando aún no estoy. O guiarme —me llevan de una mano o me empujan[33] por la

---

1. **celda** cell   2. **angosta** narrow   3. **me paro** I stand   4. **acero** steel   5. **me acuesto** I lie down   6. **encogido** hunched up   7. **rodillas dobladas** bent knees   8. **saltando** jumping   9. **encaladas** whitewashed   10. **aliento** encouragement   11. **vestigios** traces   12. **mojado** wet   13. **filtración** leak   14. **colchón** mattress   15. **manta** blanket   16. **hombros** shoulders   17. **quedo empapado** I get soaked   18. **abertura** opening   19. **rendija** crack   20. **respiradero** air vent   21. **prendida** lit   22. **semipenumbra** semi-darkness   23. **viciado** foul   24. **agujero** hole   25. **suelo** floor   26. **orinar y defecar** to urinate and defecate   27. **pabellón** block   28. **por dentro** from inside   29. **de espaldas a ésta** with my back to it (door)   30. **vendarme los ojos** blindfold me   31. **les causa gracia = les divierte**   32. **pozo** hole   33. **empujan** they push

"Extraño la celda desde la cual me trajeron a ésta…"

espalda— de modo tal que hundo[34] una pierna en el pozo. Pero se cansan del juego, y entonces no responden al llamado. Me hago encima.[35] Y por eso extraño la celda en la cual había un pozo en el suelo.

Me hago encima. Y entonces necesito permiso especial para lavar la ropa, y esperar desnudo en mi celda hasta que me la traigan ya seca. A veces pasan días porque —me dicen— está lloviendo. Estoy tan solo que prefiero creerles. Pero extraño mi celda con el pozo dentro.

La disciplina de la guardia no es muy buena. Muchas veces algún guardia me da la comida sin vendarme los ojos. Entonces le veo la cara. Sonríe. Les fatiga hacer el trabajo de guardianes, porque también tienen que actuar de torturadores, interrogadores, realizar las operaciones de **secuestro**. En estas cárceles clandestinas sólo pueden actuar ellos, y deben hacer todas las tareas. Pero a cambio, tienen derecho a una parte del botín[36] en cada arresto. Uno de los guardianes lleva mi reloj. En uno de los interrogatorios, otro de los guardianes me convida con[37] un cigarrillo y lo prende con el encendedor[38] de mi esposa. Supe después que tenían orden del **Ejército** de no robar en mi casa durante mi **secuestro,** pero sucumbieron a las tentaciones. Los Rolex de oro y los Dupont[39] de oro constituían casi una obsesión de las fuerzas de seguridad argentinas en ese año de 1977.

---

34. **hundo** I sink   35. **me hago encima** I soil myself   36. **botín** booty   37. **me convida con** offers me   38. **encendedor** lighter
39. **Dupont** = marca de encendedor

En la noche de hoy, un guardia que no cumple con el Reglamento[40] dejó abierta la mirilla[41] que hay en mi puerta. Espero un tiempo a ver qué pasa, pero sigue abierta. Me abalanzo,[42] miro hacia afuera. Hay un estrecho pasillo,[43] alcanzo a divisar[44] frente a mi celda, por lo menos dos puertas más. Sí, abarco[45] completas dos puertas. ¡Qué **sensación** de libertad! Todo un universo se agregó[46] a mi Tiempo, ese largo tiempo que permanece[47] junto a mí en la celda, conmigo, pesando[48] sobre mí. Ese peligroso enemigo del hombre que es el Tiempo cuando se puede casi tocar su existencia, su perdurabilidad, su eternidad.

Hay mucha luz en el pasillo. Retrocedo[49] un poco enceguecido,[50] pero vuelvo con voracidad. Trato de llenarme del espacio que veo. Hace mucho que no tengo sentido de las distancias y de las proporciones. Siento como si me fuera desatando.[51] Para mirar debo apoyar la cara contra la puerta de acero, que está helada.[52] Y a medida que[53] pasan los minutos, se me hace insoportable el frío. Tengo toda la frente[54] apoyada contra el acero, y el frío me hace doler la cabeza. Pero hace ya mucho tiempo —¿cuánto?— que no tengo una fiesta de espacio[55] como ésta. Ahora apoyo la oreja, pero no se escucha ningún ruido. Vuelvo entonces a mirar.

Él está haciendo lo mismo. Descubro que en la puerta frente a la mía también está la mirilla abierta y hay un ojo. Me sobresalto:[56] me han tendido una trampa. Está prohibido acercarse a la mirilla, y me han visto hacerlo. Retrocedo, y espero. Espero un Tiempo, y otro Tiempo, y más Tiempo. Y vuelvo a la mirilla. Él está haciendo lo mismo.

Y entonces tengo que hablar de ti, de esa larga noche que pasamos juntos, en que fuiste mi hermano, mi padre, mi hijo, mi amigo. ¿O eras una mujer? Y entonces pasamos esa noche como enamorados.[57] Eras un ojo, pero recuerdas esa noche, ¿no es cierto? Porque me dijeron que habías muerto, que eras **débil** del corazón y no aguantaste la "máquina",[58] pero no me dijeron si eras hombre o mujer. Y, sin embargo, ¿cómo puedes haber muerto, si esa noche fue cuando **derrotamos** a la muerte?

Tienes que recordar, es necesario que recuerdes, porque si no, me obligas a recordar por los dos, y fue tan hermoso que necesito también tu testimonio. Parpadeabas.[59] Recuerdo perfectamente que parpadeabas, y ese aluvión[60] de movimientos demostraba sin duda que yo no era el último ser humano sobre la Tierra en un Universo de guardianes torturadores. A veces, en la celda, **movía** un brazo o una pierna para ver algún movimiento sin violencia, diferente a cuando los guardias me arrastraban[61] o me empujaban. Y tú parpadeabas. Fue hermoso.

---

40. **no cumple con el Reglamento** does not follow the rules   41. **mirilla** peephole   42. **me abalanzo** I rush   43. **estrecho pasillo** narrow hallway   44. **alcanzo a divisar** = logro ver   45. **abarco** = veo   46. **se agregó** was added   47. **permanece** remains   48. **pesando** weighing   49. **retrocedo** I step back   50. **enceguecido** blinded   51. **si me fuera desatando** as if I were breaking free   52. **helada** = muy fría   53. **a medida que** = mientras   54. **frente** forehead   55. **fiesta de espacio** a feast of space   56. **me sobresalto** I am startled   57. **enamorados** lovers   58. **máquina** = aparato de tortura   59. **parpadeabas** you blinked   60. **aluvión** rush   61. **arrastraban** dragged

Eras —¿eres?— una persona de altas cualidades humanas, y seguramente con un profundo conocimiento de la vida, porque esa noche inventaste todos los juegos; en nuestro mundo clausurado[62] habías creado el Movimiento. De pronto te apartabas[63] y volvías. Al principio me **asustaste.** Pero en seguida comprendí que recreabas la gran aventura humana del encuentro y el desencuentro.[64] Y entonces jugué contigo. A veces volvíamos a la mirilla al mismo tiempo, y era tan sólido el **sentimiento** de triunfo, que parecíamos inmortales. Eramos inmortales.

Volviste a **asustarme** una segunda vez, cuando desapareciste por un momento prolongado. Me apreté[65] contra la mirilla, desesperado. Tenía la frente helada y en la noche fría — ¿era de noche, no es cierto?— me saqué la camisa para apoyar la frente. Cuando volviste, yo estaba furioso, y seguramente viste la furia en mi ojo porque no volviste a desaparecer. Debió ser un gran esfuerzo para ti, porque unos días después, cuando me llevaban a una sesión de "máquina" escuché que un guardia le comentaba a otro que había utilizado tus muletas[66] como leña.[67] Pero sabes muy bien que muchas veces empleaban estas tretas[68] para ablandarnos[69] antes de una pasada[70] por la "máquina", una charla con la Susana,[71] como decían ellos. Y yo no les creí. Te **juro** que no les creí. Nadie podía destruir en mí la inmortalidad que creamos juntos esa noche de amor y camaradería.

Eras — ¿eres? — muy inteligente. A mí no se me hubiera ocurrido más que mirar, y mirar. Pero tú de pronto colocabas tu barbilla frente a la mirilla. O la boca. O parte de la frente. Pero yo estaba muy desesperado. Y muy **asustado.** Me aferraba[72] a la mirilla solamente para mirar. Intenté, te aseguro, poner por un momento la mejilla, pero entonces volvía a ver el interior de la celda, y me **asustaba.** Era tan nítida[73] la separación entre la vida y la **soledad,** que sabiendo que tú estabas ahí, no podía mirar hacia la celda. Pero tú me perdonaste, porque seguías vital y móvil. Yo entendí que me estabas consolando, y comencé a llorar. En silencio, claro. No te preocupes, sabía que no podía arriesgar ningún ruido. Pero tú viste que lloraba, ¿verdad?, lo viste sí. Me hizo bien llorar ante ti, porque sabes bien cuán triste es cuando en la celda uno se dice a sí mismo que es hora de llorar un poco, y uno llora sin armonía, con congoja,[74] con sobresalto. Pero contigo pude llorar serena y pacíficamente. Más bien, es como si uno se dejara[75] llorar. Como si todo se llorara en uno, y entonces podría ser una **oración** más que un llanto. No te imaginas cómo **odiaba** ese llanto entrecortado[76] de la celda. Tú me enseñaste, esa noche, que podíamos ser Compañeros del Llanto.

---

62. clausurado = cerrado   **63. te apartabas** you moved away   **64. encuentro y desencuentro** meeting and parting   **65. me apreté** I pressed myself   **66. muletas** crutches   **67. leña** firewood   **68. tretas** tricks   **69. ablandarnos** to weaken us   **70. una pasada** a session   **71. Susana** = nombre sarcástico para un aparato de tortura   **72. me aferraba** I clung to   **73. nítida** sharp   **74. congoja** = angustia   **75. se dejara** = se permitiera   **76. llanto entrecortado** sobbing

¿Entendido? ● ● ● ● ●

1. Describa la celda donde está el prisionero ahora. ¿Es diferente a la de antes? ¿Cómo? ¿Por qué extraña la otra celda?
2. ¿Por qué se pregunta "¿cuánto?" y "¿desde dónde?"
3. ¿Cuáles son las torturas y las condiciones infrahumanas que sufre el prisionero?
4. ¿Cuáles son algunos de los beneficios de que gozan los guardianes?
5. Busque en el texto el párrafo que describa las sensaciones del prisionero cuando el guardián dejó abierta la mirilla. Explíquelo en sus palabras.
6. Según Timerman, ¿cómo es el otro preso? ¿Cuál es la reacción de Timerman al ver a otro ser humano en las mismas circunstancias?
7. ¿Qué hacen juntos los presos? ¿Es extraño eso?
8. ¿Por qué no quería Timerman ver el interior de la celda esa noche?
9. ¿Llora Timerman? ¿Es diferente esa noche? ¿Por qué?
10. Explique el título del libro.
11. La selección tiene dos partes. ¿Cuáles son? Señale la transición en el texto.

En mi opinión ● ● ● ● ●

1. ¿Qué nos dice Timerman del tiempo? ¿Cuándo pasa despacio el tiempo y cuándo rápido? ¿Es a veces el tiempo algo palpable? ¿En qué circunstancias?
2. ¿Por qué escribió sus experiencias Timerman? ¿Es bueno o malo recordar hechos traumáticos? ¿Por qué?
3. Según el preso, existen dos tipos de llanto y dos tipos de movimiento. Descríbalos.
4. El juego es un concepto muy importante en esta selección. ¿Por qué? ¿En qué es diferente el juego de los guardias al de los presos?

En (inter)acción ● ● ● ● ●

En grupos, evoquen momentos cuándo han tenido Uds. sensaciones de angustia, claustrofobia o vértigo y cómo las han superado.

Mejor dicho ● ● ● ● ●

A. **Mover(se)/trasladar(se)/mudar(se).** Estos tres verbos significan *to move*.

Se usa **mover** para indicar un movimiento físico cuando la oración lleva objeto directo.

A veces en la celda **movía** el brazo.

Moverse se usa para indicar un movimiento físico si la oración no lleva objeto directo.

La tierra **se movió.**

Trasladar(se) es cambiar de lugar por motivos de trabajo.

Mi familia **se trasladó** a Nueva York cuando yo tenía seis años.
Se negó a que su compañía lo **trasladara.**

Mudar(se) significa cambiar de vivienda.

Nos mudamos a esta casa hace cinco años.
No pudimos encontrar al paciente, porque lo **habían mudado** de cuarto.

B. **Sentido/sensación/sentimiento. Sentimiento** se usa para hablar de *emotional feelings.* Es lo que siente el corazón.

A veces volvíamos a la mirilla al mismo tiempo y era tan sólido el **sentimiento** de triunfo.

Sensación se usa para hablar de *physical feelings.* Es lo que siente el cuerpo humano.

El mareo es una **sensación** que sienten algunos al montar en barco.
¡Qué **sensación** de libertad!

Sentido quiere decir *meaning, sense, and consciousness.*

No entiendo el **sentido** de esta oración.
Tenemos cinco **sentidos.**
El epiléptico se desmayó y perdió el **sentido.**

Recuerde que **tener sentido** significa *to make sense.*

Para mí, nada de esta situación **tiene sentido.**

Práctica

A. En parejas, contesten las preguntas.

1. ¿Cuándo mueve Ud. los muebles de su dormitorio? ¿Por qué lo hace? ¿Le molesta que le muevan sus cosas de lugar?
2. ¿Se siguen trasladando los norteamericanos tanto como antes? Mencione tres grupos de personas que se trasladan frecuentemente (por ejemplo, los deportistas, los militares).
3. ¿Cuántas veces se ha mudado Ud.? ¿Siempre se mudó a una casa o a un apartamento mejor?
4. ¿Mudaron a Timerman de celda? ¿Por qué lamenta el preso que lo hayan mudado?

B. En parejas, digan si las palabras que están a continuación constituyen una **sensación** o un **sentimiento.**

Modelo: el rencor
El rencor es un sentimiento.

el dolor	el odio	el frío	la alegría
el calor	la náusea	la rabia	la sed
el placer	el miedo	el hambre	la nostalgia

C. En parejas, relacionen las palabras siguientes con uno o varios de los cinco sentidos corporales: la vista, el oído, el tacto, el gusto, el olfato.

Modelo: Una fruta → *La fruta se relaciona con el sentido del gusto.*

un perfume	la rosa	una sonata	una obra de arte
el limón	la nieve	la lana	la hierba recién cortada
el sol	la tortura	las cadenas	la piel de un bebé
los gritos	un caramelo	los chiles verdes	una paella

D. En parejas, digan qué **sensación** o **sentimiento** tendrían Uds. en las siguientes circunstancias.

con los ojos vendados	al recuperar sus objetos perdidos
después de comer bien	durmiendo en el suelo

E. En grupos, hagan una lista de cinco cosas que para Uds. no **tienen sentido** en esta vida. Comparen la suya con la de otros grupos.

Modelo: *La guerra no tiene sentido.*

Creación ● ● ● ● ●

Escriba una composición sobre uno de los temas sugeridos a continuación.

1. Explique por qué es tan importante el nombre propio. Piense en el titulo de la selección y en el impacto que tiene en los visitantes el monumento a los muertos en Vietnam (Washington, D.C.).
2. ¿En qué circunstancias es mejor o peor ser un número que ser un nombre?

▼▲▼ Dos más dos ▼▲▼ ▼▲▼
Ariel Dorfman

Palabra por palabra ● ● ● ● ●

el/la **compañero/a**   mate, companion

Práctica

Etimológicamente la palabra *compañero/a* significa *persona con la que uno comparte el pan.* Ahora, en parejas, digan lo que significan algunos de los siguientes sustantivos:

compatriota	cómplice	compadre/comadre
comensal	conciudadano	copropietarios
compinche	condominio	contrincante

Repaso gramatical: Oraciones con *si*

Introducción ● ● ● ● ●

El escritor chileno Ariel Dorfman (1942) fue profesor de periodismo y literatura en distintas universi-dades chilenas durante la presidencia de Salvador Allende. En 1973, año del golpe militar de Augusto Pinochet, Dorfman salió exiliado y vivió en el extranjero hasta 1991, cuando regresó a su país. Ha publi-cado poemas, cuentos, novelas y ensayos. Su colección de ensayos más conocida, *Para leer al Pato Donald* (1971), ha sido uno de los libros más vendidos en Latinoamérica.

Amnistía Internacional ha publicado los poemas de este autor que tratan sobre los desaparecidos. "Dos más dos" muestra la importancia de la aritmética para un preso.

Alto ● ● ● ● ●

1. Entre los momentos más difíciles de nuestra vida están aquellos en los que esperamos con ansiedad que ocurra algo importante. Por ejemplo, cuando están operando a un amigo o fami-liar. ¿Ha experimentado Ud. esta sensación?
2. ¿Cómo se prepara Ud. psicológicamente para una llamada importante, la llegada de un pariente con quien no se lleva bien, las notas finales, los resultados de unos análisis de sangre?

▼▲▼ Dos más dos ▼▲▼ ▼▲▼

"Todos sabemos cuántos pasos hay…de la celda hasta la sala aquella."

Todos sabemos cuántos pasos° hay,   *steps*
compañero, de la celda
hasta la sala aquella.
Si son veinte,
ya no te llevan al baño.
Si son cuarenta y cinco,
ya no pueden llevarte
a ejercicios.
Si pasaste los ochenta,
y empiezas a subir
a tropezones y ciego°   *stumbling and blindfolded*
una escalera
ay si pasaste los ochenta
no hay otro lugar
donde te pueden llevar,
no hay otro lugar,
no hay otro lugar,
ya no hay otro lugar.

¿Entendido? • • • • •

1. ¿Qué significa el título? ¿Qué relación tiene con el poema?
2. ¿A qué lugares pueden ir los prisioneros? ¿Van solos?
3. ¿Por qué es importante el número de pasos? ¿Pueden ver los presos a dónde van? ¿Les resulta fácil a los presos subir la escalera?
4. ¿Qué clase de lugar es "la sala aquella" y qué les espera a los prisioneros allí?
5. ¿Ve Ud. una relación entre este poema y otro(s) texto(s) de esta unidad?

En (inter)acción • • • • •

▼▲▼ Uno más uno ▼▲▼ ▼▲▼

Canta: Sabiá

Sabiá es un grupo de mujeres norteamericanas feministas que intenta dar a conocer al público de su país la situación política de Latinoamérica. En sus canciones incorporan ritmos e instrumentos de los distintos países hispánicos, como la quena y el bongó. Esta canción, que se encuentra en su álbum *Formando un puente,* alude al fenómeno de los desaparecidos.

Pudo ser Juan o María o Manuel,
ahora es Javier quien desapareció.
Se perdió un día cualquiera
como si fuera una perla revuelta
en toneladas de arroz.
Durante mucho tiempo
no se supo más de él.
Desapareció, no sabemos de él,
Simplemente desapareció.
No sabemos de él, pero pudo ser Juan
o María o Manuel, ahora es Javier
quien desapareció.
Ahora es Javier quien desapareció.
Ahora entre cuatro paredes
el tiempo vuela
y ya son tres años
y el silencio pesa.
Mi voz quisiera cantar
que somos el día de mañana
que vendremos todos juntos
que abriremos tu ventana.
Uno a uno llegarán
los brazos entrelazados°   *intertwined*
con el limpio cuerpo erguido°   *standing tall*
y los puños encrispados.°   *clenched fists*
La tarde se vuelve gris
y el silencio pesa,
y los presos regresan
a sus tristezas.
Tras las rejas° hay obreros   *behind bars*
campesinos y profesores [que]
por querer participar
los llaman agitadores.
Muchos no tuvieron
ese privilegio.

Muchos ya pagaron
muy alto precio.
Mi voz quisiera cantar
que somos el día de mañana,
que vendremos todos juntos,
que abriremos tu ventana.
Uno a uno llegarán,
los brazos entrelazados,
con el limpio cuerpo erguido
y los puños encrispados.

Preguntas

1. ¿Quiénes son Juan, María, Manuel y Javier?
2. Explique la metáfora "como si fuera una perla revuelta en toneladas de arroz".
3. ¿Por qué hay tantos presos en las cárceles? ¿Qué les pasó a los otros que protestaron contra la situación política?
4. ¿Es la canción pesimista u optimista? ¿Qué esperan que ocurra en el futuro?
5. Compare el título del poema anterior y el de esta canción. ¿Qué indican los números?
6. ¿De qué trata la canción?

David Alfaro Siqueiros, El sollozo (The Sob)*, 1939*

▼▲▼ Testamento ▼▲▼ ▼▲▼
Ariel Dorfman

Palabra por palabra ● ● ● ● ●

el **cadáver**	corpse
el **carnet**	identification
falso	fake
la **firma**	signature
la **mentira**	lie
el **partido político**	political party
el **testamento**	will (testament)

Práctica

A. En parejas, contesten las preguntas. Atención a las palabras del vocabulario.

1. ¿Ha usado alguna vez un carnet de identidad falso? ¿Dónde y cuándo? ¿Por qué? ¿Tienen todos los carnets firma? ¿Por qué motivos existen carnets de identidad falsos?

2. ¿Dice Ud. mentiras? ¿Cree que es necesario decir mentiras a veces? ¿Por qué? ¿Le molesta a Ud. que le digan mentiras? ¿Qué es una mentira piadosa (*a white lie*)? ¿Confía Ud. en los detectores de mentiras? ¿Para qué se usan?

3. ¿Cuántos partidos políticos existen en EEUU? ¿Pertenece Ud. a algún partido político o prefiere ser independiente? ¿Es muy diferente la ideología de los partidos políticos estadounidenses?

4. ¿Ha visto Ud. alguna vez un cadáver? ¿Qué sintió al verlo?

5. ¿Qué cosas se suelen dejar como herencia en un testamento?

B. Trate de explicarle a su compañero/a, en español, el significado de las palabras del vocabulario.

Repaso gramatical: El subjuntivo — cláusulas adverbiales de tiempo

Alto ● ● ● ● ●

Mucha gente preferiría saber que su familiar desaparecido está muerto a no saber nada. Pero hay que tener cuidado porque a veces el gobierno se equivoca o miente a propósito sobre el paradero (*where-abouts*) o estado de una persona. En esas situaciones, ¿qué debe hacer la gente al recibir una mala noticia?

▼▲▼ Testamento ▼▲▼ ▼▲▼

Cuando te digan
que no estoy preso,
no les creas.
Tendrán que reconocerlo°   admitirlo
algún día.
Cuando te digan
que me soltaron,°   dejaron libre
no les creas.
Tendrán que reconocer
que es **mentira**
algún día.
Cuando te digan
que traicioné al **partido,**
no les creas.
Tendrán que reconocer
que fui leal°   *loyal*
algún día.
Cuando te digan que estoy en Francia,
no les creas.
No les creas cuando te muestren
mi **carnet falso,**
no les creas.
No les creas cuando te muestren
la foto de mi cuerpo,
no les creas.
No les creas cuando te digan
que la luna es la luna.
si te dicen que la luna, es luna.
que ésta es mi voz en una grabadora.°   *tape recorder*
que ésta es mi **firma** en un papel,
si dicen que un árbol es un árbol,
no les creas,
no les creas,
nada de lo que te digan

nada de lo que te juren
nada de lo que te muestren,
no les creas.
Y cuando finalmente
llegue ese día
cuando te pidan que pases
a reconocer el **cadáver**
y ahí me veas
y una voz te diga
lo matamos
se nos escapó en la tortura
está muerto,
cuando te digan
que estoy
enteramente absolutamente definitivamente
muerto,
no les creas,
no les creas,
no les creas,
no les creas.

Amnesty International U.S.A.
La Campaña Para Abolir la Tortura

¿Entendido? ● ● ● ● ●

1. ¿Quién habla y a quién?
2. ¿Qué consejo da el poeta en su "testamen-to"? ¿Por qué?
3. ¿Por qué repite tanto "no les creas"? ¿A quiénes no se debe creer?
4. ¿Qué es lo que no se debe creer? Dé ejemplos.

En mi opinión ● ● ● ● ●

1. ¿Encuentra Ud. alguna relación entre este texto y *Preso sin nombre*? Busque en *Preso sin nombre* alguna frase similar a las de este poema.
2. En "Dos más dos", "Uno más uno" y "Testamento" oímos las voces de los encarcelados. Describa el estado de ánimo y los sentimientos de los narradores.
3. Estos dos poemas y la narración de Timerman tratan de la falta de algo. ¿Cómo se representa esta ausencia en el lenguaje? ¿Qué es lo que no tienen?

En (inter)acción ● ● ● ● ●

En grupos, piensen en lo que dejarían como herencia Michael Jackson, Donald Trump, Arnold Schwarzenegger, Barbara Walters, Magic Johnson y otros.

Creación ● ● ● ● ●

1. Escriba un pequeño poema describiendo la tortura en términos sensoriales: ¿a qué sabe, a qué huele, a qué suena, a qué se parece, cómo se ve? ¡No se preocupe por la rima!
2. Nuestra época y nuestra sociedad están saturadas de violencia. La televisión, la radio, los periódicos presentan abundantes ejemplos reales o ficticios. ¿Cuál es su reacción a esos actos de violencia? ¿Cree que la violencia engendra más violencia? Explique su punto de vista.

▼▲▼ Margarita Naranjo ▼▲▼ ▼▲▼
Pablo Neruda

Palabra por palabra ● ● ● ● ●

enterrar	to bury
la **garganta**	throat
honrado/a	honest
la **huelga**	strike
la **injusticia**	injustice
luchar	to struggle
morir(se)*	to die
respirar	to breathe
sacar*	to take out

Práctica

En parejas, contesten las preguntas. Atención a las palabras del vocabulario.

1. ¿Ha habido alguna huelga últimamente en su país o estado? ¿Qué grupos organizan las huelgas? ¿Qué quieren? ¿Ha participado Ud. en alguna huelga o manifestación (*demonstration*)? ¿A favor o en contra de qué?
2. ¿Cuáles son algunas cosas que debe (o no) hacer una persona honrada?
3. ¿Cómo se llama el lugar donde se entierra a la gente? ¿Le gusta pasear por allí? ¿Ha asistido a algún entierro? ¿Cuándo y por qué? ¿Entierran a todos los muertos individualmente? ¿Y a los que murieron por razones políticas?
4. ¿Para quiénes es la vida una lucha diaria? Explique su respuesta.
5. ¿Dónde es difícil respirar? ¿Dónde respira Ud. bien?

Repaso gramatical: *Para* y *por*

Ser y *estar* más el participio pasado

Introducción ● ● ● ● ●

Pablo Neruda (1904–1973), poeta chileno y ganador del Premio Nobel de Literatura en 1971, fue partidario de Salvador Allende, el presidente socialista de Chile, en cuyo gobierno desempeñó un papel importante.

Su solidaridad con el pueblo chileno se manifiesta en el poema "Margarita Naranjo" que procede de *Canto general* (1950). Este poema, como los otros de la sección titulada "La tierra se llama Juan", es una triste autobiografía que describe la injusticia, el maltrato y el sufrimiento de los pobres y su desesperada situación socioeconómica.

Alto ● ● ● ● ●

1. ¿Por qué es interesante leer autobiografías? ¿Ha leído alguna?
2. ¿Qué haría Ud. si alguien llegara a la puerta de su casa a las dos de la madrugada y se llevara a un miembro de su familia sin decir por qué?
3. ¿Se puede morir de amor, de soledad, de ansiedad?

▼▲▼ Margarita Naranjo ▼▲▼ ▼▲▼

Estoy muerta. Soy de María Elena.[1]
Toda mi vida la viví en la pampa.
Dimos la sangre para la Compañía
norteamericana, mis padres antes, mis hermanos.
Sin que hubiera **huelga,** sin nada nos rodearon.[2]
Era de noche, vino todo el Ejército.
Iban de casa en casa despertando a la gente,
llevándola al campo de concentración.
Yo esperaba que nosotros no fuéramos.
Mi marido ha trabajado tanto para la Compañía,
y para el Presidente, fue el más esforzado
consiguiendo los votos aquí, es tan querido,
nadie tiene nada que decir de él, él **lucha**
por sus ideales, es puro y **honrado**
como pocos. Entonces vinieron a nuestra puerta,

---

1. Es un pueblo chileno donde había una compañía salitrera norteamericana (nitrato = salitre).   2. rodearon surrounded

"Estoy muerta. Soy de María Elena."

mandados por el coronel Urízar,
y lo **sacaron** a medio vestir y a empellones[3]
lo tiraron al camión que partió en la noche,
hacia Pisagua,[4] hacia la oscuridad. Entonces
me pareció que no podía ya **respirar** más, me parecía
que la tierra faltaba debajo de los pies,
es tanta la traición, tanta la **injusticia,**
que me subió a la **garganta** algo como un sollozo[5]
que no me dejó vivir. Me trajeron comida
las compañeras, y les dije: "No comeré hasta que vuelva."
Al tercer día hablaron al señor Urízar,
que se rió con grandes carcajadas,[6] enviaron
telegramas y telegramas que el tirano en Santiago
no contestó. **Me** fui durmiendo y **muriendo,**
sin comer, apreté los dientes para no recibir
ni siquiera la sopa o el agua. No volvió, no volvió,
y poco a poco me quedé muerta, y me **enterraron,**
aquí en el cementerio de la oficina salitrera,[7]
había en esa tarde un viento de arena,
lloraban los viejos y las mujeres y cantaban

---

3. a empellones by pushing   4. Pisagua = donde está el campo de concentración   5. sollozo sob   6. carcajadas bursts of laughter   7. oficina salitrera = de la compañía

las canciones que tantas veces canté con ellos.
Si hubiera podido, habría mirado a ver si estaba
Antonio, mi marido, pero no estaba, no estaba,
no lo dejaron venir a mi muerte.[8] Ahora
aquí estoy muerta, en el cementerio de la pampa
no hay más que soledad en torno a mí,[9] que ya no existo,
que ya no existiré sin él, nunca más, sin él.

---

8. muerte funeral   **9. en torno a mí** around me

¿Entendido? ● ● ● ● ●

1. ¿Quién habla en el poema? ¿Por qué es sorprendente que esta persona nos hable?
2. ¿Qué acontecimientos narra la mujer?
3. ¿Por qué creía la narradora que ella y su esposo iban a ser una excepción?
4. ¿Por qué cree Ud. que se pone en huelga de hambre Margarita?
5. ¿Cómo fue la reacción del pueblo hacia Margarita?
6. ¿Por qué no vino su esposo al final?

En mi opinión ● ● ● ● ●

1. ¿Es comprensible, constructiva, moral la actitud de Margarita Naranjo? ¿Cómo reaccionaría Ud. si fuera Margarita Naranjo?
2. ¿Es una buena técnica literaria que la mujer hable por su propia voz en estas circunstancias? ¿Qué efecto tiene? Comente.
3. ¿Qué crítica de los gobiernos

Héctor Poleo, La noche ha regresado (*Return into Darkness*), *1947*

totalitarios vemos en este poema?

    4. ¿Quiénes son las víctimas en este poema?

    5. Note Ud. que el ejército interviene en los asuntos laborales de una compañía extranjera. ¿Cómo se explicaría esto?

En (inter)acción ● ● ● ● ●

1. En grupos, inventen epitafios para Margarita Naranjo. Luego escríbanlos en la pizarra para comentarlos. "Aquí descansa Margarita Naranjo…"

2. En grupos, resuelvan y comenten las palabras que aparecen en esta illustración.

Mejor dicho ● ● ● ● ●

A. Sacar/quitar(se). Sacar quiere decir *to take out.*

    Sacaron a mi marido de la casa a medianoche.

    Recuerde que **sacar un diente/una muela** significa *to pull a tooth* y **sacar buenas/malas notas** significa *to get good/bad grades.*

Quitar quiere decir *to take away.*

    Nos **han quitado** los beneficios laborales.

Quitarse significa *to take off (clothes).*

    Les obligaron a **quitarse** toda la ropa.

B. Matar/morir/morirse. Matar significa *to kill.*

    Han matado a muchos inocentes.

¡OJO! **Matar** se usa exclusivamente en la voz activa en español y nunca en la voz pasiva. Compare:

    Lo **mataron** a sangre fría. *(He was killed in cold blood.)*

"Ayer fui lo que eres hoy, mañana serás lo que soy."

Morir significa *to die* y expresa una actitud respetuosa por parte de la persona que habla. Por lo general se refiere a una muerte violenta.

    Han muerto en el campo de batalla.

Morirse también significa *to die* y sugiere una actitud menos formal por parte del hablante. En sentido figurado se prefiere **morirse**.

    Mi vecino **se murió** de repente.

    Si tuviera que hacer eso, **me moriría**.

Práctica

A. En parejas, contesten las preguntas siguientes.

1. ¿Es fácil o difícil sacarlo/la de la cama temprano a Ud.?
2. ¿Recuerda Ud. un incidente cuando algún niño o niña más grande le quitó algo suyo? ¿Qué pasó? ¿Qué no se dejaría quitar nunca?
3. ¿Qué le quita el sueño? ¿Hay algo que le quite el hambre?
4. ¿Qué se quita Ud. primero al entrar en casa? ¿Se quite Ud. los zapatos en la puerta? ¿Qué debe uno quitarse al entrar en una iglesia? ¿En la clase?

B. En parejas, digan si las personas a continuación (se) murieron o las mataron. Añadan otros nombres a la lista.

John Lennon	John Kennedy	Jim Morrison
Elvis Presley	Jesucristo	Rock Hudson
Martin Luther King, Jr.	Indira Gandhi	Cristina Onassis

Creación ● ● ● ● ●

Escriba una composición sobre uno de los temas sugeridos a continuación.

1. Escriba su autobiografía o la biografía de otra persona.
2. Comente los efectos que tiene la guerra, las injusticias, etc. en las relaciones familiares y personales. ¿Cómo cambia a la persona? ¿La hace más madura, pesimista?
3. ¿Cómo concibe Ud. la vida después de la muerte? ¿Cómo será?

▼▲▼ Identidad ▼▲▼ ▼▲▼
Ariel Dorfman

Palabra por palabra ● ● ● ● ●

atreverse (a)	to dare
de luto	in mourning
oír	to hear
silencioso/a*	silent

Práctica

En parejas, contesten las preguntas. Atención a las palabras del vocabulario.

1. ¿Con qué color se asocia el luto? ¿Es así en todas las culturas? Todos las personas que llevan ropa negra, ¿están de luto? Explique.

2. ¿Hay algo que Ud. no se atreve a hacer? ¿Qué es? Cuando era más joven, ¿se atrevía a hacer más cosas o menos que ahora? ¿Qué se atreve a hacer ahora que no se atrevía a hacer cuando era más joven?

Repaso gramatical: *Que:* Usos y significados

Introducción ● ● ● ● ●

En el poema de Ariel Dorfman, "Identidad", una persona recibe la noticia de que acaban de encontrar otro cadáver, pero nadie puede identificarlo. El poema presenta una posibilidad de resistencia al gobierno opresivo.

¡Cuidado! El poema ofrece sólo una parte de un diálogo. Al leer, intente adivinar o completar lo que falta.

Alto ● ● ● ● ●

1. La gente reacciona ante las injusticias de manera diferente. Hay gente pasiva y gente violenta, así como diversos modos de luchar. En general, ¿son las personas más afectadas por las injusticias siempre las que más luchan?
2. ¿Cómo reaccionaría una madre cuyo hijo desaparece? ¿A quién debe denunciar el hecho? ¿Quién la puede ayudar?
3. ¿Ha oído Ud. hablar de la "resistencia pasiva" propuesta por Gandhi? ¿En qué consiste? ¿Cree Ud. que sea posible o efectiva? ¿Quién la ha puesto en práctica en Estados Unidos?

▼▲▼ Identidad ▼▲▼ ▼▲▼

¿qué me dices, que encontraron otro?
que en el río, que no te **oigo,** esta mañana dices,
¿flotando, otro más?
que habla fuerte; así que no **te atreviste,**
¿tan irreconocible[1] está?
que la policía ha dicho que ni su madre podría
                    que ni la madre que lo parió[2]
                    que ni ella podría,
¿eso han dicho?
que otras mujeres ya lo examinaron, no te entiendo,
que lo dieron vuelta[3] y le vieron la cara, las manos
      le vieron,
    eso,

---

1. **irreconocible** disfigured   2. **parió** gave birth   3. **lo dieron vuelta** they turned him over

que esperan todas juntas y **silenciosas**
todas **de luto**
a la orilla del río[4]
que ya lo sacaron del agua,
que está sin ropa
    como el día en que nació,
que hay un capitán de la policía,
¿que no se moverán hasta que llegue yo?
¿que no es de nadie?
¿eso dices, que no es de nadie?
    diles que me estoy vistiendo,
        que ya voy
    si el capitán es el mismo de
            la otra vez
            ya sabe

---

4. **orilla del río** riverbank

lo que va a pasar,

que le pongan mi nombre

el de mi hijo mi esposo

  mi papá

yo firmaré los papeles diles

  diles que vengo en camino,[5] que

    me esperen

y que aquel capitán no lo toque,

que no se le acerque un paso más

    aquel capitán

diles que no tengan cuidado[6]

a mis muertos los entierro yo.

---

5. **vengo en camino** I'm on my way 6. **no tengan cuidado** not to bother

¿Entendido? • • • • •

1. ¿Quiénes hablan en el poema? ¿Por qué se oye sólo una voz?
2. ¿Qué acaba de ocurrir? ¿Es la primera vez que sucede?
3. ¿Por qué nadie sabe quién es el cadáver?
4. ¿Por qué razón se quedan las mujeres cerca del cadáver?
5. ¿Qué significa el último verso? ¿Y el título?

En mi opinión • • • • •

1. Este poema está compuesto de dos partes. ¿Puede reconocerlas? ¿Hay alguna razón para esta estructura?
2. ¿Quiénes se enfrentan en este poema? Contraste el papel de los hombres y las mujeres en esta sociedad represiva.
3. ¿Tienen las mujeres conciencia política? ¿Por qué están todas vestidas de negro? ¿Tienen un/a líder?
4. ¿Por qué es tan importante que el muerto sea "alguien"? Relacione su respuesta con otra(s) lectura(s) de esta unidad.
5. La cuestión de la identidad aquí, como en *Preso sin nombre* es importantísima. ¿Qué métodos utilizan los detectives o policías para averiguar la identidad de John Doe? ¿Por qué algunos individuos ponen tanto esfuerzo en ocultarla?

En (inter)acción ● ● ● ● ●

¿Quién soy yo?

La clase se divide en dos grupos. Cada grupo elige a cinco personas conocidas y escoge tres pistas para poder identificarlas. Un grupo le dice al otro una de las pistas y el otro tiene que adivinar quién es.

Modelo: Grupo 1   Grupo 2

    a. una actriz rubia   Kim Basinger

    b. la dueña de un pueblo de Georgia

    c. Actuó en *Batman*.

Mejor dicho ● ● ● ● ●

Silencioso/callado/quieto. Silencioso significa sin hacer ruido. Su opuesto es **ruidoso.**

Esperan todas juntas y **silenciosas.**

El significado de **callado** cambia de acuerdo con el verbo.
Ser callado significa *to be a quiet person.*

José sabe mucho pero dice poco, **es** muy **callado.**

Estar callado quiere decir no hablar en un momento específico.

Las madres **estaban calladas** esperando las noticias.

Quedarse callado significa *to become/remain silent.*

A pesar de los peligros, los testigos **se quedaron callados** y desafiantes.

El significado de **quieto** también cambia de acuerdo con el verbo.
Estar quieto significa *to be still.*

El herido **estaba quieto** a causa de los calmantes.

Quedarse quieto significa *to become/remain motionless.*

Al dormirse finalmente se **quedó quieto.**

Práctica

En grupos, contesten las preguntas siguientes.

1. ¿Es Ud. una persona callada? ¿Le gustan o le aburren las personas calladas? ¿Conoce a alguien que se quede callado en el teléfono?

2. Indique tres situaciones en que uno debe estar callado.

    Modelo: *Durante los debates presidenciales.*

3. Es difícil estarse quieto sobre todo cuando uno/a es niño/a. Cuente una anécdota personal que ilustre esta idea.

4. Indique tres momentos en que debemos quedarnos quietos.

    Modelo: *Cuando nos dicen "arriba las manos".*

Creación ● ● ● ● ●

La donación de órganos

¿Está Ud. a favor o en contra de donar sus órganos vitales? ¿Por qué sí o por qué no? ¿Y sangre? ¿Es diferente? Exprese su opinión por escrito.

▼▲▼ Los mejor calzados ▼▲▼ ▼▲▼
Luisa Valenzuela

Palabra por palabra ● ● ● ● ●

faltar	to be lacking
jactarse de	to boast
el **mendigo**	beggar, homeless
molestar*	to bother
rincón*	corner, nook
sobrar	to be in excess

Práctica

En parejas, contesten las preguntas. Atención a las palabras del vocabulario.

1. ¿Qué le sobra y qué le falta a su ciudad, a su universidad (coches, árboles, etc.)? ¿Y a Ud.?
2. ¿De qué se jactan los jóvenes? ¿Pueden los viejos jactarse de algo? ¿Está bien o mal visto jactarse? ¿Le molesta que otros se jacten? ¿De qué no se jactaría nunca?
3. ¿Qué tipos de mendigos existen? ¿Ha hablado alguna vez con un mendigo? ¿De qué hablaron? ¿Le dio dinero?

Repaso gramatical: *Se:* Usos y valores

Introducción ● ● ● ● ●

La narrativa de la escritora argentina Luisa Valenzuela (1938) se caracteriza por la visión crítica, irónica y amarga de la situación política y social de su país, especialmente durante los años anteriores al actual período democrático que empezó en 1983.

    "Los mejor calzados" forma parte de su libro *Aquí pasan cosas raras* (1972). El cuento muestra los efectos psicológicos que tiene en la gente vivir bajo un sistema político represivo.

Alto ● ● ● ● ●

1. ¿Hay muchos pobres en las ciudades grandes? ¿Cómo sobreviven? ¿Dónde suelen reunirse? ¿Tienen buenos zapatos?
2. ¿Cuáles son algunas historias sobre zapatos que Ud. conoce?

Los parques públicos sirven de refugio para los pobres en su soledad.

▼▲▼ Los mejor calzados ▼▲▼ ▼▲▼

Invasión de **mendigos** pero queda un consuelo:[1] a ninguno le **faltan** zapatos, zapatos **sobran**. Eso sí, en ciertas oportunidades hay que quitárselo a alguna pierna descuartizada[2] que se encuentra entre los matorrales[3] y sólo sirve para calzar a un rengo.[4] Pero esto no ocurre a menudo, en general se encuentra el cadáver completito con los dos zapatos intactos. En cambio las ropas sí están inutilizadas. Suelen presentar orificios de bala[5] y manchas de sangre, o han sido desgarradas a latigazos,[6] o la picana[7] eléctrica les ha dejado unas quemaduras[8] muy

---

1. **consuelo** consolation   2. **descuartizada** cut off   3. **matorrales** thickets   4. **un rengo** a one-legged person   5. **orificios de bala** bullet holes   6. **desgarradas a latigazos** torn by whiplashes   7. **picana** prod   8. **quemaduras** burns

feas y difíciles de ocultar. Por eso no contamos con la ropa, pero los zapatos vienen chiche.[9] Y en general se trata de buenos zapatos que han sufrido poco uso porque a sus propietarios no se les deja llegar demasiado lejos en la vida. Apenas asoman[10] la cabeza, apenas piensan (y el pensar no deteriora los zapatos) ya está todo cantado[11] y les basta con[12] dar unos pocos pasos para que ellos les tronchen la carrera.[13]

Es decir que zapatos encontramos, y como no siempre son del número que se necesita, hemos instalado en un baldío del Bajo[14] un puestito de canje.[15] Cobramos muy contados[16] pesos por el servicio: a un **mendigo** no se le puede pedir mucho pero sí que contribuya a pagar la yerba mate[17] y algún bizcochito de grasa.[18] Sólo ganamos dinero de verdad cuando por fin se logra alguna venta. A veces los familiares de los muertos, enterados vaya uno a saber cómo[19] de nuestra existencia, se llegan hasta nosotros para rogarnos que les vendamos los zapatos del finado[20] si es que los tenemos. Los zapatos son lo único que pueden enterrar, los pobres, porque claro, jamás les permitirán llevarse el cuerpo.

Es realmente lamentable que un buen par de zapatos salga de circulación, pero de algo tenemos que vivir también nosotros y además no podemos negarnos a una obra de bien.[21] El nuestro es un verdadero apostolado[22] y así lo entiende la policía que nunca nos **molesta** mientras merodeamos[23] por baldíos, zanjones, descampados,[24] bosquecitos y demás **rincones** donde se puede ocultar algún cadáver. Bien sabe la policía que es gracias a nosotros que esta ciudad puede **jactarse de** ser la de los **mendigos** mejor calzados del mundo.

---

9. **chiche** just fine   10. **apenas asoman** as soon as they show enough   13. **les tronchen la carrera** they cut their lives short   14. **baldío del Bajo** a vacant lot in the Bajo (Buenos Aires) 15. **puestito de canje** barter stall   16. **muy contados** very few   17. **yerba mate** type of tea   18. **bizcochito de grasa** biscuit 19. **vaya uno a saber cómo** who knows how   20. **finado** = muerto   21. **obra de bien** a good deed   22. **apostolado** mission of mercy   23. **merodeamos** we snoop around   24. **zanjones, descampados** ditches, open fields   11. **ya está todo cantado** it is all over   12. **basta con** it is

¿Entendido? • • • • •

1. ¿Quién es el narrador? ¿Cómo lo sabe Ud.? Señale la oración en la lectura.
2. ¿Por qué dice el narrador que sobran zapatos?
3. ¿Dónde encuentran los mendigos los zapatos? ¿Qué hacen con ellos?
4. ¿Por qué no pueden utilizar o vender la ropa?
5. ¿Por qué compran algunas personas los zapatos?
6. ¿Por qué la policía no hace nada contra los mendigos?
7. ¿Qué expresiones del cuento indican actos de violencia?
8. ¿Cuál es la actitud de los mendigos con respecto a los cadáveres?
9. ¿Qué tipo de actitud o conciencia social nos presenta el cuento?

En mi opinión ● ● ● ● ●

1. ¿Es el fenómeno de los desaparecidos exclusivamente de Argentina? ¿En qué otros países está ocurriendo o ha ocurrido algo por el estilo?
2. Según sugiere el cuento, ¿qué les ocurre a los desaparecidos? Responda haciendo alusiones específicas a la lectura.
3. ¿Cuál es el tono de la narración? ¿Le parece a Ud. que el narrador es insensible a lo que ocurre a su alrededor? ¿Por qué es irónico a veces? ¿Es pura ficción lo que hacen los mendigos en el cuento o cree Ud. que esté basado en un hecho real?

En (inter)acción ● ● ● ● ●

1. Invente un nuevo título para la selección y explique por qué es apropiado.
2. Los estudiantes escriben en un papel dónde compraron sus zapatos, cuándo los compraron y cuánto les costaron. Se doblan los papeles y se mezclan bien. Cada uno escoge uno de los papeles y trata de adivinar a quién pertenecen los zapatos preguntándoles a sus compañeros. Sólo se puede responder con sí o no.
3. Cada estudiante debe intentar vender sus propios zapatos a la clase, o cambiarlos por algo.

Mejor dicho ● ● ● ● ●

A. **Molestar/acosar/abusar/maltratar. Molestar** significa *to bother,* pero nunca tiene la connotación sexual que tiene el cognado en inglés.

> La policía nunca nos **molesta** mientras merodeamos por bosquecitos y demás rincones.

Acosar significa *to harass.*

> Los ejecutivos que **acosaron** al empleado han sido despedidos.

Abusar significa *to take advantage of, make unfair demands on* y *abuse sexually.*

> El hombre fue acusado de **abusar** de su criada.

Maltratar significa causar un daño físico a una persona.

> Desafortunadamente muchos padres **han maltratado** a sus hijos pequeños.

B. **Rincón/esquina. Rincón** y **esquina** significan *corner.*
El ángulo interior que forman dos paredes se llama **rincón** y el ángulo exterior **esquina.**
Esquina también se usa para referirse al encuentro de dos calles.

> Merodeamos por los **rincones** en busca de zapatos.
> El atentado terrorista ocurrió a las nueve en la **esquina** de la calle 8 y la avenida 23.

Práctica

A. En parejas, contesten las preguntas siguientes.

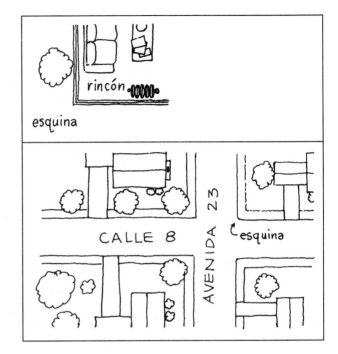

1. ¿Cómo se define el "abuso sexual"? ¿Hay muchas películas que tratan del abuso sexual? ¿Cuáles son? ¿Ha visto Ud. *Los acusados* o *Atracción fatal*? ¿Quién acosa a quién? ¿De quién se abusa?

2. ¿Conoce a alguien que haya sido maltratado? Se dice que una persona maltratada, maltratará a otra, ¿está Ud. de acuerdo? ¿Es común que estas acciones se repitan? ¿Por qué es así?

B. En grupos, digan tres cosas y tres personas que les molestan a Uds. y expliquen por qué.

C. En parejas, contesten las preguntas siguientes.

1. ¿Qué tiene Ud. en los cuatro rincones de su dormitorio? ¿Lo/la han castigado poniéndolo/la en un rincón del aula alguna vez? ¿Por qué?

2. ¿Podrían mencionar las esquinas más famosas de algunas grandes ciudades estadounidenses? En su ciudad, ¿hay alguna esquina muy popular? ¿Qué hay allí?

Creación ● ● ● ● ●

1. Escriba otra vez el cuento desde el punto de vista de los zapatos, usando las expresiones de éste y los anteriores vocabularios.
2. Resuma el argumento de una película como *Thelma and Louise* o *The Burning Bed* usando el vocabulario de **Mejor dicho**.

▼▲▼ En resumen ▼▲▼ ▼▲▼

1. Preguntas

a. ¿Qué tienen en común todos los poemas de esta sección? Mencione al menos dos aspectos.
b. ¿Qué diferencias hay entre los poemas? Explique.
c. ¿Es efectivo usar poemas, una forma breve y esquemática, para tratar estos temas? ¿Por qué sí o no?
d. ¿Qué causas actuales le interesan a Ud.? ¿Ha trabajado alguna vez de voluntario/a?

2. Canción

Ellas danzan solas

Canta: Sting

El cantante de origen británico, Sting, dedicó uno de sus álbumes a la situación política en Latinoamérica. Mientras lee la canción, intente relacionar su tema con algo que ha leído en esta unidad.

¿Por qué están aquí danzando solas?
¿Por qué hay tristeza en sus miradas?
Hay soldados también.
Ignoran su dolor
porque desprecian el amor.
Danzan con los muertos
los que ya no están
amores invisibles
no dejan de danzar
danzan con sus padres
sus niños también
y con sus esposos

"No hay otra forma de protestar..."

en soledad, en soledad.
Yo las vi en silencio gritar°   *shouting*
no hay otra manera de protestar
si dijeran algo más, sólo un poco más
otra mujer sería torturada
con seguridad.
Danzan con los muertos
los que ya no están…
Un día danzaremos sobre sus tumbas° libres   *graves*
un día cantaremos
al danzar.
Ellas danzan con los desaparecidos.
Danzan con los muertos
danzan con amores invisibles
con silenciosa angustia
danzan con sus padres
con sus hijos
con sus esposos.
Ellas danzan solas.
Hey Mr. Pinochet°   dictador de Chile (1973–1990)
su siembra° huele° mal   *sowing, smells*
y ese dinero que recibe
pronto se terminará
no podrá comprar más armas
ni a sus verdugos° pagar.   *executioners*
Imagine a su madre
danzando siempre en soledad
danzando con los muertos
los que ya no están,
amores invisibles,
no dejan de danzar
danzan con sus padres
sus niños también
y con sus esposos
en soledad, en soledad.

Preguntas

1. ¿A que situación sociopolítica se refiere esta canción?

2. ¿Qué propósito tiene el uso de la primera persona del plural (*danzaremos, cantaremos*)? ¿Qué indica el uso del futuro?

3. ¿Por qué es tan triste la danza de estas mujeres? ¿Cómo se explica que bailen?

4. ¿Conoce Ud. alguna canción de protesta en inglés? Menciónela y explique la situación a la que se refiere.

3. Lea el siguiente texto de Luisa Valenzuela y comente alguna de sus características con la clase.

En la prensa de Argentina se conserva la memoria de personas desaparecidas en los años setenta.

Este tipo es una mina

No sabemos si fue a causa de su corazón de oro, de su salud de hierro, de su temple de acero o de sus cabellos de plata. El hecho es que finalmente lo expropió el gobierno y lo están explotando. Como a todos nosotros. (Luisa Valenzuela, *Libro que no muerde,* 1980.)

4. Tira cómica — Los pájaros y la libertad de expresión
   Exprese con una frase en español lo que ocurre en cada cuadro de esta tira cómica.

   Modelo: *En el primer cuadro un hombre y un policía observan a un pájaro que canta en un árbol.*

Los pájaros y la libertad de expresión

APERTURAS

▼▲▼ Un día en la vida ▼▲▼ ▼▲▼
Manlio Argueta

Palabra por palabra ● ● ● ● ●

averiguar	to find out
avisar*	to warn, inform, notify
el **cura**	priest
la **herida**	wound
importar	to matter
luchar*	to struggle
mejorar	to improve
el **pecado**	sin
la **pesadilla**	nightmare
revisar*	to check, inspect

● ●

a lo mejor	maybe
tener la culpa	to be guilty

Práctica

En parejas, contesten las preguntas. Atención a las palabras del vocabulario.

1. ¿Son ahora los curas, los pastores y los rabinos más activos que antes en la sociedad? ¿Hay muchos como el reverendo Martin Luther King, Jr.? ¿En qué ha cambiado la religión? ¿Es bueno o malo el cambio?

2. ¿Cómo averiguamos las atrocidades que comete un gobierno totalitario? ¿Por qué es raro averiguar estos hechos por los medios de comunicación? ¿Qué le gustaría averiguar a Ud.? ¿Qué no se debe averiguar nunca? ¿Por qué?

3. ¿Quiénes tienen la culpa de la violación de los derechos humanos? Si Ud. presencia un crimen o un delito y no dice ni hace nada, ¿tiene Ud. tanta culpa como el criminal o el delincuente?

4. En su opinión, ¿cuál es el pecado más grande? ¿Cometen pecados los soldados que matan por su patria?

5. ¿Cuáles son tres asuntos que le importan a Ud.? ¿Cómo podemos mejorar nuestro mundo? ¿Y a nosotros/as mismos/as? ¿Qué cree Ud. que debe mejorar en su vida o en su carácter?

Repaso gramatical: Los diminutivos
El gerundio y los tiempos progresivos
Los posesivos

Introducción • • • • •

La novela del escritor salvadoreño, Manlio Argueta, *Un día en la vida* (1983), es una de las presentaciones más enternecedoras de la situación política en El Salvador antes de 1992. Los personajes principales son tres mujeres de una misma familia que reflexionan sobre su existencia diaria y el inevitable y trágico impacto que tiene la política en sus vidas. En la siguiente selección, en cambio, la protagonista Lupe nos habla del papel tan decisivo que ha tenido la iglesia católica para los campesinos salvadoreños.

Alto • • • • •

¿Cómo puede ayudar la religión a los pobres y a los que sufren injusticias? ¿Es suficiente tener paciencia y resignación?

▼▲▼ Un día en la vida ▼▲▼ ▼▲▼

6:00 A.M.

A nosotros nos gustan las rancheras[1] porque tienen letras bonitas que se entienden. Ha sido despuesito que oí otra clase de canciones, cuando llegaron los muchachos a la iglesia, acompañando al **cura.** Cantan unas canciones llamadas de protesta. Sí, pues en los últimos tiempos todo cambió.

Antes, cuando venían los curas a dar misa, nos daban nada más que esperanzas. Que no nos preocupáramos, que el cielo[2] era de nosotros, que en la tierra debíamos vivir humildemente[3] pero que en el reino de los cielos íbamos a tener felicidad. Y cuando le decíamos al **cura** que nuestros hijos estaban muriendo por las lombrices[4] nos recomendaban resignación. La cantidad de lombrices es tanta que se los van comiendo por dentro y llegan a arrojarlas[5] por la boca y la nariz. El padre decía tengan paciencia, recen sus oraciones y traigan limosnita.[6]

---

1. **rancheras** — canciones folklóricas   2. **cielo** heaven   3. **humildemente** humbly   4. **lombrices** intestinal worms   5. **arrojarlas** to throw them up   6. **limosnita** alms

Hasta que, de pronto, los **curas** fueron cambiando. Nos fueron metiendo en grupos coo-
perativistas, para hacer el bien al otro, para compartir las ganancias.[7] Es una gran cosa hacer el
bien a otros, vivir en paz todos, conocerse todos, levantarse antes que el sol para ir a trabajar
con los cipotes,[8] arriar a los chanchos[9] y vender los huevos a buen precio. Todo **fue mejoran-
do** por aquí. También cambiaron los sermones y dejaron de decir la misa en una jerigonza[10]
que no se entendía. Ahora todo es serio en la misa pues los padres comenzaron a abrirnos los
ojos y los oídos. Uno de ellos nos repetía siempre: para ganarnos el cielo primero debemos
luchar por hacer el paraíso en la tierra. Fuimos comprendiendo que la cosa estaba mejor así.

Le fuimos perdiendo miedo al **cura.** Antes nos daban miedo, creíamos que eran una
especie de magos,[11] que con un gesto podían aniquilarnos.[12] Además no nos daban
confianza.[13] Hablaban con una voz ronca,[14] del otro mundo o de las profundidades de dios.
Parecía que caminaban en el aire, de aquí para allá con sus grandes sotanas[15] negras. Nos
pedían gallinitas[16] y algunas libras de maíz.

Después de un congreso en no sé dónde, según nos explicaron los padres jóvenes que
comenzaron a llegar a Chalate, ya la religión no era lo mismo. Los curas llegaban en pantalones corrientes y vimos que eran como la gente de carne y hueso, sólo que mejor vestidos y
ya su voz era normal y no andaban pidiendo gallinitas y por el contrario, ellos nos regalaban
algún recuerdo de la ciudad cuando venían.

Bajaban al Kilómetro y venían a ver cómo vivíamos; los anteriores padres nunca llegaron a
nuestros ranchos, todo lo recibían en la capilla,[17] allí se desmontaban de sus yips[18] y luego al
terminar la misa, de nuevo agarraban[19] su carro y se perdían en el polvo[20] del camino.

Estos nuevos **curas** amigos aunque también llegaban en yip, sí nos visitaban, que cómo vivís,
que cuántos hijos tenés, que cuánto ganás y si queríamos **mejorar** nuestras condiciones de vida.

En ese entonces ocurrió algo que nunca había pasado: la guardia[21] comenzó a asomarse[22]
por el andurrial.[23] Y comenzaron a decirnos que los curas nos habían insolentado,[24] nos habían
metido ideas extrañas. Y ya no les bastaba pedir los documentos y **revisarnos** si andábamos
con machete sino que lo primero en preguntar era si íbamos a misa. Qué cosas nos decían los
curas en misa. Y nosotros al principio no entendíamos nada. Porque los guardias podían ir a
misa y darse cuenta por sus propios oídos.

Era sólo para atemorizarnos,[25] para que fuéramos retirándonos de la iglesia. Y que si este

---

7. **ganancias** profits   8. **cipotes = niños**   9. **arriar a los chanchos** herd the pigs   10. **jerigonza** jargon *(referring to Latin)*
11. **magos** magicians   12. **aniquilarnos = destruirnos**   13. **confianza** trust   14. **ronca** harsh-sounding   15. **sotanas** priest's
robe   16. **gallinitas** chickens   17. **capilla** chapel   18. **yips** jeeps   19. **agarraban** got back into   20. **polvo** dust
21. **la guardia = los soldados**   22. **asomarse** to come by   23. **andurrial = lugar remoto**   24. **nos habían insolentado** had made us
disrespectful   25. **atemorizaros = darnos miedo**

domingo iban a haber cantantes comu-
nistas en la iglesia. Y nosotros no
sabíamos nada, que íbamos porque
éramos católicos activos. El odio que les
tenían a los **curas** se lo desquitaban[26] con
nosotros. No se atrevían a tocar al padre
pues en el fondo[27] le tenían miedo.

A los **curas** les tenían miedo porque
éstos no se quedaban callados, les regañaban.[28] Un día se atrevieron a lo peor. Algo
que nos hizo morir: el cura fue encontrado medio muerto en el camino hacia
Kilómetro. Le habían dejado la cara des-
figurada, con **heridas** por todas partes.
Alguien iba pasando por el lugar y vio al
hombre desnudo que se lamentaba[29]
abajo de un barranco.[30]

Le habían metido un palo[31] en el ano[32] y todavía lo tenía allí. Apenas se le oía la voz al padre.
Más allacito estaba colgada la sotana, toda desgarrada.[33] Cuando nos vinieron a **avisar** nos
fuimos en caravana hasta el lugar. Allí mismo lo subimos a la carretera para esperar un carro
que se lo llevara. Y ahí me di cuenta que nos habíamos hecho duros, pues nadie dejaba salir un
lamento o un llanto, sólo "pobrecito", por dentro, con una gran angustia por tratarse de un
padre, algo que nunca nos hubiéramos imaginado. Era una **pesadilla.** Nos dimos cuenta que
los santos se podían bajar del cielo. Desde entonces ya nada nos extrañaría,[34] sólo faltaba que
lloviera fuego y que los gatos persiguieran a los chuchos.[35] El yip del padre lo fueron a encontrar más allá, incendiado[36] en otro barranco. O que las mulas tuvieran mulitos. Sólo eso nos
estaba faltando en esta vida. De ahora en adelante, cualquier **pecado** se iba a quedar chiquito.

6:30 A.M.

Nunca habíamos recibido nada de la iglesia. Sólo darle. Cosas pequeñas, es cierto. Y ellos
que tuviéramos conformidad. Pero nunca llegamos a pensar que los **curas tuvieran la culpa**
de nuestra situación. Si un cipote se nos moría nosotros confiábamos que el **cura** lo iba a salvar en la otra vida. **A lo mejor** nuestros hijos muertos están en el cielo.

Ellos siempre gorditos y chapuditos.[37]

---

26. desquitaban they took out   27. en el fondo deep down   28. regañaban scolded   29. lamentaba was moaning
30. barranco ravine   31. palo stick   32. ano anus   33. desgarrada in shreds   34. nos extrañaría = nos sorprendería
35. chuchos = perros   36. incendiado = quemado   37. chapuditos rosy-cheeked

No les preguntábamos si eran felices en la tierra. No nos **importaba** la vida ajena, menos la de un sacerdote.

Y cuando ellos cambiaron, nosotros también comenzamos a cambiar. Era más bonito así. Saber que existe algo llamado derecho. Derecho a medicinas, a comida, a escuela para los hijos.

Si no hubiera sido por los **curas** no **averiguamos** la existencia de esas cosas que le favorecen a uno. Ellos nos abrieron los ojos, nada más. Después nos fuimos solos. Con nuestras propias fuerzas.[38]

Fotografía distribuida por Unicef con los últimos datos sobre la infancia

---

38. **fuerzas** strength

¿Entendido? • • • • •

1. Según la narradora, ¿cómo eran los curas tradicionales? ¿Qué hacen los curas modernos?
2. ¿Cómo es la relación entre los campesinos salvadoreños y la guardia nacional?
3. ¿Cuál es la relación de los curas con el ejército, con los ricos y los pobres?
4. Según la narradora, ¿en qué sentido han cambiado también los campesinos en los últimos años?
5. ¿Por qué no pueden tener mulitos las mulas?
6. ¿Qué fenómeno lingüístico indican las formas verbales "tenés" y "ganás"?

En mi opinión • • • • •

1. Posiblemente usted habrá oído hablar del arzobispo Oscar Romero, quien fue asesinado por miembros de la guardia nacional salvadoreña en 1980, mientras celebraba misa. Desde esa fecha, numerosos religiosos (sacerdotes, monjas …) han sido asesinados. ¿Qué relación tienen esos hechos con lo que ha leído aquí? ¿Ha visto alguna de las películas que tratan de la antigua situación en El Salvador, como *Romero* y *Salvador*?
2. En su opinión, ¿ha sido positivo para los campesinos este cambio ideológico de la Iglesia Católica?

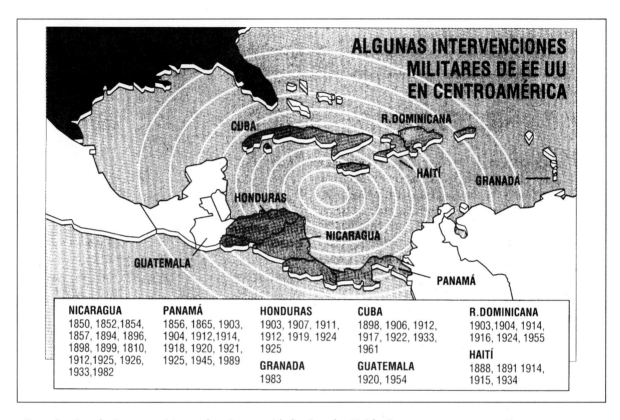

¿En qué países de Centroamérica no han intervenido los Estados Unidos?

3. EEUU ha enviado a El Salvador las siguientes cantidades de dinero en ayuda militar, es decir, para entrenar a la guardia nacional y a los llamados escuadrones de la muerte *(death squads)*:

1980	6 millones	
1982	26 millones	de dólares
1983	61.3 millones	
1989	600 millones	

¿Qué piensa Ud. de la intervención norteamericana en El Salvador? ¿Y en otros países?

4. Después de la Guerra Civil española muchas personas se hicieron fervientes practicantes del catolicismo, mientras otros dejaron la iglesia por completo. ¿Cómo explicaría Ud. esta doble reacción a una misma experiencia histórica?

En (inter)acción ● ● ● ● ●

En grupos, digan cuál de estos derechos es más básico para la sociedad.

1. La libertad de expresión o el bienestar físico
2. El derecho de comprar y llevar armas o el derecho a la vida

Mejor dicho • • • • •

A. Avisar/aconsejar. Avisar significa *to inform, warn, notify.*

Cuando nos vinieron a **avisar** nos fuimos en caravana hasta el lugar.

Aconsejar significa *to advise or counsel.*

¿Qué te **aconsejó** tu amigo en cuanto a ese asunto?

¡OJO! Recuerde que **aconsejar** es un verbo que rige el subjuntivo en la cláusula subordinada.

Me **aconsejó** que no me preocupara.

B. Luchar/combatir/pelear(se). Luchar significa *to struggle.*

Para ganarnos el cielo primero debemos **luchar** por hacer el paraíso en la tierra.

Combatir significa *to fight, as in combat.*

Mi tío **combatió** en la guerra del Golfo Pérsico.

Pelear significa *to fight* o *quarrel.*

No es raro que los cipotes **peleen.**

Pelearse significa *to break up a relationship.*

Los novios **se pelearon** y ahora ella no quiere verlo.

C. Reseñar/repasar/revisar. Reseñar significa *to review a creative work or place,* como hace un crítico.

¿Quién **reseñó** la última película de María Luisa Bemberg?

Repasar significa *to go over or review, like notes for a test.*

Tenemos que **repasar** tres lecciones para el examen.

Revisar significa *to inspect, check* o *edit.*

Ya no les bastaba pedir los documentos y **revisarnos** si andábamos con machete.

Práctica

A. En parejas, ayuden a su amigo Ramón diciéndole a quién debe avisar si

- encuentra un extraterrestre en su cuarto
- todos los estudiantes de la escuela tienen diarrea
- hace un descubrimiento arqueológico
- cancelan las clases
- hay un escape (*leak*) de gas
- en el cine la película no se oye bien

B. ¿Qué le aconsejaría a un/a amigo/a en estas circunstancias?

Modelo: va a viajar a El Salvador

Le aconsejaría que visitara Chalate.

1. quiere leer un libro de un/a autor/a salvadoreño/a
2. quiere saber qué es la teología de la liberación
3. quiere hablar con la Guardia Nacional de El Salvador
4. quiere llevarle un regalo a una compañera salvadoreña

C. En parejas, contesten las preguntas siguientes.

1. ¿Qué causas de lucha hay actualmente en Estados Unidos?
2. ¿Conoce Ud. a alguien que haya combatido en una guerra? ¿Cree que las mujeres deban tener la opción de combatir?
3. ¿Con quién y por qué pelea Ud.? ¿Se ha peleado Ud. con alguien alguna vez? ¿Es bueno que una pareja pelee?

D. En parejas, contesten las preguntas.

1. ¿Ha reseñado Ud. películas, libros, conciertos? ¿Lee Ud. lo que otros reseñan? ¿Está Ud. de acuerdo con las reseñas de Siskel y Ebert? ¿Va Ud. a las películas que ellos *no* recomiendan? ¿Por qué sí/no?
2. ¿Repasa Ud. sus apuntes después de cada clase? ¿Prefiere repasar para un examen solo/a o en grupo?
3. ¿Quién revisa sus trabajos escritos? ¿Por qué es tan difícil revisar su propio trabajo? ¿Es problemático revisar el trabajo de sus amigos/as? ¿Por qué?
4. ¿Qué revisan en los aeropuertos? ¿Por qué?

E. En grupos, elijan una de estas obras. Inventen una reseña de acuerdo con lo que les sugiere el título, y luego preséntenla a la clase.

1. *El hombre que se convirtió en perro* de Osvaldo Dragún
2. *Encerrado con un solo juguete* de Juan Marsé
3. *El libro de la paella y los arroces* de Lourdes March
4. *El verdadero Pancho Villa* de Silvestre Terrazas
5. *Lo que todo revolucionario debe saber sobre la represión* de Víctor Serge

Creación ● ● ● ● ●

1. Escriba, en forma de diario, un episodio inolvidable en la vida de una mujer campesina.
2. Explique la presencia de la religión en su vida o en la historia contemporánea.
3. Investigue qué es la "teología de la liberación". ¿Quién es el sacerdote Gustavo Gutiérrez? ¿Cree Ud. que la Iglesia Católica esté a favor o en contra de esta teología?

▼▲▼ ¿De qué se ríen? ▼▲▼ ▼▲▼

Palabra por palabra ● ● ● ● ●

el **blanco**	target
el **chiste***	joke
el **disparo**	shot
el **medio**	means, middle

● ●

encogerse de hombros   to shrug one's shoulders

Práctica

En parejas, contesten las preguntas. Atención a las palabras del vocabulario.

1. ¿Ha sido Ud. blanco de discriminación? ¿Qué le pasó? ¿Qué o quién es a veces el blanco de su enojo? ¿Por qué?
2. ¿El fin justifica los medios? Comente y opine.
3. ¿Qué expresa el gesto de encogerse de hombros? ¿Tiene más de un significado?

Repaso gramatical: Repaso del subjuntivo

Introducción ● ● ● ● ●

Las situaciones desesperadas a veces tienen consecuencias positivas que demuestran la capacidad humana de perseverar en la adversidad. Muchas veces lo crucial no es tanto lo que ocurre sino cómo se vive la experiencia; es decir, cada persona puede determinar en gran parte su propia reacción. El humor es una de las opciones disponibles a todos.

Alto ● ● ● ● ●

1. ¿Por qué se ríe una persona en momentos de tensión? ¿Cree Ud. que la risa (*laughter*) es la mejor medicina?
2. ¿A Ud. le gustan los chistes políticos? ¿Por qué son importantes? ¿Sabe alguno contemporáneo?

▼▲▼ ¿De qué se ríen? ▼▲▼ ▼▲▼

En América Latina el humor tiene un lugar de enorme importancia en la sociedad, por la sen-cilla[1] razón de que su mecanismo sirve para descargar[2] tensiones y, al mismo tiempo, opera como un **medio** de comunicación.

---

1. **sencilla** = simple   2. **descargar** to release

El corresponsal de *UNO* en Colombia, Héctor Rincón, por ejemplo, señala que la creatividad humorística de sus compatriotas[3] se ha redoblado con la actual ola[4] de violencia: "El sociólogo Orlando Fals Borda atribuye este fenómeno a que la gente asume sus miserias y les saca dividendos para poder seguir con vida."

La represión de la oposición y el amordazamiento[5] de la prensa espolean[6] el ingenio popular. El tercer estímulo fundamental para el humor latinoamericano es la desilusión. Estos tres elementos suelen concentrarse en víctimas propiciatorias: las personas con defectos físicos, los homosexuales, grupos sociales que son percibidos como amenazantes (los militares, por ejemplo) y ciertos extranjeros.

Carlos Salinas de Gotari

En México los políticos, y en especial los presidentes del país han constituido desde siempre un **blanco** favorito para los **chistes.** Gustavo Díaz Ordaz (1964–70) por su fealdad, Luis Echeverría (1970–76) por su supuesta estupidez, José López Portillo (1976–82) por su presunta deshonestidad, Miguel de la Madrid (1982–88) por su falta de valor político, y ahora Carlos Salinas de Gortari por su prominente calva[7] y amplias orejas, han sido todos protagonistas de cientos de ellos. He aquí un ejemplo:

> Miguel de la Madrid, embargado[8] por la preocupación, llama en su primer día de gobierno a su predecesor, López Portillo: "Oye Pepe, debe haber algún error, porque encontré sólo cinco dólares en las arcas[9] del Banco de México." Y López contesta: "No te preocupes, Miguel, simplemente no los vi."

En Colombia, aparte de los muros callejeros,[10] los canales tradicionales siguen sirviendo a la expresión del sentido del humor de los colombianos. Pero donde mayor movimiento tiene el humor es en la calle. Es allí donde se demuestra el poder invencible de la gente para burlarse

---

3. **compatriotas = personas del mismo país**   4. **ola** wave   5. **amordazamiento** gag order   6. **espolean = animan**   7. **calva** bald head   8. **embargado** overwhelmed   9. **arcas** vaults   10. **callejeros = de la calle**

de sí misma o de lo que pasa, como la manera de exorcizar la desgracia. Allí florece[11] un humor punzante[12] contra los funcionarios públicos, especialmente contra el presidente de la república, **blanco** favorito de los **disparos** verbales.

Al antiguo jefe de estado, Virgilio Barco, lo fustigaban[13] implacablemente por su precaria propiedad[14] para hablar. Llegaron a decir que lo manejaba un ventrílocuo. Pero también alabaron[15] sus esfuerzos: "El presidente ya habla de corrido."[16] Y hubo algún dirigente político que dedujo el progreso de Barco de la siguiente forma:

"Va muy bien —dijo. En el último discurso, al final, estaban escritos dos vivas al partido Liberal. Y él dijo tres. Improvisó el último."

En Argentina la situación política se refleja en un "cuento" de amplia circulación:

Bush, Mitterrand y Alfonsín marchan juntos a consultar a Dios sobre el destino de sus países. Bush dice: —No me puedo quejar, pero me preocupa el elevado déficit comercial. ¿Cuándo se puede resolver?

Virgilio Barco

Raúl Alfonsín

---

11. **florece** flourishes   12. **punzante** biting
13. **fustigaban** = **criticaban**   14. **propiedad** correctness, exactness   15. **alabaron** praised
16. **de corrido** fluently

— Se resolverá — dice Dios — pero no será durante tu mandato.

Se adelanta Mitterrand y dice: — Yo tampoco me quejo, pero Francia está atrasada[17] respecto de otros países desarrollados. — Eso se resolverá — dice Dios — pero no será durante tu mandato. Le toca el turno a Alfonsín: — ¡Ayyy! Nosotros, en cambio, tenemos problemas con los militares, la deuda, el estancamiento,[18] la energía… ¿Cuánto más deberemos esperar para que se resuelva? Y Dios replica: —Se resolverá… pero no durante mi mandato…

En Chile, el tema político es fuente inagotable[19] de inspiración:

Pinochet tiene un loro[20] que cada vez que lo ve le dice: "Y va a caer…". Pinochet, a quien le gusta su loro, vacila[21] antes de ordenar su ejecución: "Se lo mandaré al cardenal Fresno, para que lo reeduque."[22] Dos meses después vuelve el loro. No dice una palabra. Pasan dos meses. Pinochet está intrigado, y decide provocar al loro. Lo enfrenta[23] y le dice: "Y va a caer…" El loro abre sus alas, recoge la cabeza y entona, como una letanía: "Escúuuuchanooooos Señor… Te rogaaamos…"

El miedo también inspira:

Un hombre comenta a otro: "Fíjate, cuando llegué a casa todo estaba revuelto. Los bomberos[24] habían tirado todo por el suelo y se llevaron libros y documentos." El otro replica: "¿Los bomberos hicieron eso? ¡No! Seguramente fueron los agentes de seguridad…" Y dice el primero, **encogiéndose de hombros:** Tú dijiste eso, no yo…"

---

17. atrasada behind   **18. estancamiento** stagnation   **19. inagotable** inexhaustible   **20. loro** parrot   **21. vacila** hesitates
22. reeduque retrain   **23. enfrenta** confronts   **24. bomberos** firemen

¿Entendido? ● ● ● ● ●

1. En general, ¿por qué hay tanto humor político en Latinoamérica?
2. Mencione tres factores que estimulan el humor.
3. ¿Quiénes son los blancos de los chistes?
4. ¿Qué estereotipos explotan los chistes? Dé varios ejemplos.
5. ¿Cuáles son los temas principales del humor latinoamericano?
6. Explique en qué consiste el humor de algunos de los chistes recogidos en el texto.

En mi opinión ● ● ● ● ●

1. ¿Hay mucho humor político en Estados Unidos? Comente y dé ejemplos.
2. ¿Qué efecto tiene el humor en los problemas de la vida diaria? Explique.

3. Se dice que el humor es una de las últimas cosas que se aprende en una lengua extranjera. ¿Por qué será así?

4. ¿Qué sección del periódico lee Ud. primero? ¿Por qué? ¿Hay tiras cómicas relacionadas con la situación del momento? ¿Y con los hispanos?

En (inter)acción ● ● ● ● ●

1. Consiga un chiste político, tráigalo a clase y explíquelo.
2. Háblele a la clase de su tira cómica o su revista favorita. (Garfield, B.C., Doonesbury, Mad, etc.)
3. Explique a la clase los dos chistes siguientes.

Mejor dicho ● ● ● ● ●

Chiste/broma. Chiste es un cuento o una anécdota graciosa, que hace reír al que lo oye, o lo lee.

Los presidentes han constituido un blanco favorito para los **chistes.**

Broma es *a practical joke, a trick, or a prank.*

La **broma** fue cruel y le hizo daño a mi amigo.

Gastar bromas es *to play jokes or tricks.*

Mi hermano mayor me dice que me llaman por teléfono y no es cierto. Siempre me **gasta** este tipo de **bromas.**

Práctica

En grupos, cuéntense chistes y luego den ejemplos de bromas.

Creación ● ● ● ● ●

Describa detalladamente una de las bromas que le han gastado a Ud.

▼▲▼ En resumen ▼▲▼ ▼▲▼

1. **Preguntas**
   a. ¿Cómo se pueden soportar las situaciones desesperadas? ¿Cuáles son las posibilidades que estos textos sugieren? ¿Puede Ud. sugerir otras alternativas?
   b. Relate un incidente angustioso o terrible que le haya sucedido a Ud. o a alguien que conoce. ¿En qué pensaba durante los momentos más difíciles?
   c. ¿Son más religiosos los pobres o los ricos? ¿Los jóvenes o los viejos? ¿Los hombres o las mujeres? ¿Quiénes tienen cargos más importantes dentro de la Iglesia?

2. **Canción**

Credo

Canta: Elsa Baeza

El título de esta canción, "Credo", es también el nombre de una de las oraciones recitadas durante la celebración de la misa católica. El "Credo" de Elsa Baeza es una nueva versión de dicha oración y sigue los presupuestos de la teología de la liberación. Mientras lee la canción, preste atención a los versos donde se manifiesta esta ideología.

(estribillo°)   *chorus, refrain*
Creo en vos arquitecto, ingeniero,
artesano, carpintero, albañil y armador.°   *brick layer, ship assembler*
Creo en vos, constructor del pensamiento,

"…la belleza floreció…"

de la música y el viento, de la paz y del amor.
Creo Señor firmemente
que de tu pródiga° mente   *lavish, generous*
todo este mundo nació,
que de tu mano de artista,
de pintor primitivista,
la belleza floreció,
las estrellas y la luna,
las casitas, las lagunas,
los barquitos navegando,
por el río rumbo al mar,
los inmensos cafetales,
los blancos algodonales,
y los bosques mutilados,

por el hacha° criminal.   *ax*
(estribillo)
Yo creo en vos Cristo obrero,°   trabajador
luz de luz y verdadero
unigénito° de Dios,   único hijo
que para salvar al mundo
en el vientre humilde y puro
de María se encarnó.
Creo que fuiste golpeado,°   *beaten*
con escarnio° torturado,   *mockery*
en la cruz martirizado
siendo Pilatos pretor,°   líder
el romano imperialista,
puñetero° y desalmado   *damned*
que lavándose las manos
quiso borrar° el error.   eliminar
(estribillo)
Yo creo en vos compañero,
Cristo humano, Cristo obrero,
de la muerte vencedor,°   *conqueror*
con el sacrificio inmenso
engendraste al hombre nuevo
para la liberación,
vos estás resucitando
en cada brazo que se alza°   *is raised*
para defender al pueblo
del dominio explotador,
porque estás vivo en el rancho,
en la fábrica, en la escuela,
creo en tu lucha sin tregua,°   pausa
creo en tu resurrección.
(estribillo)

Preguntas

1. ¿En qué características de Jesucristo hace énfasis la canción? Mencione tres.
2. ¿Con qué grupo de la población se identifica a Jesucristo?
3. ¿Qué imagen de Jesucristo presenta la canción? ¿Es éste un Dios amante o castigador? ¿Divino o humano? ¿Activo o contemplativo?
4. ¿Puede relacionar esta canción con alguno de los poemas o alguna de las lecturas de esta unidad?

▼▲▼ En conclusión ▼▲▼ ▼▲▼

Temas para discutir o escribir

1. La relación entre el individuo y la sociedad es fundamental y a menudo problemática. ¿Hasta qué punto siente Ud. la presión del conformismo? ¿Y el deseo de cambiar el sistema?

2. La fuerza que ejerce la sociedad sobre el individuo puede ser activa (la policía) o pasiva (la opinión pública). ¿Cómo funciona la opinión pública para controlar a los ciudadanos? ¿Tiene efecto? ¿Es positiva o negativa?

3. En los ejemplos que hemos leído, las víctimas del abuso son inocentes. ¿Qué pasa si las víctimas son culpables? ¿Qué derechos humanos deben tener los criminales?

4. ¿Cree Ud. que los animales deban tener derechos también como las personas? ¿Existen hoy día ejemplos de actividades con los animales que Ud. considere abusivas?

5. ¿Está Ud. de acuerdo con la pena de muerte? Explique y defienda su postura.

6. Compare la violencia política y la violencia social. ¿En qué tipo de sociedad es más difícil vivir?

7. En los países del mundo hispano existe una multitud de partidos políticos y de periódicos, en contraste con el sistema de solamente dos partidos y un periódico principal por ciudad que impera en Estados Unidos. Comente las posibles ventajas y desventajas de estos dos modos de gobernar y de impartir información al público. ¿Hay alguna diferencia verdadera entre los partidos políticos norteamericanos o entre las tres cadenas principales de televisión?

A.N.D.A.

ASOCIACION NACIONAL PARA LA DEFENSA DE LOS ANIMALES

A.N.D.A.

POR UNA ESPAÑA MAS HUMANIZADA

MAS CIVILIZADA

MAS EUROPEA

A. N. D. A.

Gran Vía, 31 - 9.º n.º 3
Tel. 522 69 75 - Fax: 523 41 86
28013 MADRID

UNIDAD 4

La mujer y la sociedad

Un prejuicio prevaleciente en muchas sociedades es considerar a la mujer como un ser inferior al hombre. Desde el siglo XIX se vienen formando grupos que luchan por destruir esta concepción tradicional y errónea de la mujer, a la vez que denuncian las distintas agresiones cometidas contra ella, en la vida pública (mundo laboral, comercial y político), tanto como en la vida privada (familia, sociedad).

Aunque la igualdad sexual aún está muy lejos de ser una realidad, por lo menos la concienciación de las mujeres y de los hombres respecto al problema va siendo cada vez mayor. Pero la concienciación, así como la liberación femenina, no se dan por igual en todas las clases sociales, como tampoco en todos los países hispanohablantes. Ya que resulta inadecuado generalizar sobre la situación de la mujer en el mundo hispánico, los textos reunidos en esta unidad giran en torno a problemáticas femeninas que transcienden las fronteras geográficas y que se debaten en muchos países hoy en día. No obstante, la mayoría de los textos han sido escritos por autoras y autores hispanos y, por lo tanto, muestran una perspectiva cultural particular de las cuestiones femeninas. Ahora bien, "las cuestiones femeninas" incumben *(concern)* tanto a las mujeres como a los hombres, pues vivimos en sociedades mixtas y lo que opina, hace o decide un sexo afecta indudablemente al otro.

Los textos de esta unidad están agrupados en tres temas: lenguaje y comportamientos sexistas, parejas y planificación familiar.

En **Lenguaje y comportamientos sexistas,** la primera lectura, "Propuestas para evitar el sexismo en el lenguaje", expone algunos casos de sexismo en la lengua española y propone alternativas para evitarlos.

El siguiente texto, "Palabreo", muestra igualmente la importancia que tienen las palabras, pero en esta ocasión lo que destaca es su empleo con fines manipuladores. La tira cómica "La zorra y las uvas verdes" comparte el mismo escenario que el cuento anterior y denuncia la hipocresía masculina.

"Rosas rojas para mi secretaria" expone los motivos por los que una mujer decide rechazar sus ideales igualitarios y aceptar el papel tradicional.

La canción "La rebelión de los electrodomésticos" cierra esta sección con un toque de humor.

En **Parejas,** *La princesa vestida con una bolsa de papel* subvierte el papel pasivo que tienen los personajes femeninos en los cuentos de hadas tradicionales.

El artículo periodístico, "La silenciosa separación de Daniel Ortega y Rosario Murillo", permite examinar la función de las mujeres que están siempre detrás de los "grandes hombres".

El ensayo "La liberación del amor" y el cuento "La abnegación" oponen el comportamiento tradicional de ciertas mujeres en las relaciones de pareja, al comportamiento más liberal de otras.

La canción "La historia de Lily Braun" nos cuenta por qué una mujer abandona su carrera artística al contraer matrimonio y por qué se arrepiente más tarde de ello.

En **Planificación familiar,** "La brecha" y "Medidas contra el aborto", y la tira cómica "¡El vuelo de París!" giran en torno al tema de la maternidad, el aborto y la planificación familiar. La canción "Madre campesina" denuncia la deplorable situación en la que viven y trabajan las mujeres campesinas embarazadas.

Que yo sepa ● ● ● ● ●

1. ¿Qué es el feminismo? ¿Quiénes son los/las feministas? ¿Conoce Ud. a alguno/a? ¿Se considera Ud. feminista? ¿Por qué sí/no?

2. Probablemente Ud. ha oído decir las palabras misoginia/misógino/a, machismo/machista, homofóbico/a. Pero ¿sabe qué significan?

3. ¿Ha cambiado en los últimos años la manera como presenta la publicidad a la mujer? ¿Quiénes suelen anunciar productos para la casa, como detergentes, limpiacristales, etc.? ¿Quiénes están locos o locas por ir de compras? Comente alguna propaganda de la televisión que explota la imagen tradicional de la mujer.

4. Los hombres siempre se han preguntado qué quieren las mujeres. Las mujeres sólo ahora empiezan a decírselo. ¿Está claro qué quieren los hombres?

Una arqueóloga dirigiendo unas excavaciones en México

LENGUAJE Y COMPORTAMIENTOS SEXISTAS

▼▲▼ **Propuestas para evitar el sexismo en el lenguaje** ▼▲▼ ▼▲▼
El Instituto de la Mujer (España)

Palabra por palabra ● ● ● ● ●

añadir	to add
el **apellido**	last name
el **comportamiento**	behavior
dirigir	to direct
exigir	to demand
introducir*	to introduce
el **papel***	role, paper
la **propuesta**	proposal
la **reivindicación**	demand
soltero/a	single (unmarried)

* Estas palabras aparecen explicadas en **Mejor dicho.**

Práctica

En parejas, contesten las preguntas siguientes. Atención a las palabras del vocabulario.

1. ¿Cuáles son las reivindicaciones de los grupos feministas? ¿Ha leído algunas de sus propuestas? ¿Cree Ud. que estos grupos exigen demasiado?

2. ¿Cuál es el apellido de su padre? ¿Y el de su madre? ¿Cuántos apellidos tiene Ud.? ¿Está de moda tener más de un apellido? ¿Qué apellidos son los más comunes en su país? ¿Y en los países hispanos? ¿Podría mencionar 10 apellidos españoles en menos de 30 segundos?

3. En su lengua, ¿qué nombre(s) recibe una mujer soltera? ¿Y un hombre soltero? ¿Le parece que hay una base sexista en estas denominaciones?

Repaso gramatical: Las dos maneras de expresar la voz pasiva en español (segundo repaso)

Introducción ● ● ● ● ●

La discriminación contra ciertos grupos étnicos y contra la mujer es patente en muchos niveles de nuestra sociedad y se manifiesta claramente en el lenguaje. Ya que las estructuras sociales no suelen cambiar de la noche a la mañana *(overnight),* al menos deberíamos eliminar de la lengua que hablamos cualquier rastro *(trace)* de sexismo. Acaso al alterar la manera de hablar, cambiemos decisivamente la manera de pensar.

El siguiente texto, que fue redactado por el Instituto de la Mujer, no sólo denuncia algunas expresiones sexistas del español sino que también propone soluciones.

Alto ● ● ● ● ●

1. ¿Cuáles son algunos ejemplos de discriminación sexual? ¿Cómo se podría evitar ese tipo de discriminación?
2. ¿Está Ud. consciente de algunas expresiones sexistas del inglés? ¿Le parece (bien, mal…) decir *chairperson* en lugar de *chairman*? ¿Le importa mucho? ¿Por qué? ¿Está Ud. de acuerdo con quienes afirman que "el sexismo es una enfermedad social"?

Violeta Chamorro, presidenta de Nicaragua desde 1990

▼▲▼ Propuestas para evitar el sexismo en el lenguaje ▼▲▼ ▼▲▼

I.

"Para que las mujeres accedan a la igualdad de oportunidades hace falta no sólo perfeccionar y completar el desarrollo normativo del principio de igualdad, sino modificar también las actitudes, **comportamientos,** formas de vida y estructuras sociales que impiden a la mujer el libre desarrollo de su personalidad y su participación activa en la cultura, el trabajo y la política." (Plan para la igualdad de oportunidades de las mujeres, 1988/1990.)

* * *

Las modificaciones deben alcanzar[1] también el conjunto de normas lingüísticas que dificultan[2] la identificación de las mujeres, constituyen una barrera[3] para la comunicación equilibrada[4] entre las personas y no responden[5] a las necesidades de representación simbólica de una realidad cambiante.

La lengua debe ser un sistema abierto en el que se **introduzcan** a lo largo del[6] tiempo las modificaciones convenientes, **dirigidas** a satisfacer las necesidades de las personas que la utilizan en cada momento.

Cuando se establecen normativas[7] lingüísticas desde una perspectiva androcéntrica,[8] se perjudica directamente a las mujeres e indirectamente a toda la sociedad.

Los cambios que, a partir de **las reivindicaciones** de las mujeres, se están produciendo en **los papeles** sociales de ambos sexos, **exigen** una adecuación de la lengua para liberarla de los estereotipos discriminatorios.

II.

Reflexiones sobre formas lingüísticas sexistas que se deben evitar y ejemplos de **propuestas** alternativas.

A. *Sobre el masculino utilizado como genérico*

1. Tradicionalmente se han utilizado las palabras *hombre* y *hombres* con un sentido universal, ocultando o desdibujando[9] la presencia, las aportaciones[10] y el protagonismo de las mujeres.

   Se propone la sustitución de *hombre* y *hombres* en estos casos por *persona* o *personas, ser humano* o *seres humanos, humanidad, hombres y mujeres* o *mujeres y hombres,* sin dar preferencia en el orden al masculino o femenino.

---

1. alcanzar to reach   **2. dificultan** = hacen difícil   **3. barrera** = obstáculo   **4. equilibrada** balanced   **5. responden** = corresponden   **6. a lo largo de** = a través de   **7. normativas** = normas   **8. androcéntrica** = centrada en el hombre   **9. desdibujando** blurring   **10. aportaciones** = contribuciones

No	Sí
El hombre	Los hombres y las mujeres
	La humanidad
Los derechos del hombre	Los derechos humanos
	Los derechos de las personas
El cuerpo del hombre	El cuerpo humano
La inteligencia del hombre	La inteligencia humana
El trabajo del hombre	El trabajo humano
	El trabajo de mujeres y hombres
El hombre de la calle	La gente de la calle
A la medida[11] del hombre	A la medida humana/de la humanidad/del ser humano

2. Cuando se utiliza el masculino plural para ambos géneros, se **introduce** la ambigüedad en el mensaje en perjuicio de[12] las mujeres. Se debe evitar el uso del masculino plural como si fuera omnicomprensivo[13] cuando se habla de pueblos, categorías, grupos, etc., utilizando en estos casos ambos géneros y otras formas que presenten mejor la idea de conjunto.

No	Sí
Los romanos, los españoles los catalanes, etc.	Las romanas y los romanos las españolas y los españoles, las catalanas y los catalanes
	El pueblo romano, español, catalán
Los niños	Los niños y niñas/la infancia
Los chicos	Los chicos y chicas/la adolescencia, la juventud
Los ancianos	Los ancianos y las ancianas
	Personas de edad
	Personas mayores
Los hermanos	Hermanas y hermanos o hermanos y hermanas
Los profesores	Las profesoras y los profesores, el profesorado
Los alumnos	Los alumnos y las alumnas, el alumnado

---

11. **medida** scale   12. **en perjuicio de** = en detrimento de   13. **omnicomprensivo** = que incluye todo

3. En ocasiones se cita a las mujeres como categoría aparte, después de utilizar el masculino plural como omnicomprensivo o representando a los hombres como grupo principal y **añadiendo** a las mujeres como grupo dependiente o propiedad del anterior.

    Esta forma de expresión ofrece una imagen de subordinación de un grupo respecto de otro.

No	Sí
Los nómadas se trasladaban con sus enseres,[14] mujeres, ancianos y niños de un lugar a otro.	Los grupos nómadas se trasladaban con sus enseres de un lugar a otro.

B. *Sobre el uso asimétrico de nombres, **apellidos** y tratamientos.*[15]

1. La designación asimétrica de mujeres y hombres en el campo político, social y cultural, responde a una tradición discriminatoria para las mujeres y por ello debe ser corregida.

No	Sí
La Thatcher … Mitterrand	Thatcher … Mitterrand
La Sra. Thatcher y Mitterrand	La Sra. Thatcher y el Sr. Mitterrand

2. Modificación de los tratamientos

    El tratamiento de *señorita* se utiliza para hacer referencia al estado civil de **soltera** de una mujer y en contraposición a la expresión *señora* o *señora de* para denominar a una mujer casada, no utilizándose de un modo simétrico los términos *señorito* o *señor*.[16] En una sociedad en la que no se define a las mujeres por su relación de dependencia con los hombres, esta distinción debe ser eliminada. Por ello se debe utilizar *señora* y *señor* para hacer referencia a una mujer o un hombre con independencia de su estado civil.*

    * En muchos países se utilizan abreviaturas diferentes a las que se han usado tradicionalmente para evitar connotaciones de carácter sexista cuando se hace referencia a mujeres (Ms. en inglés, Fr. en alemán …). En nuestro caso en lugar de Sra. y Srta. se puede utilizar Sa. tomando la primera y última letra de la palabra *señora*.

---

14. **enseres = propiedades**   15. **tratamientos** forms of address   16. **Aunque** *señorito* es el diminutivo de *señor*, su uso corresponde *al tratamiento dado a las personas jóvenes de una casa por los servidores. Se aplica también al joven de familia de buena posición social o económica que lleva una vida frívola.* (*Diccionario de uso* de María Moliner)

No	Sí
Asistió el señor Prado acompañado de la señora Aparicio y la señorita Llopis.	Asistieron las señoras Aparicio y Llopis y el señor Prado.
Sra. de Fernández (María Luisa Alonso)	Sra. Alonso

C. *Sobre las carreras, profesiones, oficios y titulaciones*[17]

¿Un científico o una científica?

El femenino es frecuentemente usado tan sólo para trabajos tradicionalmente unidos al *rol femenino,* sin embargo, se utiliza el masculino para las profesiones, oficios y titulaciones consideradas de mayor prestigio social y reservadas exclusivamente a los hombres hasta hace poco tiempo. Esta diferencia presupone un status subordinado de las mujeres independientemente de su situación concreta y, por ello, debe ser eliminada.

---

17. titulaciones = títulos

No	Sí
Juana Válmez, médico, o Secretario de Estado, director de orquesta, Embajador, o gobernador, o concejal, o alcalde	Juana Válmez, médica, o Secretaria de Estado, o directora de orquesta, o Embajadora, o gobernadora, o concejala, o alcaldesa
Las limpiadoras	El personal de limpieza
Los médicos y las enfermeras	Los médicos y las médicas, los enfermeros y las enfermeras
María Ruiz, Ingeniero de Minas	María Ruiz, Ingeniera de Minas

¿Entendido? • • • • •

1. ¿Qué consecuencias tiene el empleo del género masculino para referirse a hombres y a mujeres conjuntamente? ¿Cómo se puede evitar este problema? Dé ejemplos.

2. ¿Qué quiere decir que la designación de los nombres de mujeres y hombres es "asimétrica"?

3. ¿Son los términos "señorita" y "señorito" equivalentes en español? Explique.

4. ¿Por qué es preferible, según el artículo, referirse a una mujer casada como "Sra. Alonso" y no "Sra. de Fernández"?

5. ¿Qué género suelen recibir en español los nombres de profesiones? ¿Por qué? Dé ejemplos.

Pescadoras valencianas *de Joaquín Sorolla*

En mi opinión ● ● ● ● ●

1. ¿Cree Ud. que la discriminación sexual se puede evitar transformando el lenguaje? ¿Hasta qué punto es efectiva esa medida? ¿Cree Ud. que las personas que usan un lenguaje sexista lo hacen conscientemente, o es sólo porque la lengua es así?

2. ¿Ha observado Ud. otras manifestaciones del sexismo en el español? ¿Y en el inglés? Compare el español y el inglés. ¿En qué lengua hay que tener más cuidado para evitar el sexismo? ¿Por qué? Piense en la formación de los sustantivos, adjetivos, etc.

3. ¿Qué sugerencias se hacen para evitar el sexismo en inglés? ¿Son parecidas o distintas a las que presenta la lectura? ¿Funcionarían los mismos recursos *(means)* en ambos idiomas?

4. En cuanto al apellido, ¿tomará Ud. el de su esposo/a cuando se case? ¿Qué apellido recibirán sus hijos/as? ¿El suyo o el de su esposo/a? ¿Qué le parece la posibilidad de dos apellidos (uno del padre y otro de la madre), como es tradicional en la cultura hispánica? Piense en otras alternativas.

5. ¿Qué opina Ud. de las despedidas de soltero *(bachelor parties)*? ¿Qué suele hacer el hombre con sus amigos esa noche? ¿Es lo mismo que hacen las mujeres en las despedidas de soltera *(bridal showers)*?

6. Además de las mujeres, ¿conoce Ud. otros grupos que luchen contra la discriminación en el lenguaje? Dé ejemplos.

7. Los sustantivos **el sol** y **la luna, el cielo** y **la tierra** tienen géneros opuestos en español y en otras lenguas. ¿Cree Ud. que tienen impacto en el subconsciente del hablante estas oposiciones genéricas?

En (inter)acción ● ● ● ● ●

1. A veces la forma femenina de una palabra o expresión tiene un giro despectivo ausente en su equivalente masculino. A continuación aparecen varios pares en inglés mencionados por la lingüista norteamericana Robin Lakoff en *Language and Woman's Place*. Expliquen en español la diferencia entre ellos.

a. A public man	A public woman
b. Janitor	Cleaning lady
c. Master	Mistress
d. He's a professional.	She's a professional.

2. El español está lleno de refranes y expresiones que caracterizan negativamente tanto a la mujer como al hombre. Comenten éstos que hemos seleccionado.

   — Al corazón de un hombre se llega por el estómago.
   — El hombre, como el oso, cuanto más feo más hermoso.
   — La mujer casada, la pierna quebrada y en casa.

   Ahora, añadan otros que conozca en español o en inglés y también coméntelos.

3. En español existen sustantivos, en apariencia semejantes, cuyo significado es muy diferente en masculino y en femenino. Por ejemplo, el grupo significa *the group* y la grupa *the rump of a horse*. Den el significado de los siguientes pares de palabras. Usen el diccionario si es necesario.

el cero	la cera	el libro	la libra
el cuento	la cuenta	el naranjo	la naranja
el cerdo	la cerda	el derecho	la derecha
el modo	la moda	el partido	la partida
el ruedo	la rueda	el foco	la foca
el plato	la plata	el pato	la pata

4. En grupos, decidan lo que le estará pidiendo el hombre a la mujer y viceversa.

Mejor dicho ● ● ● ● ●

A. Introducir/presentar. El verbo inglés *to introduce* corresponde en español al verbo **introducir,** excepto en la expresión *to introduce a person to someone,* que se dice **presentar a una persona a alguien.**

La lengua debe ser un sistema abierto en el que se **introduzcan** las modificaciones necesarias.
Todavía no me **has presentado** a tus vecinos.

B. Papel/trabajo/periódico. En español **papel** se refiere al material del cual está hecho, por ejemplo, un libro. También **papel** es sinónimo de **rol** y se emplea en la expresión **desempeñar/hacer un papel** *(to play a role).* *A written paper* se dice en español un **trabajo** (escrito) y a *(news)paper* es un **periódico** o **diario.**

Se están produciendo cambios en **los papeles** sociales de ambos sexos.
Elogiaron en **los periódicos el** buen **papel** que **hizo** en la comedia.
Tuvimos que escribir **un trabajo** sobre el sexismo en el lenguaje.

Práctica

A. Presenten a sus compañeros de clase. Hagan presentaciones formales e informales, reales o falsas. Luego preséntese Ud. mismo.

> Ejemplo: E1. *Os* presento a Nuria.
> *(informal)*
>
> Clase: *Hola, ¿qué tal?*
>
> E2. *Les* presento al señor Javier Pérez de Cuéllar. *(formal)*
>
> Clase: *Encantado/a de conocerlo.*

B. En parejas, contesten las preguntas siguientes.

1. Tienen un minuto para mencionar/escribir en español el mayor número de objetos que están hechos de papel. Comparen el número de respuestas con el de la pareja de al lado.

2. ¿Qué papeles desempeñan las mujeres en la sociedad? ¿Y los hombres?

3. ¿Qué prefiere Ud. hacer: un examen escrito o un trabajo? ¿Qué requiere más tiempo? ¿Le importa si sus compañeros/as leen sus trabajos? ¿Ha escrito o leído alguna vez un trabajo sobre la situación de la mujer en la sociedad?

4. ¿Qué periódico lee Ud. generalmente? ¿Lee el periódico solamente los domingos? ¿Ha leído alguna vez un periódico extranjero? ¿Cuál? ¿Se puede saber qué ideas políticas tiene una persona por el periódico que lee? ¿Qué periódicos o revistas están dirigidos sólo al público masculino? ¿Y al femenino?

C. Mire este folleto y conteste las preguntas que van a continuación.

1. ¿A quién(es) está dirigido este consejo?
2. ¿A qué situación cree Ud. que alude este folleto informativo?
3. ¿Dónde o a quién debe hablar la mujer?
4. ¿Por qué no debe llorar la mujer? ¿Por qué no es bueno que llore? ¿Cree Ud. que las mujeres abusen del llanto?

Creación ● ● ● ● ●

1. En español, a diferencia del inglés, todos los sustantivos, se refieran a seres humanos o no, son o masculinos o femeninos: *el* papel, *la* fiebre, *la* cucaracha. Es decir, no hay sustantivos neutros. Basándose en su experiencia propia, comente la diversión o dificultad que supone el género gramatical en el aprendizaje del español.
2. Busque un anuncio que sea sexista y coméntelo. Explique dónde se detecta el sexismo (en el lenguaje, en la presentación de la figura femenina, etc.).

 **Palabreo**
Gilda Holst

Palabra por palabra ● ● ● ● ●

aplicar*	to apply
atento/a	attentive
burgués/esa	middle class
hermoso/a	beautiful
el **pueblo***	village, people from a nation, place or race
la **ternura**	tenderness

● ●

| tener razón | to be right *(sujeto animado)* |

Práctica

En parejas, contesten las preguntas siguientes. Atención a las palabras del vocabulario.

1. ¿Es la ternura una cualidad femenina solamente? ¿Cuándo muestra Ud. ternura? ¿A quién/qué le habla Ud. con ternura?
2. ¿Cuáles son algunas características de las familias burguesas?
3. ¿Está Ud. atento/a en una conferencia? ¿Y en un partido de fútbol? ¿Y en una película policíaca? ¿A qué está Ud. atento/a en un bar? ¿Y cuando camina solo/a de noche?
4. ¿Le parece importante ser hermoso/a? ¿Tiene más ventajas la gente hermosa? ¿En qué situaciones? ¿Cambia el concepto de hermoso según la época, el país, la edad? ¿De qué manera?
5. ¿Tiene Ud. siempre razón? ¿La tienen los padres siempre? ¿Cuándo no la tienen? ¿Y los hijos jóvenes? ¿Discute Ud. con la gente que no tiene razón?

Repaso gramatical: Los pronombres de objeto directo e indirecto (segundo repaso)
El sufijo *-eo*

Introducción • • • • •

Gilda Holst (Ecuador, 1952) ha publicado hasta ahora una colección de cuentos titulada *Más sin nombre que nunca* (1989). Como bien han señalado los críticos, el humor y la ironía constituyen dos de los rasgos más destacados de su producción narrativa.

En "Palabreo" (1989), Holst emplea para la narración la segunda persona gramatical (tú) en lugar de la tradicional tercera persona. El texto recrea una conversación durante la cual uno de los interlocutores intenta conseguir algo del otro. (Tenga en cuenta que palabreo significa *wordiness*.) El lenguaje del cuerpo es también revelador. Por eso, al leer, preste atención a lo que hacen los personajes mientras hablan.

Alto • • • • •

1. ¿Qué hace o dice Ud. cuando quiere que alguien haga lo que Ud. desea? ¿Tiene Ud. siempre éxito?
2. ¿Qué otros métodos de manipulación hay? ¿Hay situaciones en las que se siente manipulado/a?
3. ¿Qué le diría un hombre a una mujer para seducirla? ¿Y viceversa? ¿Qué les gusta oír a los hombres? ¿Y a las mujeres?

▼▲▼ Palabreo ▼▲▼ ▼▲▼

Le expusiste con seriedad toda la problemática femenina latinoamericana para ayudarla a tomar conciencia. Entre cigarrillo y café y un perdón por tropezar con su rodilla,[1] le decías que frente a la situación de la mujer campesina, suburbana[2] u obrera, la lucha reivindicativa de la mujer, aislada[3] de la lucha de la liberación de **los pueblos,** es **burguesa;** ella te decía que estaba de acuerdo y tu índice[4] recogía[5] su pelo y lo llevaba detrás de su oreja. Le decías que la lucha de la mujer **burguesa** casi siempre se concentraba en[6] la relación de los sexos.

Y como repetías un tanto angustiado[7] que los resultados de la encuesta Hite[8] no podían **aplicarse** a Latinoamérica te respondió que tal vez **tuvieras razón,** y bajaste tu mano por su brazo, cogiste su mano con **ternura** y te molestó un poquito que se mordiera las uñas.[9] Alzaste[10] la voz cuando observaste que las relaciones sexuales no podían ser ni eran nunca

---

1. por tropezar con su rodilla for bumping into her knee   **2. suburbana** = de barrios periféricos pobres   **3. aislada** = separada
4. índice forefinger   **5. recogía** took up   **6. se concentraba en** = se limitaba a   **7. angustiado** = ansioso   **8. La encuesta realizada por Shere Hite en 1976 dio a conocer las prácticas sexuales de las mujeres norteamericanas.**   **9. se mordiera las uñas** bit her nails
10. Alzaste raised

políticas.[11] Ella hablaba de su vida y tú la interrumpías graciosamente para decirle que tenía una boca **hermosa,** una voz con cadencia tropical y unos hombros[12] increíbles. Ella te miraba **atenta** y retomaste el tema concretándolo[13] con ejemplos, ella tensó su cuerpo para escucharte mejor y apoyó la barbilla en la mano, le dijiste, quita esa cara[14] mujer, y te decidiste con voz muy ronca[15] y muy baja a preguntarle si quería ir a la cama contigo; cuando contestó que no, tú, te sorprendiste.

---

11. Es una alusión al célebre libro de Kate Millett titulado *Política sexual* **(1970), en el cual critica la sociedad moderna por seguir siendo una organización patriarcal.   12. hombros** shoulders   **13. concretándolo** = precisándolo   **14. quita esa cara** don't look so serious   **15. ronca** hoarse

¿Entendido? • • • • •

1. ¿Dónde supone Ud. que están los personajes de este cuento?
2. ¿Quiénes son? ¿Qué relación cree Ud. que existe entre ellos?
3. ¿De qué temas habla el personaje masculino?
4. ¿Qué está haciendo el hombre mientras habla?
5. ¿Cuál es la actitud de la mujer durante la conversación? ¿Es su respuesta final inesperada?
6. En realidad, ¿por qué habla tanto el hombre?
7. Explique la relación entre el cuento y su título.

En mi opinión • • • • •

1. ¿En qué persona está narrado este relato? ¿Sería diferente para el lector si estuviera en tercera persona? ¿Y si lo narrara la mujer? Piense en cómo sería la narración desde la perspectiva femenina. Al leer este cuento, ¿cree Ud. que la reacción de un lector sea diferente a la de una lectora? ¿Se sentirán los hombres ofendidos? ¿Y las mujeres?
2. ¿Tiene el personaje masculino una ideología feminista? ¿Qué parece entender él por feminismo? ¿Para qué emplea sus conocimientos sobre el feminismo? ¿Es la actitud del hombre típicamente latina? ¿O es también frecuente en otras culturas? ¿Ha observado Ud. alguna vez una situación similar a la que presenta el cuento?
3. ¿Tienen reivindicaciones similares las mujeres burguesas y las del proletariado? Por lo general, ¿es el feminismo sólo un movimiento de las mujeres de la clase media y alta?
4. ¿En qué sentidos puede estar una mujer *liberada*? El hecho de que una mujer esté *liberada*, ¿qué consecuencias prácticas tiene para el hombre del cuento? ¿Hay muchos hombres y mujeres que piensen lo mismo?
5. En español hay varias maneras de decir *hacer el amor*. ¿Recuerda otras expresiones que aparecieron en los textos anteriores o en éste? Cuidado con la traducción de la expresión *to have sex*. En español, la traducción literal de la expresión no tiene sentido. ¿De qué otra manera podría expresarse esta frase en español? Relea el cuento con mucho cuidado y encontrará la respuesta.

En (inter)acción ● ● ● ● ●

1. Realice la siguiente encuesta sobre lo que deben hacer un chico y una chica cuando salen por primera vez juntos. Cada estudiante se encargará de hacer una de las preguntas a todos los/as participantes y luego escribirá los resultados en la pizarra. Al final, coméntenlos.

¿De qué estarán hablando?

	él	ella	los dos
a. ¿Quién debe tomar la iniciativa?			
b. ¿Quién debe decidir a dónde van?			
c. ¿Quién debe abrir las puertas?			
d. ¿Quién debe manejar?			
e. ¿Quién debe sentarse primero en el restaurante?			
f. ¿Quién debe pedir la comida?			
g. ¿Quién debe pagar?			
h. ¿Quién no debe beber?			
i. ¿Quién debe besar a la otra persona primero?			
j. ¿Quién debe decidir si vuelven a salir juntos?			

2. **Defensa verbal.** En grupos inventen réplicas breves e ingeniosas para los siguientes comentarios o actitudes sexistas. No se permiten gestos en este ejercicio.

— Alguien acaba de contar un chiste sexista delante de Ud.

— El mecánico de un taller de reparaciones le dice que las mujeres no entienden de carros.

— Una mujer pide la cuenta en un restaurante y se la entregan a su acompañante masculino.

— Un conductor acaba de hacer una maniobra peligrosa en la autopista y alguien dice que seguramente es una mujer.

— Ud. es una mujer y en un avión alguien sentado en el asiento contiguo hojea una revista pornográfica.

— Ud. es una mujer y caminando por la calle alguien le dice un piropo *(compliment).*

Ahora, continúen esta actividad añadiendo otros ejemplos.

Mejor dicho ● ● ● ● ●

A. **Aplicar/solicitar/solicitud.** El verbo correspondiente a *to apply* en español es **aplicar,** excepto en la expresión *to apply for (a job, a position…),* que se dice **solicitar. La solicitud** es *the application form.*

> Los resultados de la encuesta Hite no podían **aplicarse** a Latinoamérica.
> Aurora no consiguió la ayuda económica que había **solicitado.**

B. **Pueblo/gente/personas/público. Pueblo** significa *village* y también *people from a nation, place or race.* **(La) gente** también significa *people,* pero en el sentido de *crowd.* Note que esta palabra es singular en español. **Las personas** se refieren a seres individuales y contables. **El público** es *the audience.*

> La mujer debe unir su lucha a la de la liberación de **los pueblos.**
> El **pueblo** chileno votó contra Pinochet.
> Mucha **gente** va a luchar por la igualdad.
> ¿Qué quieren esas **personas** que nos están esperando?
> Después de la actuación de Monserrat Caballé, **el público** aplaudió media hora.

Práctica

A. ¿Deben aplicarse las mismas leyes a los delincuentes menores de edad y a los adultos? ¿Y a las mujeres? ¿Debe tenerse en cuenta el síndrome premenstrual o de posparto?

B. ¿Ha solicitado Ud. alguna vez un trabajo? ¿Y últimamente? ¿Ha solicitado alguna vez una beca *(scholarship)*? ¿La consiguió? ¿Tienen más (des)ventajas unos grupos que otros cuando solicitan becas, préstamos bancarios *(bank loans),* trabajos? ¿Le parece eso bien o mal? ¿Qué quiere decir *igualdad de oportunidades*? ¿Es justo o no que todos los que solicitan un trabajo tengan las mismas oportunidades?

C. ¿Cuántas solicitudes ha llenado Ud. en su vida? ¿Para qué ha llenado algunas de ellas? ¿Es legal preguntar cuál es la religión, raza, color, edad, estado civil, preferencia sexual del/de la solicitante? Explique por qué.

D. Según mi abuelo, hay dos tipos de personas: las que tienen sentido del humor y las que no lo tienen. Con un/a compañero/a hagan una clasificación semejante y luego compárenla con la de las otras parejas.

Hay personas que ... y personas que no ...

E. Comente cómo es el público que asiste a:

1. una manifestación política
2. una conferencia sobre el SIDA
3. una película de terror
4. una corrida de toros
5. un concierto de rock
6. una ópera
7. un partido de fútbol

(Algunos adjetivos sugeridos: culto, educado, joven, adulto, atrevido, homosexual, heterosexual, deportista, interesado, cruel, liberal, activista)

Creación • • • • •

1. Reescriba el cuento "Palabreo" desde una perspectiva diferente. Por ejemplo, desde el punto de vista de la mujer, del camarero, etc.

2. Defienda o ataque una de las siguientes costumbres:

— El hombre debe pagar la cuenta cuando sale con una mujer.

— Ciertos días las mujeres pueden entrar gratis en discotecas, clubes, etc.

— En muchos países las mujeres no tienen que hacer el servicio militar, que es obligatorio para los hombres.

Tira cómica: **La zorra y las uvas verdes**

a. Describa lo que ocurre cuadro por cuadro.

b. Preste atención al tamaño de los dibujos. ¿Qué quiere indicar con esto el humorista?

c. ¿Cuál es la relación entre la mujer y el joven? ¿Son madre e hijo?

d. ¿Qué o a quién(es) critica el humorista en esta tira cómica?

e. ¿Conoce Ud. la fábula de Esopo *(Aesop)* "La zorra *(fox)* y las uvas verdes"? ¿Por qué cree Ud. que le hemos puesto este título? ¿Le parece apropiado?

f. Póngale a esta historieta cómica otro título que refleje su contenido.

g. Relacione la tira cómica con el cuento "Palabreo".

La zorra y las uvas verdes

▼▲▼ Rosas rojas para mi secretaria ▼▲▼ ▼▲▼
Livina Santos

Palabra por palabra ● ● ● ● ●

agotador/a	exhausting
chismoso/a	gossipy
la **dama**	lady
halagar	to flatter
la **jubilación***	retirement
profundizar	to go deeply into a subject
el **respeto***	respect, consideration
la **sonrisa**	smile

poco a poco | little by little

Práctica

En parejas, contesten las preguntas siguientes. Atención a las palabras del vocabulario.

1. ¿Es el trabajo de secretario/a agotador? En su opinión, ¿qué trabajo es el más agotador? ¿Agotan los trabajos domésticos?
2. ¿Suele Ud. halagar a la gente? ¿Cómo? ¿Y la gente a Ud.? ¿Por qué motivos halaga Ud.?
3. ¿Está mal visto ser chismoso/a? ¿Evita Ud. a la gente chismosa? ¿Le divierte a Ud. chismear? Según los estereotipos, ¿son más chismosos los hombres o las mujeres?
4. Durante este curso, ¿sobre qué temas ha profundizado Ud.? ¿En qué otros le gustaría profundizar?
5. Defina la palabra *dama* y sus connotaciones. Contrástela con *caballero* (*gentleman*).
6. ¿Qué se debe hacer/aprender/cambiar poco a poco?

Repaso gramatical: Los relativos: cláusulas restrictivas y no restrictivas

Introducción ● ● ● ● ●

Livina Santos (1959, Ecuador) estudió literatura en la prestigiosa universidad de Guayaquil. Sus cuentos son una buena manifestación de la narrativa ecuatoriana moderna.

 "Rosas rojas para mi secretaria" procede de su libro *Una noche frente al espejo* (1989). La escritora narra en este cuento el impacto emocional que tiene para una mujer el hecho de recibir unas flores. Las rosas tienen un valor simbólico en la narración.

Alto • • • • •

1. ¿Han cambiado sus opiniones, valores o carácter a través de los años? ¿Qué o quiénes han contribuido a ese cambio? ¿Qué episodio de su vida ha tenido más impacto en Ud.?
2. ¿Cuáles de sus creencias actuales nunca traicionaría Ud.?
3. ¿Se adapta Ud. fácilmente a las circunstancias? ¿Le afecta mucho lo que dicen los demás sobre Ud.? ¿Hay más presión conformista en la universidad que en la escuela secundaria?

▼▲▼ Rosas rojas para mi secretaria ▼▲▼ ▼▲▼
Livina Santos

Bueno, yo primero estaba por la liberación femenina, por la igualdad de derechos y todo eso; me gustaba participar en todo: que había que empujar[1] el carro, empujaba el carro; que había que cargar[2] las sillas, iba y cargaba las sillas; que había que votar, votaba y votaba porque era un derecho y porque quería dejar sentado[3] mi voto. Pero después vino el trabajo y me comenzaron a tratar como a **una dama.** Quise dejar sentada mi opinión pero me miraban raro[4] y empecé a sentirme mal. Las chicas me huían[5] y era como que temían que las vieran conversando conmigo. Además, los hombres siempre compraban los dulces,[6] las colas[7] o cualquier cosa para comer, se alternaban para pagar y a nosotras nunca nos exigían que compráramos nada. En los intercambios[8] de Navidad nos daban unos regalos preciosos que al principio no me gustaban mucho, y más que nada no me servían, porque en ese entonces ni me pintaba[9] ni me adornaba porque eso era parte de la trampa que se les tendía a las mujeres para sostener la desigualdad. A nosotras nos disculpaban[10] una pluma, un calendario, un lapicero y punto.[11] La cuestión se fue volviendo agradable y cómoda. En la época de los paros de transporte[12] a las mujeres nos iban a recoger y a dejar a la casa. Los hombres que se las arreglaran como pudieran.[13] Si llovía, al paso[14] se ofrecían para llevarnos; si queríamos ir un momento al banco, sonreíamos y no había ningún problema, en cambio los hombres, pobrecitos.

Todo ese proceso de tomarle gusto[15] al asunto me duró uno o dos años. Cuando me di cuenta estaba atada de manos, pero como toda una mujer, lo acepté con **una sonrisa,** y no fue que lo acepté de un momento a otro ni de un día para otro, no. Fue **poco a poco** y más que nada fue por pereza.

Salía del trabajo cansada, con los tacos[16] que no los soportaba y sólo se me ocurría pensar

---

1. empujar to push   2. cargar to carry   3. dejar sentado = aclarar   4. raro strangely   5. me huían avoided me   6. dulces sweets   7. colas = refrescos   8. intercambios exchanges   9. ni me pintaba I did not wear makeup   10. nos disculpaban we got away with   11. y punto = eso es todo   12. paros de transporte transportation strikes   13. se las…como pudieran had to manage somehow   14. al paso = en seguida   15. tomarle gusto taking a liking to   16. tacos high heels

"…y nos reunieron a su alrededor para tomarnos una foto."

que el hombre que me cedía[17] el asiento en el colectivo[18] vendría probablemente más cansado de su trabajo, seguramente más **agotador.** Me daba cuenta de que cedía, que aceptaba las cosas, pero también me daba pereza **profundizar** en el asunto. Además, las mujeres éramos las privilegiadas en el trabajo y por cualquier lado nos **halagaban:** éramos las eficientes, las que alegrábamos las oficinas, las que imponíamos **respeto,** las que no dábamos problemas. Claro que nos acusaban de conversadoras y **chismosas,** pero más bien se reían de ese defecto tan nuestro, tan inevitable.

Sin embargo, un día me quedé fría.[19] Nos habían regalado un ramo[20] de rosas para el día de las secretarias y nos reunieron a su alrededor para tomarnos una foto. En el corre corre de la ubicación,[21] con todos los halagos de los hombres comparándonos con las rosas, se me bajó la sangre a los pies y no pude moverme. No es que esté loca ni que en ese momento hubiera estado a punto de estarlo, pero no sabía cuál era yo. La imagen que tengo es de unos colores que se empujaban, que se llamaban y que se mezclaban con un rojo vestido de verde y tengo la sensación de haberme sentido un color. Por suerte reaccioné en seguida, pero después de

---

17. cedía = daba   18. colectivo = autobús   19. me quedé fría I was stunned   **20 ramo** bouquet   **21. corre corre de la ubicación** hurry-scurry to take our place

la foto sentía miedo de mirar mucho a las flores. El ramo se quedó en el centro, adornando la oficina, y los días subsiguientes sentía impulsos por botarlo[22] a la basura y sentarme en la mesita que lo sostenía. Me acordaba de lo de la foto y me ponía a hacer cualquier cosa para no pensar en eso. Pero lo que más me impresionó fue cuando al ramo empezaron a caérsele las hojas. Me pasaba ratos[23] mirándolo, contemplando una sola rosa, y de repente caía un pétalo, una hoja, y yo me sobresaltaba[24] sintiendo que algo se desprendía[25] de mí. Me puse a llorar al día siguiente porque al levantarme de la cama comprobé que mientras dormía se me habían caído muchos cabellos.

Las rosas empezaron a tomar una tonalidad[26] desagradable y las hojas que quedaban se iban encogiendo,[27] arrugándose[28] y yo no dejaba de mirarme a cada rato en el espejo y de darme masajes en las patas de gallo.[29] Como a los diez días de llegado el ramo vino el chico de la limpieza y sin ninguna consideración lo cogió, lo echó en un tacho[30] y se lo llevó. Sentí deseos de caerle encima,[31] de arañarlo[32] y de exigirle más **respeto,** pero el tipo[33] salió tan rápido como entró y no supe qué hacer en ese mismo instante, porque a los cinco minutos yo ya me había decidido. Nadie objetó lo de mi **jubilación,** pero tuve que quedarme quince días más enseñándole el trabajo a una florecita linda, fresquita, a quien seguramente, a estas alturas,[34] se le estarán cayendo sus primeros pétalos.

---

22. **botarlo** = arrojarlo   23. **me pasaba ratos** I lingered   24. **me sobresaltaba** = me asustaba   25. **se desprendía** was falling off   26. **tonalidad** = color   27. **encogiendo** shriveling up   28. **arrugándose** wrinkling   29. **patas de gallo** crow's feet *(lit. rooster's feet)*   30. **tacho** wastebasket   31. **caerle encima** = atacarle   32. **arañarlo** scratching him   33. **tipo** = chico   34. **a estas alturas** by now

¿Entendido? • • • • •

1. ¿Qué hacía la narradora en el pasado para mostrar su igualdad con los hombres? ¿Cómo reaccionaban las otras mujeres? ¿Y los hombres?
2. ¿Cuándo empieza a cambiar la protagonista? ¿Quién o qué provoca esta transformación?
3. ¿Cómo se comportan los hombres con las mujeres? ¿Qué hacen por ellas?
4. Contraste los regalos navideños que recibían los hombres con los de las secretarias. ¿Cuáles son menos originales e imaginativos?
5. ¿Por qué motivo recibió la narradora un ramo de rosas?
6. ¿Cómo actúa la protagonista del relato desde ese momento?
7. ¿Qué relación encuentra la mujer entre las flores y ella?
8. ¿Por qué se jubila la narradora?
9. ¿A qué se refiere cuando habla de una "florecita linda, fresquita"?
10. ¿Qué le ocurrirá a la sustituta de la narradora?

En mi opinión ● ● ● ● ●

1. En el cuento hay dos partes. En la primera, la narradora explica por qué abandonó sus ideales feministas. ¿Le parecen a Ud. válidas sus explicaciones? ¿Fue una decisión consciente? ¿Qué alternativas tenía la mujer?

2. En la segunda parte del cuento, la protagonista habla de su trabajo de secretaria. ¿Cómo presenta la narración ese tipo de trabajo? ¿Es satisfactorio para la mujer? ¿Por qué existen más secretarias que secretarios?

3. ¿Cree la protagonista que todas las secretarias sean eficientes y chismosas? ¿Es un estereotipo? ¿Qué otros estereotipos circulan sobre esta profesión?

4. En cuanto al tema de las flores, ¿qué importancia tienen dentro del relato? ¿Es un elemento catalizador *(catalyst)*? ¿Qué simbolizan las rosas para la mujer? ¿Tienen que ver con la visión de la mujer como objeto decorativo? ¿Por qué son rosas y no crisantemos o margaritas *(daisies)*? ¿Tienen las flores un simbolismo particular? Piense en qué ocasiones o a quién ofrecemos rosas, orquídeas, violetas, etc.

5. ¿Por qué cambia la apreciación de la mujer cuando ella envejece? ¿Sucede lo mismo con los hombres? Al envejecer, ¿cambia la imagen que uno/a tiene de sí mismo/a?

6. ¿Qué piensa Ud. de la cortesía masculina? ¿Es realmente cortesía o una manera de tratar a la mujer como a un ser inferior, aunque sea inconscientemente? ¿Tienen una base sexista los buenos modales *(manners)* entre las mujeres y los hombres? ¿Cuáles son las implicaciones del buen tratamiento del hombre a la mujer? En una sociedad igualitaria, ¿cómo deben ser las reglas de cortesía? ¿Cómo se puede hacer que el sistema de los buenos modales sea más equitativo entre los sexos?

En (inter)acción ● ● ● ● ●

1. **Artículos de regalo y géneros.** El propósito de este ejercicio es determinar si los artículos de regalo están marcados genéricamente o no. Para ello, un/a estudiante le dice a la clase el último regalo que le hizo a alguien. Los demás deben tratar de adivinar:

   a. si era para una mujer o un hombre
   b. que relación hay entre ellos/as
   c. por qué motivo se lo regaló

2. En grupos, digan cuáles de las reglas de cortesía que presentan las ilustraciones siguientes deben mantenerse y cuáles eliminarse. Expliquen su respuesta. Después, presenten otros casos para discutir en clase.

Mejor dicho ● ● ● ● ●

A. **Respeto/respecto.** **Respeto** significa *consideración hacia otra persona.* **Respecto** se emplea en las expresiones **con respecto a** y **respecto de**, que significan *with regard to* y son intercambiables.

Nosotras éramos las que imponíamos **respeto.**

Esa expresión ofrece una imagen de subordinación de un grupo **respecto de** otro.

B. **Retirar(se)/jubilarse/jubilación.** **Retirar** significa en español *to withdraw, to take away* y **retirarse** *to retreat.* **Jubilarse** es *to retire from work.* **La jubilación** es *retirement.*

Retira tus libros de la mesa para que podamos limpiarla.

Finalmente los enemigos **se retiraron** del pueblo.

Mi padre no **se jubilará** hasta que tenga 65 años.

Nadie objetó lo de mi **jubilación.**

Práctica

A. Hágale las siguientes preguntas a un/a compañero/a.

1. ¿A qué personas respeta Ud.? ¿Y a Ud., lo/la respeta alguien? En su opinión, ¿a quién(es) debemos mostrar respeto?

2. ¿Qué pasa en las siguientes relaciones cuando los primeros les faltan al respeto a los segundos?

   Modelo: un alumno/un maestro

   Cuando un alumno le falta al respeto al maestro, el maestro lo manda a hablar con el director de la escuela o lo castiga.

   los soldados/el capitán   la empleada/el jefe
   los estudiantes/el decano   las esposas/los esposos dominantes

3. ¿Qué opina Ud. con respecto a

   a. los programas de televisión sexistas?
   b. los chistes racistas?
   c. quemar la bandera *(flag)* nacional?

B. En parejas, contesten las preguntas siguientes.

1. ¿Cuánto dinero retira Ud. del banco cada semana? ¿Cómo se puede retirar dinero de un cajero automático? ¿Puede retirar alguien el dinero por Ud.?

2. ¿Se han jubilado sus padres o abuelos? ¿Tuvieron una fiesta de jubilación? ¿Se negaron a jubilarse? ¿A qué lugar van generalmente los/as jubilados/as? ¿Qué haría Ud. si estuviera jubilado/a?

3. Algunos artistas se retiran a las montañas para trabajar mejor. ¿A dónde se retiraría Ud. si quisiera

   a. componer una canción?
   b. escribir una novela policíaca?
   c. terminar una tesis doctoral?
   d. dedicarse a la meditación trascendental?
   e. diseñar una autopista?

Creación ● ● ● ● ●

Escríbale una carta al encargado de una tienda (a un decano, al presidente de una compañía ...) quejándose de algún tipo de discriminación (salarial, sexual, etc.).

 **En resumen**

A. Canción

La rebelión de los electrodomésticos

Cantan: Alaska y los Pegamoides

Alaska es la cantante más representativa de un movimiento contracultural surgido a finales de los años 70 en España y conocido como "La movida". Los grupos de su generación han contribuido tremendamente a la renovación del panorama musical español.

Me da miedo entrar en la cocina
Me da miedo lo que pueda ver.
La tostadora se ha vuelto asesina,
el lavaplatos no me puede ver.
Se han rebelado todos a la vez,
la turmix°, la plancha y la moulinex.°   aparatos de cocina
Se han vuelto locos de repente, hay que ver.
La aspiradora se niega a aspirar,
dice que no, que no, ni hablar;
la nevera está leyendo a Marx
y me dice que la deje en paz.°   *to leave her alone*
Se han rebelado todos a la vez,
la minipimer° se ha unido también.   aparato de cocina
Me han dicho que no me preocupe,
me soltarán° dentro de un mes.   dejarán libre

Preguntas

1. ¿Quién habla en la canción?
2. ¿Por qué se rebelan los electrodomésticos?
3. ¿Qué quieren hacer?
4. ¿Es simbólica la canción? Explique.
5. Comente la distribución de las tareas domésticas en su familia. ¿Quién pasa más tiempo en la cocina?

B. A continuación hay otros poemas de la escritora chicana Margarita Cota-Cárdenas. Léalos y relaciónelos con una de las tres lecturas de esta sección.

I.

Soliloquio travieso[1]

mucho trabajo   ser flor

a veces

solitas

y en camino

concentramos muy fuerte   así

arrugamos la frente[2]

para marchitarnos[3] antes

y al llegar al mercado ji ji

no nos pueden vender

ii.

Y en qué estamos

ser menos mujer

es

ser más macho

ser menos macho

es

ser más mujer

qué confusiones

qué cultura tan separatista

casi nunca decimos *ello*

sólo se dice *el* o *la*

qué aspiraciones tan neutras las mías

sólo quería definir

el YO

qué equivocada   qué confundida

qué menos y más me voy

---

1. mischievous   2. wrinkle our brow   3. wither

PAREJAS

▼▲▼ La princesa vestida con una bolsa de papel ▼▲▼ ▼▲▼
Robert N. Munsch

Palabra por palabra ● ● ● ● ●

el **aliento**	breath
casarse con	to get married to
encantar*	to love, be delighted by
el **milagro**	miracle
la **moraleja**	moral, lesson
el **rastro**	trace

● ●

claro que sí/no	of course (not)

Práctica

1. Los mismos cuentos de hadas tienen a veces títulos diferentes en inglés y en español. Trate de corresponder los términos de la lista A con los de la B.

A	B
a. Caperucita Roja	1. Hansel and Gretel
b. Ricitos de oro	2. Sleeping Beauty
c. La casita de chocolate	3. Snow White and the Seven Dwarfs
d. El flautista de Hamelín	4. Goldilocks and the Three Bears
e. La Cenicienta	5. Little Red Riding Hood
f. La Bella Durmiente	6. The Pied Piper of Hamelin
g. Pulgarcito	7. Cinderella
h. Blancanieves y los siete enanitos	8. Tom Thumb

2. De pequeño, ¿quién le leía o contaba cuentos? ¿Cuál es su cuento de hadas preferido? ¿Por qué?

3. ¿Quién se casó con la Cenicienta? ¿Y con Blancanieves? ¿Y con la Bella Durmiente? ¿Y con Caperucita Roja?

4. ¿Cree Ud. en milagros? ¿Ha presenciado alguno Ud., o alguien que Ud. conozca? ¿Qué considera Ud. milagroso?

Repaso gramatical: Los sustantivos femeninos irregulares

El pretérito e imperfecto (segundo repaso)

Introducción ● ● ● ● ●

Robert N. Munsch es uno de los autores contemporáneos que presenta en sus cuentos infantiles una imagen positiva de la mujer (inteligente, independiente, segura de sí misma...) opuesta a la que ha sido característica de este género literario.

La princesa vestida con una bolsa de papel es un cuento de hadas creado para entretener a los niños y niñas de una guardería (*day-care center*) antes de la siesta, pero tiene valor también para personas de otras edades.

Alto ● ● ● ● ●

En las fábulas *(fables)* y cuentos populares se encuentran lecciones morales o de comportamiento para niños/as y adultos. A veces el mensaje de un cuento aparece explícitamente al final

Unas alumnas fascinadas leyendo un cuento infantil

en una o varias frases, es decir, en la moraleja. Mientras lee, piense en cuál será el mensaje del cuento.

▼▲▼ La princesa vestida con una bolsa de papel ▼▲▼ ▼▲▼

Elizabeth era una princesa muy linda. Vivía en un castillo y tenía lujosos vestidos de princesa. **Se iba a casar con** un príncipe que se llamaba Ronaldo.

Desgraciadamente, un dragón destruyó el castillo, quemó toda la ropa con su **aliento** de fuego y secuestró al príncipe Ronaldo. Elizabeth decidió perseguir al dragón y rescatar a Ronaldo. Buscó por todas partes algo que ponerse, pero lo único que encontró que se había salvado del fuego era una bolsa de papel. Se la puso y persiguió al dragón.

Resultaba fácil perseguirlo, porque dondequiera que iba, dejaba **un rastro** de bosques quemados y huesos de caballo. Finalmente Elizabeth llegó a una cueva con una puerta muy grande que tenía un aldabón[1] enorme.

Llamó a la puerta fuertemente con el aldabón.

El dragón abrió, asomó[2] la nariz y dijo:

— ¡Qué **milagro!** ¡Una princesa! Me **encanta** comer princesas, pero ya me he comido un castillo entero hoy. Estoy muy ocupado. Vuelve mañana.

Dio tal portazo[3] que por poco le aplasta[4] la nariz a Elizabeth.

Elizabeth volvió a golpear la puerta con el aldabón.

El dragón abrió, asomó la nariz y dijo:

— Vete. Me **encanta** comer princesas, pero ya me he comido un castillo entero hoy. Vuelve mañana.

— ¡Espere! — gritó Elizabeth —. ¿Es verdad que usted es el dragón más inteligente y feroz de todo el mundo?

— ¡Pues claro! — dijo el dragón.

— ¿Y es verdad que Ud. es capaz de quemar diez bosques con su **aliento** de fuego? — preguntó Elizabeth.

— **¡Claro que sí!** — dijo el dragón, y aspiró hondo[5] y echó una bocanada[6] de fuego tan grande que quemó cincuenta bosques enteros.

---

1. **aldabón** knocker   2. **asomó** stuck out   3. **dio...portazo** slammed the door
4. **aplasta** smashed   5. **hondo** = **profundo**   6. **bocanada** mouthful

— ¡Formidable! — exclamó Elizabeth, y el dragón volvió a aspirar hondo y echó otra bocanada tal de fuego que quemó cien bosques.

— ¡Magnífico! — exclamó Elizabeth, y otra vez el dragón aspiró hondo … pero esta vez no le salió nada.

Al dragón no le quedaba fuego ni para cocinar una albóndiga.[7] Entonces dijo Elizabeth:

— Señor dragón, ¿es verdad que puede volar alrededor del mundo en sólo diez segundos?

— **¡Claro que sí!** — dijo el dragón, y dando un salto, voló alrededor del mundo en sólo diez segundos.

Estaba muy cansado cuando regresó, pero Elizabeth gritó:

— ¡Formidable! ¡Hágalo otra vez!

Dando un salto el dragón voló alrededor del mundo en sólo veinte segundos.

Cuando regresó ya no podía ni hablar, tan cansado estaba. Se acostó y se durmió inmediatamente.

Muy suavemente Elizabeth le dijo:

— ¿Me oye, Señor dragón?

El dragón ni se movió.

Elizabeth le levantó una oreja y metió la cabeza adentro. Gritó con todas sus fuerzas:

— ¿Me oye, Señor dragón?

Pero el dragón estaba tan cansado que ni se movió.

Elizabeth pasó por encima del dragón y abrió la puerta de la cueva.

Allí encontró al príncipe Ronaldo.

Él la miró y le dijo:

— ¡Oh Elizabeth, estás hecha un desastre! Hueles a cenizas, tienes el pelo todo enredado[8] y estás vestida con una bolsa de papel sucia y vieja. Vuelve cuando estés vestida como una verdadera princesa.

— Mira, Ronaldo, — le dijo Elizabeth — tienes una ropa realmente bonita y estás peinado a la perfección. Te ves como un verdadero príncipe, pero ¿sabes una cosa?, eres un inútil.

Y al final del cuento, no **se casaron.**

Fin

---

7. **albóndiga** meatball   8. **enredado** tangled

¿Entendido? • • • • •

1. ¿Por qué se pospuso la boda de Elizabeth y Ronaldo?
2. ¿Por qué era fácil encontrar el rastro del dragón?
3. ¿Cómo consigue Elizabeth agotar al dragón?
4. ¿Es una victoria milagrosa o no? Explique.
5. ¿Cómo reacciona Ronaldo al ser rescatado?
6. ¿Por qué no se casan Ronaldo y Elizabeth?
7. ¿Cuál es la moraleja de este cuento?

En mi opinión • • • • •

1. Mencione algunas de las características de los cuentos de hadas que se encuentran en *La prince-sa*. ¿Hay elementos innovadores?
2. Compare y contraste este cuento infantil con otro que Ud. conozca.
3. ¿Conoce algún otro cuento de hadas feminista? ¿Es el cuento de "La casita de chocolate" feminista? ¿Y el de "Caperucita Roja"?
4. ¿Son tradicionales los personajes de *La princesa*? Comente. Y la trama, ¿lo es?
5. Como es frecuente en los cuentos de hadas, en éste hay también elementos fantásticos e inexplicables. Dése cuenta, por ejemplo, de que toda la ropa se quema y no la bolsa de papel. Mencione otros casos presentes en el cuento.

En (inter)acción • • • • •

1. Un/a estudiante debe empezar a contar un cuento infantil famoso a la clase hasta que alguien lo identifique. Después, la persona que ha adivinado el título del cuento continúa contando otro cuento.

   Modelo: Un carpintero construyó un muñeco de madera al que cuando mentía le crecía la nariz. (*Pinocho*)

2. Un cuento de hadas feminista improvisado. Cada miembro de la clase debe continuar el cuento que empieza así:

   Érase una vez (*once upon a time*) un hada (un duende/una bruja) que …

Bordadores, 3   SALAMANCA

PUB SAPO VERDE
Rios Rosas, 6
MADRID

Mejor dicho ● ● ● ● ●

Amar/querer/desear/encantar. Amar y **querer** significan *to love (a person or animal).* **Amar** es un término más formal que **querer. Desear** (a una persona) tiene una connotación sexual y equivale a *to want, desire (a person).* **Encantar** quiere decir *gustar muchísimo* y en inglés se traduce con los verbos *to love, to be delighted by.* No olvide que **encantar** se conjuga como **gustar.**

"**Ámame** o déjame" es el título de una canción famosa.
Nos **queremos** desde que éramos niños.
¿Y te dijo que te **deseaba** con pasión?
Me encanta comer princesas.
A mi hijo **le encantó** el personaje de Elizabeth.

Práctica

1. Ud. seguramente quiere o ha querido mucho a alguien. Diga por qué quiere o quería tanto a esa persona.
2. Explique qué le encanta(ba) de la otra persona.
   Ejemplo: Me encanta su manera de vestirse.

3. Separados en grupos de chicos y chicas, hagan una lista de lo que les encanta del sexo opuesto. Luego compárenla.
4. Les han encargado escribir un guión *(script)* para una película romántica o una telenovela *(soap opera).* En grupos, preparen un diálogo en el que una pareja se declara su amor.
5. En grupos, inventen un título para una canción de amor y escriban una estrofa de ella. Comparen el título y la estrofa con el resto de la clase. ¿Se atreverían a cantarla en voz alta?
6. Resuma el argumento de alguna película usando los verbos de esta sección.

Creación ● ● ● ● ●

1. Escriba un cuento de hadas que tenga como título el mismo que el de esta lectura o cambie el final de un cuento tradicional para que tenga un final feminista.
2. Una vez agotado el repertorio de cuentos que saben, los padres y las madres terminan inventando historias cuyos protagonistas son sus propios hijos e hijas insomnes. Ahora haga Ud. lo mismo y escriba un cuento en el que intervengan sus compañeros/as de clase. Debe tener moraleja.
3. Algunos productos vendidos en el mercado supuestamente son milagrosos. Por ejemplo, matan los gérmenes que causan el mal aliento y así garantizan un matrimonio feliz. ¿Qué piensan Uds.? ¿Puede destruir el mal aliento a un matrimonio? ¿Y una amistad? ¿Son ofensivos todos los olores corporales? ¿Está nuestra apreciación del olor determinada culturalmente? ¿Cómo le diría Ud. a un/a amigo/a que tiene mal aliento?

▼▲▼ La silenciosa separación de Daniel Ortega y Rosario Murillo ▼▲▼ ▼▲▼

Antonio Caño

Palabra por palabra ● ● ● ● ●

asqueroso/a	disgusting
cansarse de	to get tired of
los **celos**	jealousy
compartir	to share
culto/a	well-educated
enamorarse de	to fall in love
el **encanto**	charm
hacerse* + *adj., sust.*	to become
el **poder**	power
sugerir	to suggest

● ●

al cuidado de	in the care/charge of

___

Práctica

A. En parejas, contesten las preguntas siguientes. Atención a las palabras del vocabulario.

1. ¿Ha compartido su cuarto/apartamento con alguien? ¿Compartía Ud. con esa persona los mismos ideales?

2. ¿Son muy cultas las personas con cargos políticos (presidentes/as, diputados/as, diplomáticos/as)? ¿Y sus esposos/as? Dé ejemplos. En una pareja política, ¿tiene más poder la persona que tiene el cargo más importante? Explique.

3. ¿Tiene Ud. celos de alguien célebre? ¿Y de su hermano/a? ¿Cree Ud. o no que los celos sean una muestra de amor? ¿Se pueden controlar los celos?

4. ¿Cuáles son algunos de sus encantos personales?

5. ¿Le parece a Ud. el *sushi* una comida asquerosa? ¿Y algunas tapas? ¿Y alguna bebida?

B. Usando el vocabulario de la sección, hable con un/a compañero/a de la vida diaria de los siguientes matrimonios (de hoy y de ayer) o de otros que Ud. prefiera.

Cleopatra y Marco Antonio
Felipe el Hermoso y Juana la Loca
Luis XIV y María Antonieta
Jorge y Bárbara Bush

Daniel Ortega y Rosario Murillo durante un viaje oficial (1989)

Repaso gramatical: Las acciones recíprocas
Los tiempos progresivos

Introducción ● ● ● ● ●

Rosario Murillo fue una figura importante en el gobierno revolucionario sandinista (1972–1990) de Nicaragua. Ocupó entre otros puestos, el de secretaria general de la Asociación Sandinista de Trabajadores de la Cultura y el de directora de la revista *Ventana*. Su auténtica vocación es la poesía. Algunos de sus libros son *En las espléndidas ciudades* (1984) y *Las esperanzas misteriosas* (1990).

En 1990, Rosario y su compañero Daniel Ortega, siendo éste aún presidente de Nicaragua, se separaron por un tiempo. El artículo siguiente cuenta la historia de su amor y presenta las razones de su separación.

Alto • • • • •

1. Estar casado/a con una persona famosa es casi siempre difícil. ¿Cuáles son, en su opinión, algunos de los problemas? ¿Recuerda algunas parejas famosas que hayan sido felices por mucho tiempo?
2. ¿Cuál cree Ud. que debe ser el papel de la esposa/compañera o del esposo/compañero de una figura pública?

▼▲▼ La silenciosa separación de Daniel Ortega y Rosario Murillo ▼▲▼ ▼▲▼

Apenas habían abandonado la ansiedad de la adolescencia cuando **se enamoraron** en una prisión de Nicaragua. Daniel estaba entre rejas[1] por su militancia en el Frente Sandinista; Rosario era una joven poetisa, rica y **culta,** que sucumbió ante **los encantos** de aquel muchacho tímido y valiente al que acudía[2] a visitar cotidianamente.

En las horas de encuentro le entregaba los versos románticos que había compuesto la noche anterior. Fue una intensa producción literaria que solidificó una relación más intensa aún.

Daniel salió de la cárcel y vivió clandestinamente en Cuba y después en Costa Rica. Rosario siguió escribiendo y leyendo, estudió en Francia y Estados Unidos, y acabó reuniéndose con su amor en la capital San José, donde iniciaron una convivencia en la que nunca dejaron intervenir formalidades legales o religiosas.

De vuelta a Managua, Daniel Ortega se convirtió en el presidente de uno de los países con mayor protagonismo mundial, y Rosario Murillo pasó a ser, por tanto, una peculiar primera dama.

La poetisa fue nombrada secretaria de la Asociación Sandinista de Trabajadores de la Cultura y empezó a conocer **los celos** de los colegas y las presiones de los políticos. Acudió a cócteles en los que se aburría como una ostra;[3] tuvo que **hacerse** dura y autoritaria para imponer sus órdenes frente a los rivales; trataba de no cambiar, pero cambiaba.

Todo por Daniel. Le aconsejaba en el vestir, le servía de intérprete en francés y en inglés, le recomendaba libros, le **sugería** entrevistas. **Se hizo** poderosa y despertó inquietudes[4] en el aparato sandinista.

El presidente nicaragüense tuvo que escuchar de labios de sus más próximos colaboradores las peores acusaciones contra su compañera. Tal vez a excepción de Tomás Borge[5] y un par de intelectuales sin relieve,[6] Rosario se quedó sin amigos.

Los hombres de la cultura le reprochaban que los había abandonado por la política y **el**

---

1. **entre rejas** = en la cárcel   2. **acudía** = iba   3. **como una ostra** *fig.* to death   4. **inquietudes** = preocupaciones   5. **Tomás Borge** = ministro del interior durante la presidencia de Ortega. También estuvo en la cárcel durante el régimen de Somoza.   6. **sin relieve** = desconocidos, sin fama

Este año me reencontré, soy yo otra vez.

poder. Los hombres de la política la acusaban por todo lo demás;[7] por vestirse de hippy, por su pelo rizado,[8] por su afición al rock, por su interés en el esoterismo, por su manía de servir **asquerosa** comida tradicional nicaragüense en las recepciones presidenciales, por su amistad con Bianca Jagger, (la nicaragüense ex-esposa de Mick Jagger), por acaparar[9] a Carlos Fuentes[10] y a cuantos intelectuales destacados caían por Managua, por comerse las uñas delante de ilustres visitantes extranjeros.

Con el transcurrir[11] de los años, las cosas se fueron poniendo peor en Nicaragua. El aparato tenía que buscar responsables en el entorno[12] del presidente, y una de las víctimas fue Rosario.

En julio pasado, en las páginas de *Ventana* el suplemento literario de *Barricada,* Rosario volvió a dedicarle un poema a su compañero. **"Me cansé de** escucharte detrás de un micrófono y de no **compartir** contigo los sueños y el vuelo de las mariposas," le decía.

Secretamente aparecieron en la vida de ambos otros sueños y otros motivos de sueño. Sin escándalo, sin dejar incluso de **compartir** la misma residencia presidencial, Daniel y Rosario se separaron hace unas pocas semanas. Daniel ha engordado y ha recuperado interés entre sus amigas y respaldo[13] entre la gente importante del país; de Rosario dicen que a sus 42 años está realmente guapa, y pasa su tiempo dedicada **al cuidado de** sus cinco hijos y las charlas con sus viejos amigos pintores.

---

7. lo demás = otras cosas   8. rizado curly   9. acaparar = monopolizar   10. Carlos Fuentes = famoso novelista mexicano
11. transcurrir = pasar   12. en el entorno = cerca   13. respaldo = apoyo

¿Entendido? • • • • •

1. ¿Quién es Rosario Murillo?
2. ¿Cómo y dónde se conocieron y enamoraron Rosario y Daniel?
3. ¿Por qué cree Ud. que no se casaron?
4. ¿Qué papel desempeñó ella en el gobierno sandinista?
5. ¿Cómo ayudó Rosario a Daniel?
6. ¿Por qué la criticaban los del gobierno?
7. ¿Qué dijo ella en el poema que apareció en *Ventana*?
8. ¿En qué aspectos ha cambiado Daniel?
9. ¿Dónde vive Rosario y cómo pasa el tiempo?

En mi opinión • • • • •

1. ¿Cuál de los dos cree Ud. que quiso separarse, Rosario o Daniel? ¿Por qué? En su opinión, ¿quién perdió más con la separación? ¿Por qué?
2. Basándose en sus conocimientos o experiencia, ¿quién cree Ud. que rompe las relaciones más a menudo: el hombre o la mujer? ¿Sabe quién pide la mayoría de los divorcios en EEUU hoy en día? ¿Ha sido siempre así?
3. ¿Cuáles son las razones más comunes de los divorcios y separaciones hoy en día? ¿Cuáles son para Ud. algunos motivos inaceptables de divorcio o separación?
4. ¿Qué entiende Ud. por incompatibilidad de caracteres? ¿Es esa una razón válida para solicitar un divorcio?
5. ¿Quién sufre más presión, un matrimonio tradicional o un matrimonio en el que los dos tienen vida independiente? Explique los problemas y las ventajas de cada uno.
6. Si tuviera la ocasión de casarse con alguien famoso, ¿lo haría sin dudarlo? ¿Estaría Ud. dispuesto/a *(willing)* a cambiar completamente sus costumbres, creencias, apariencia o personalidad por la otra persona?

En (inter)acción • • • • •

1. En dos grupos, si es posible uno de chicos y otro de chicas, mencionen cinco síntomas o señales de estar enamorado/a. Comparen y comenten los resultados. (Se puede hacer lo mismo con respecto al sentimiento opuesto: el desamor.)
2. En grupos, debatan en clase las ventajas o desventajas de:

   estar soltero/a
   estar casado/a
   vivir juntos sin casarse
   vivir en una comuna

Mejor dicho ● ● ● ● ●

Ponerse/volverse/hacerse/llegar a ser/convertirse en. Todos los verbos anteriores, que traducen el verbo *to become,* indican un tipo diferente de cambio.

Ponerse (+ *adj.*)	cambio físico o cambio emocional no permanentes	**Me he puesto** muy morena. **Se pusieron** nostálgicos.
Volverse (+ *adj.*)	cambio personal repentino o gradual, permanente	**Se volvió** tacaño. **Nos volvimos** creyentes.
Hacerse (+ *adj.*, + *sust.*)	cambio de condición debido al esfuerzo personal	**Nos hicimos** poderosas. **Se hizo** electricista.
Llegar a ser (*adj.*, + *sust.*) *(to get to be)*	cambio de condición a lo largo del tiempo	**Llegarán a ser** famosos. **Llegaste a ser** primera dama.
Convertirse en (+ *sust.*) *(to turn into)*	cambio natural cambio fantástico	El vino **se convertirá en** vinagre. La rana **se convirtió en** un hermoso adolescente.

Observaciones:

a. En general, cuando el sujeto no es animado sino que se trata de una situación, relación, etc., se pueden usar cualquiera de los tres primeros verbos.

   Ejemplo: Nuestra convivencia se puso/hizo/volvió insoportable.

b. El adjetivo *loco/a* se emplea casi exclusivamente con el verbo *volverse.* La expresión *volverse loco/a* se puede entender en el sentido literal o figurado.

c. Muchas veces *to become* + *adj.* se expresa en español con verbos reflexivos específicos: aburrirse, cansarse, enojarse.

Práctica

En parejas, expresen lo que ocurre en las ilustraciones siguientes usando alguno de los verbos anteriores.

El chico…   *La costa…*   *El atleta…*   *Clark Kent…*

El alumno…   *La muchacha…*   *El cielo…*   *El cliente…*

Creación • • • • •

1. En la formación de una pareja a veces la suerte o el destino constituye uno de los factores más importantes. (Piense, por ejemplo, en la película *Cuando Harry conoció a Sally*.) Escriba la historia más increíble de una pareja de la que haya oído hablar o invente una.
2. Elija una pareja cinematográfica o literaria (Adán y Eva, Romeo y Julieta, Humphrey Bogart e Ingrid Bergman en *Casablanca*…) y describa su relación o separación desde el punto de vista de uno de sus miembros.

▼▲▼ La liberación del amor ▼▲▼ ▼▲▼
Rosario Castellanos

Palabra por palabra ● ● ● ● ●

abnegado/a	self-sacrificing
comportarse	to behave, act
enfrentarse a/con	to confront, face up to
escoger	to choose
la **manera***	way, mode
sumiso/a	submissive
la **voluntad**	will

● ●

mantenerse/estar al tanto	to stay/be up to date

Práctica

En parejas, contesten las preguntas siguientes. Atención a las palabras del vocabulario.

1. Dé ejemplos de lo que hace una persona abnegada. ¿Y una sumisa?
2. ¿Se comporta Ud. siempre bien? ¿Se ha comportado alguna vez de modo infantil o tonto? ¿Y como una persona abnegada?
3. ¿Se enfrenta Ud. siempre a sus problemas? ¿Tiene Ud. una voluntad de hierro *(iron)*? ¿En qué ocasiones no la tiene?
4. ¿Cómo escoge Ud. a sus amigos/as? ¿Y a un/a novio/a? ¿Qué tiene en cuenta al escoger?

Repaso gramatical: Las oraciones condicionales con subjuntivo (segundo repaso)
La posición de los adjetivos (segundo repaso)

Introducción ● ● ● ● ●

Rosario Castellanos (1925–1974) es una de las figuras claves de las letras latinoamericanas. En su extensa producción literaria se observa la constante preocupación de la autora mexicana por los grupos sociales marginados. Su feminismo es también un rasgo omnipresente.

En el ensayo "La liberación del amor", el propósito de Castellanos es analizar y criticar el movimiento de "Women's Love" organizado por una mujer japonesa. El segundo objetivo de Castellanos es enfrentar a la "abnegada mujercita mexicana" con su propia situación y mostrarle que la sumisión imposibilita la plena realización de la mujer. El tono de Castellanos es extremadamente irónico a lo largo del ensayo.

Alto • • • • •

1. ¿Cómo sabe Ud. que alguien está hablando irónicamente? ¿Y en un texto escrito?
2. ¿Qué sabe Ud. de las mujeres mexicanas? ¿Y de las japonesas? ¿Sabe algo de la situación de la mujer en otros países? ¿Qué sociedades son más tradicionales: las occidentales o las orientales?
3. ¿Qué tradiciones transmiten las madres norteamericanas a sus hijas hoy día? ¿Y los padres a sus hijos varones?

▼▲▼ La liberación del amor ▼▲▼ ▼▲▼

Usted, señora, **abnegada** mujercita mexicana; o usted, **abnegada** mujercita mexicana en vías de[1] emancipación; ¿qué ha hecho por su causa en los últimos meses? Me imagino la respuesta obvia: repasar el texto clásico de Simone de Beauvoir,[2] ya sea para disentir o para apoyar sus propios argumentos, o simple y sencillamente para estar enterada, **mantenerse al tanto** de los libros que aparecen, uno tras otro, en los Estados Unidos: las exhaustivas descripciones de Betty Friedan, la agresividad de Kate Millet, la lúcida erudición de Germaine Greer.

Y, claro, usted sigue de cerca[3] los acontecimientos con los que manifiesta su existencia el Women's Lib. Se hizo la desentendida,[4] seguramente, cuando supo lo del acto simbólico de arrojar al fuego las prendas íntimas[5] porque eso se prestaba a[6] muchos y muy buenos chistes. Se ajustó bien las suyas[7] y no le pareció, en lo más mínimo, aplicable al caso que nos ocupa.

Quizá se sintió cómplice de las que secuestraron al director de una revista pornográfica porque mostraba a las mujeres como un mero objeto sexual. Pero de todas **maneras,** lamentó que el ejemplo de las norteamericanas sea imposible de seguir en México. ¡Nuestra idiosincrasia es tan diferente! Y también nuestra historia y nuestras tradiciones. El temor al ridículo nos paraliza.

Por lo que le pueda servir (a veces es bueno entrar en la casa de la risa[8] y mirar nuestra imagen reflejada en los espejos deformantes) voy a pasarle al costo[9] una información que acaso[10] usted ya posee pero que, para mí, fue una verdadera sorpresa: la actitud que han adoptado en Japón para **enfrentarse al** problema de la situación de la mujer en la sociedad y de los papeles que tiene que desempeñar. Esa actitud que cristaliza en el Movimiento de Women's Love para oponerse al Women's Lib.

Usted pudo enterarse porque a propósito[11] del viaje presidencial [del presidente mexicano] al Lejano Oriente,[12] las páginas de los periódicos y revistas mexicanas estuvieron llenas de

---

1. en vías de = en proceso de   2. Simone de Beauvoir, Betty Friedan, Kate Millet, Germaine Greer = escritoras a favor de los derechos de la mujer   3. de cerca closely   4. se hizo la desentendida feigned ignorance   5. prendas íntimas underwear   6. se prestaba a lent itself to   7. las suyas = prendas íntimas   8. casa de la risa funhouse   9. al costo = gratis   10. acaso = quizá
11. a propósito = como resultado   12. Lejano Oriente Far East

" …la mujer encarna los valores de la delicadeza y el encanto."

datos sobre los diferentes aspectos de la vida en aquellas latitudes. Yo me enteré gracias a la visita que hizo a Israel la señora Yachiyo Kasagi que es periodista, maestra, conferenciante,[13] experta en la rehabilitación de los sordomudos[14] y, en sus ratos de ocio, apasionada lideresa del Women's Love.

La señora Kasagi hizo la siguiente revelación: que una mujer graciosa, amable y, aparentemente, **sumisa,** puede conquistar al hombre, y, sin que él se entere, imponerle sus propios puntos de vista. Recuerde usted que las moscas se cazan con miel,[15] no con vinagre, y que una mujer histérica y furiosa no alcanza a[16] producir más que repugnancia entre los miembros del sexo opuesto y lástima o risa despiadada[17] entre los miembros de su propio sexo.

Cedo[18] la palabra a la señora Kasagi, quien afirma que el hecho de enarbolar[19] la bandera del amor y rechazar la militancia de las exigentes y violentas no hace más que reflejar su propia filosofía de la vida. Eso no quiere decir que no trabaje, y muy activamente, en la emancipación de la mujer japonesa, sólo que sus métodos son diferentes, más de acuerdo con la imagen femenina oriental en la que la mujer encarna los valores de la delicadeza y del encanto.

¿Por qué rechazar esta imagen para adoptar otra que les es profundamente extraña, como la que propone la actual cultura de occidente? Al contrario; la actividad de la señora Kasagi se dirige al rescate[20] de una serie de técnicas que estuvieron a punto de perderse a raíz[21] de la derrota japonesa al término de la Segunda Guerra Mundial.

---

13. **conferenciante** lecturer   14. **sordomudos** deaf-mutes   15. **las moscas se cazan con miel** flies are caught with honey
16. **alcanza a** manages to   17. **despiadada** = sin compasión   18. **cedo** = doy   19. **enarbolar** = levantar   20. **rescate** rescue
21. **a raíz** = como consecuencia

En la familia japonesa de antaño[22] la madre transmitía a la hija los elementos para ser considerada una verdadera mujer. Es decir, le enseñaba a inclinarse de **una manera** correcta y graciosa en las reverencias debidas[23] a sus mayores y superiores (que eran prácticamente todos); le mostraba **la manera** adecuada de lucir[24] el quimono y de arreglar flores. Así también no dejaba de instruirla sobre **la manera** de **comportarse** en la mesa (y en otros muebles[25] más privados) y de llevar a cabo la refinada ceremonia del té.

¿Qué ocurrió al final de la Segunda Guerra? Que las mujeres se echaron a[26] la calle a trabajar y a ganar dinero y ya no[27] tuvieron tiempo ni para practicar lo que habían aprendido ni mucho menos para enseñar a sus hijas a **comportarse** como damas. Como es natural, las hijas fueron incapaces de transmitir a sus propias hijas una serie de conocimientos que ya no constituían su patrimonio.

La señora Kasagi se lanzó[28] al rescate de tan importantes materias y ha abierto en Tokio algo que podría considerarse el equivalente de lo que entre nosotros es una "escuela de personalidad." Allí ese diamante en bruto[29] que es una muchacha adolescente se pule[30] hasta convertirlo en un objeto de lujo: muestra la riqueza y el gusto refinado de quien lo posee y constituye una inversión[31] segura que no cesa[32] nunca de rendir dividendos.

La formación que se adquiere en el plantel[33] de la señora Kasagi es de tal **manera** completa que una mujer educada allí puede ser inteligente sin dar el menor signo de ello; puede ser ambiciosa sin que ahuyente[34] a los hombres; puede, incluso, llegar a desempeñar puestos importantes, tanto privados como públicos, sin despertar el espíritu competitivo de sus oponentes sino más bien apelando a[35] su espíritu caballeresco que ayuda y protege.

En estos asuntos, ya usted lo sabe, el hombre japonés (a semejanza de[36] algunos congéneres[37] suyos de origen latino) es muy quisquilloso.[38] Exige una subordinación absoluta y cuando algo se opone a su **voluntad** sabe castigar con mano dura.[39] ¿No recuerda usted, por ejemplo, la confidencia hecha por la esposa del ex-primer ministro Sato a un periodista en el sentido de que su marido acostumbraba pegarle? Esa confidencia no provocó ninguna crisis gubernamental ni deterioró la imagen pública del gobernante. Más bien habría que pensar lo contrario.

Hay pues que reconocer los hechos dados y **comportarse** de **la manera** más conveniente. La señora Kasagi puede servir de ejemplo a sus discípulas. Ella ha obtenido el permiso de actuar y aun de viajar sola, como lo prueba[40] su estancia[41] en Israel. Tal hazaña[42] habrá que

---

22. **antaño** = del pasado   23. **debidas** owed   24. **lucir** to show off   25. **muebles** furniture   26. **se echaron a** took to

27. **ya no** no longer   28. **se lanzó** rushed   29. **en bruto** = sin cortar   30. **se pule** is polished   31. **inversión** investment

32. **no cesa** – no deja   33. **plantel** – escuela   34. **sin que ahuyente** without frightening off   35. **apelando a** appealing to

36. **a semejanza de** = como   37. **congéneres** = tipos   38. **quisquilloso** touchy   39. **con mano dura** with a heavy hand

40. **prueba** = demuestra   41. **estancia** = visita   42. **hazaña** accomplishment

atribuirla no a su técnica, sino, según ella misma confiesa, a la circunstancia de que su marido es un hombre muy progresivo y de criterio amplio.[43]

Tan amplio que la aguardaría hasta su regreso[44] de una ausencia de cinco días en los que aprovechó una invitación de una compañía aérea para conocer un país del Medio Oriente.[45] Y en cuanto a[46] su hijo, que actualmente tiene 20 años, puede **escoger** entre las discípulas de su madre a la que obtenga la mejor calificación.

---

43. de criterio amplio = liberal   44. regreso = vuelta   45. Medio Oriente Middle East   **46. en cuanto a = con respecto a**

¿Entendido? • • • • •

1. ¿A quiénes quiere motivar con este ensayo Rosario Castellanos? ¿Para qué?
2. Según la autora, ¿qué paraliza a la mujer mexicana?
3. ¿Qué actitud han adoptado en Japón en cuanto al movimiento del Women's Lib?
4. ¿Quién es la señora Kasagi? ¿Cree Ud. que sea inteligente?
5. ¿Cuál es la teoría que Kasagi propone para lograr la emancipación de la mujer japonesa?
6. Explique la frase siguiente: "las moscas se cazan con miel, no con vinagre."
7. ¿Cuáles son algunas de las tradiciones que le enseñaba la madre japonesa a su hija? ¿Por qué no se las transmite ya?
8. ¿Qué les pasa a las muchachas que se matriculan en la escuela de Kasagi?
9. Según el texto, ¿cómo es el hombre japonés? ¿Y el hispano?
10. ¿Está liberada o no la señora Kasagi? Explique por qué sí/no.
11. ¿Cómo será la esposa del hijo de Kasagi?
12. En este ensayo, ¿dónde habla con ironía Rosario Castellanos? ¿Qué propósito tienen las frases que pone entre paréntesis?
13. ¿A favor de qué movimiento está Rosario Castellanos: el Women's Lib o el Women's Love?

En mi opinión • • • • •

1. ¿Qué imagen de la mujer presenta el movimiento japonés de "Women's Love"? ¿Qué papel sugiere para la mujer? Contraste los propósitos y las estrategias de los dos movimientos citados en el ensayo.
2. ¿Existe algo parecido al movimiento de Women's Love en los Estados Unidos? Decida cuál de los dos movimientos le parece mejor a Ud. Explique a la clase por qué.
3. ¿Cree Ud. que la cortesía, la elegancia, el cariño sean incompatibles con el feminismo, como sugiere Kasagi? ¿A quién le interesa apoyar la supuesta incompatibilidad de la femineidad y el feminismo?
4. ¿Qué cree Ud. que le pasaría en Estados Unidos a un político que le pegara a su familia? ¿Cómo es posible que en Japón se acepte tal cosa sin comentario? ¿Puede un político violar la ley sin perder su posición? ¿Qué infracciones se toleran calladamente? ¿Está cambiando eso?
5. Una vez leído el ensayo de Rosario Castellanos, ¿qué sentido cobra el título? ¿El amor libera o esclaviza a las personas? Dé ejemplos. Hable de los efectos positivos o negativos que, en su opinión o experiencia, tiene el amor.

En (inter)acción ● ● ● ● ●

1. En grupos, imaginen un día en la vida de una feminista y de una discípula de Women's Love. ¿En qué son diferentes? Piensen en las relaciones que tendrán con su familia y con sus compañeros/as de trabajo.

2. Expresiones como "el amor lo puede todo" o "el amor mueve montañas" nos indican el poder atribuido culturalmente a este sentimiento. Comente el contenido de las siguientes expresiones, refranes y dichos del español:

   El amor es ciego.
   El primer amor nunca se olvida.
   Contigo pan y cebolla. *(Living on love)*
   Quien bien te quiere, te hará llorar.
   Desgraciado en el juego, afortunado en amores.

3. Observen los dibijos y contesten las preguntas.

   a. ¿A quién están dirigidos estos mensajes?
   b. ¿Son buenos consejos? ¿Por qué? Explique.
   c. De las personas mencionadas en la lectura, ¿a quién le aconsejaría Ud. que leyera?
   d. ¿Por qué otra razón es bueno leer?

Mejor dicho ● ● ● ● ●

Manera, modo/modales. Manera y modo significan *way, mode.* **Modales** quiere decir *manners.*

> La madre japonesa enseñaba a su hija **la manera** de comportarse en la mesa.
> Me irrita su **modo** de hablar.
> Para ser la primera dama, no tiene buenos **modales.**

Observe que la expresión *in a feminine way* se expresa en español **de (una) manera femenina.**

Otras expresiones importantes en que aparecen **manera** y **modo** son:

de manera/modo que	*(so that)*
de todas maneras/de todos modos	*(anyway)*

Práctica

1. En parejas, cambien las oraciones sustituyendo las palabras indicadas por **de manera/modo** + *adjetivo.* Luego, digan si están de acuerdo con lo que expresan.

   Castellanos expone sus puntos de vista *con convicción.*

   Todavía algunas familias educan a sus hijas *tradicionalmente.*

   Kasagi desprecia a las mujeres que actúan *con violencia.*

   Las amas de casa mexicanas han leído *exhaustivamente* a las feministas francesas.

   Para conquistar a un hombre, hay que comportarse *con sumisión.*

2. Con un/a compañero/a, digan cuáles de los siguientes modales son buenos y cuáles malos.

   Comer con la boca abierta.

   Poner los codos *(elbows)* en la mesa.

   Utilizar cubiertos (cuchara , tenedor, cuchillo) para comer.

   Meterse el dedo en la nariz.

   Esperar su turno para hablar en un grupo.

   Ahora, mencionen otros dos modales que son buenos y otros dos malos.

¿Es esta foto típica de una boda?

Creación ● ● ● ● ●

Escriba una crónica de sociedad (una fiesta benéfica, un compromiso, una boda, un aniversario, un bautizo…) de las que aparecen en los periódicos. Use adjetivos determinativos, calificativos y epítetos para describir a los participantes. Lea la siguiente crónica periodística para refrescar la memoria.

Boda

Celebraron su enlace matrimonial la gentil señorita Odalys Torrado, hija del señor Manuel Torrado y señora, Edilia de Torrado, y el correcto caballero Armando Sánchez, hijo del señor José Sánchez y señora, Teresa de Sánchez, familias de vasto aprecio en nuestros círculos. Para tan simpática pareja, nuestra enhorabuena y votos para que gocen de una eterna luna de miel. (*Diario de las Américas*)

▼▲▼ La abnegación ▼▲▼ ▼▲▼
Silvina Bullrich

Palabra por palabra ● ● ● ● ●

el **cariño**	affection
despistado/a	absent-minded
educar*	to rear, raise, bring up
la **intimidad**	privacy, intimacy
inútil	useless, helpless
malcriado/a	spoiled (*referring to people*)
maquillarse	to put on makeup
sensato/a*	sensible, reasonable
suspirar	to sigh

Práctica

En parejas, contesten las preguntas siguientes. Atención a las palabras del vocabulario.
  A. Dé ejemplos de lo que hace (o no hace) una persona despistada? ¿Y una malcriada? ¿Y una inútil?
  B. ¿Es el maquillaje distinto según las diferentes culturas? ¿Se maquilla Ud.? ¿Por qué? ¿Le parece inútil maquillarse? ¿Mejora la apariencia de una persona con el maquillaje? ¿Qué hace Ud. para mejorar su apariencia?
  C. ¿Suspira Ud. mucho? ¿Se da Ud. cuenta de cuándo suspira? ¿Por qué motivos suspira la gente? ¿Suspira Ud. cuando está enamorado/a?

D. ¿Qué es la intimidad? ¿Tiene mucho valor la intimidad para Ud.? ¿Cuáles de las siguientes acciones perturban su intimidad?

1. que alguien entre en el baño cuando está Ud.
2. que le abran las cartas
3. que llamen tarde por teléfono
4. que le pregunten por su vida amorosa
5. que le envíen cartas-cadenas
6. que le pregunten por sus notas
7. que escuchen sus llamadas telefónicas

Repaso gramatical: *Por* y *para* (segundo repaso)

Los usos del verbo *hacer*

Introducción ● ● ● ● ●

Silvina Bullrich era una conocida escritora, periodista y traductora argentina. En sus cuentos y novelas critica los males de la sociedad argentina y, en especial, la hipocresía de la clase burguesa. Los personajes femeninos desempeñan siempre un papel primordial en su producción literaria.

"La abnegación", que procede de su colección de cuentos *Historias inmorales* (1965), examina las razones del fracaso de una relación amorosa. En el cuento se contrastan también dos tipos opuestos de comportamiento femenino.

Alto ● ● ● ● ●

1. ¿Ha cambiado en algo la imagen del hombre ideal en los últimos años? ¿Y la imagen de la mujer?
2. En una pareja, ¿hay algo que la mujer esté obligada a hacer por el hombre y viceversa?
3. ¿Recuerda que es el voseo?

▼▲▼ La abnegación ▼▲▼ ▼▲▼

Mamá era una mujer romántica y anticuada. Siempre fue anticuada, aun a los quince años: sus amigas de infancia me lo dijeron. Yo me reía, no sabía que iba a **educarme** mal, es decir, de forma romántica y anticuada.

La historia de mi vida tiene poca importancia. Me casé, me divorcié, tuve un amante,[1] dos amantes, tres amantes; uno me abandonó, a otro lo dejé yo porque se cruzó el tercero, con otro no marché ni para atrás ni para adelante, **inútil** insistir; tuve una que otra aventura laboriosa, no tan sórdida como dicen los novelistas, más bien simpática, y quedamos grandes amigos; alguna vez no quedamos amigos. Porque la amistad, ni en pro ni en contra, tiene nada que ver con un fortuito acto sexual.

---

1. **amante** lover

No soy tonta, trabajo en Aerolíneas y todos mis compañeros podrán decirles que soy muy eficiente. Muy eficiente: he ahí mi drama. Mi pobre romántica y anticuada madre me convenció, día a día, durante veinte años, y todos los demás que siguieron, que en la vida lo importante es ser eficiente, responsable, desinteresada. Y mi cerebro, mi corazón, mi sexo fueron desinteresados, eficientes, reservados aunque generosos, llenos de dignidad, de moral y de pureza. Entendámonos bien: tonta del todo no fui nunca, asimilé las enseñanzas de mi madre, pero las remocé[2] un poco. Nunca pensé que por haberme entregado[3] a Luis iba a ir al infierno.[4]

Sin embargo, creía seriamente que nada ata[5] tanto a un hombre como advertir[6] que su mujer (y para esto no es necesario pasar por el Registro Civil) le oculta sus problemas, seca sus lágrimas antes de que él llegue, disimula los contratiempos[7] que sufrió durante el día, se hace un vestido nuevo con uno viejo, finge despreciar los automóviles demasiado grandes (además nunca hay donde estacionarlos) "de nuevos ricos," piensa que dado el clima de este país no se necesitan pieles,[8] que las joyas crean una preocupación más y las falsas son igualmente sentadoras,[9] que hoy por hoy se come mejor en los boliches[10] que en los grandes restaurantes donde todo está podrido,[11] que el servicio doméstico no sólo sobra sino que "son enemigos metidos en **la intimidad** de uno", que la mujer moderna sabe defenderse tan bien como el hombre y toda la retahíla de lugares comunes[12] que permiten que los pobres sean mucho menos amargados que los ricos porque nadie se ocupó jamás de hacer un manual semejante para los ricos.

Los hombres son más inteligentes que las mujeres. Pero no en el terreno en que ellos lo creen. Dios mío, basta oír hablar a los candidatos en vísperas de elecciones para que nuestro respeto por la lucidez mental masculina se desinfle[13] un poco, y no extiendo mis comentarios para no alargar mi anécdota. Los hombres son más inteligentes que las mujeres en el amor. Infinitas generaciones de

2. **remocé** brought up to date   3. **entregado** given myself   4. **infierno** hell   5. **ata** ties   6. **advertir** to notice   7. **contratiempos** mishaps   8. **pieles** furs   9. **sentadoras** flattering   10. **boliches** = restaurantes baratos   11. **podrido** rotten, spoiled   12. **retahíla de lugares comunes** = lista de tópicos   13. **se desinfle** = se reduzca

"A Luis le beneficiaba…que (yo) supiera cocinar…"

astucia[14] para sacar el mejor partido[15] en los negocios y en la guerra les enseñaron una táctica infalible: convencer al adversario que lo más admirable en él son ciertas cualidades que lo benefician. A Luis le beneficiaba que yo trabajara, que supiera cocinar y creyera en el breve manual que he enumerado en forma incompleta, más arriba. "Si no te importa comamos cualquier cosa en tu casa o en casa, estoy tan cansado para salir, he trabajado todo el día." Yo también, pero no se lo recordaba, hubiera sido una falta de tacto, de femineidad y de **cariño;** él lo habría encarpetado[16] para lanzármelo a la cara en la próxima escena. Entonces yo me ajetreaba:[17] "…no te molestes, cualquier cosa, unos huevos pasados por agua." Pero yo sabía que le gustaban más las omelettes a la francesa, abría un tarro de champignones, y ya que había leche haría un arroz con leche en dos minutos, o si prefería, con el pollo que quedó de anoche y un resto de crema (podría pedir más a la fiambrería)[18] haría unos tallarines[19] a la parisienne. Y poner la mesa, y tostar el pan, y hacer un buen café. Nada, no es nada, todo estará listo en dos minutos, entretanto servite[20] otro whisky … bueno, ya va a estar…

Y todo estaba pronto, si no en diez minutos en media hora. Y yo me ajetreaba siempre, en todo, en ponerme ruleros[21] cuando se me doblaban[22] las piernas y sólo deseaba tirarme sobre la cama, en **maquillarme** íntegramente de nuevo, en deslumbrarme[23] ante su virilidad o en afirmarle que era una suerte que él también estuviera cansado porque yo esa noche no hubiera podido ni con Alain Delon.[24] A él le gustaban "las mujeres vestidas de sport" y la palabra sport en esos casos es sinónimo de faldas y tricotas[25] del año anterior. Yo afirmaba que no tenía ni tiempo ni ganas de hacerme ropa, que hay cosas mucho más importantes que hacer en la vida y él nunca me preguntaba cuáles. Nos veíamos casi todos los días como hubiéramos visto al mozo de la pizzería de la esquina si hubiéramos resuelto comer allí. No éramos desgraciados,[26] pero quizá nos parecía excesivo pretender ser felices como una pareja de cine.

Una amiga me dijo un día que mi método era malo. ¿Qué método? El de jugar a la noviecita buena, me dijo; nunca un hombre se queda al lado de una mujer desinteresada; recuerda siempre que el hombre corre detrás del capital invertido. No comprendí muy bien. Ella me explicó con ayuda de ejemplos irrefutables que las mujeres **malcriadas** son las más queridas y que ni siquiera un magnate puede volver a comprar, cada vez que se enamora, un nuevo departamento, otro coche, otro abrigo de piel; entonces vacila mucho antes de romper con una mujer que ya representa para él esa inversión de capital. Su razonamiento me pareció

---

14. astucia shrewdness   **15. sacar el mejor partido** get the best   **16. encarpetado** filed away, *fig.* kept in mind   **17. ajetreaba** I hustled   **18. fiambrería** delicatessen   **19. tallarines** = tipo de pasta   **20. servite** = sírvete (voseo)   **21. ruleros** curlers   **22. se me doblaban** were giving way   **23. deslumbrarme** being dazzled by   **24. Alain Delon** = actor francés de los 60   **25. tricotas** = suéteres   **26. desgraciados** = infelices

sensato, prometí reflexionar. Pero ya era tarde. Ya Luis no tenía ganas de invertir en mí ni una entrada de paraíso.[27]

Un día me dijo que Julita era la mujer más encantadora de la tierra. Parece un pajarito, un colibrí,[28] pasa por el mundo sin rozarlo. Tenemos que buscarla para ir al cine. ¿Y por qué no viene ella hasta aquí?, tiene auto y nosotros no. ¿Venir hasta aquí, sola, de noche? ¡Por Dios, son las ocho! Pero no nos cuesta nada ir, a ella no le gusta andar sola de noche. La buscamos. A la vuelta la dejamos en su casa y nos vinimos esas nueve cuadras a pie; lloviznaba un poco. Pudo habernos traído ella, dije. ¿Abrir sola el garaje de noche? Se escandalizó Luis. Pero yo ya estaba extenuada[29] de todo lo que había ocurrido entre la ida y la vuelta. Bajó elegante, perfumada, sonriente.

"Julita…elegante, perfumada, sonriente."

Estás divina, dijo Luis. ¿Verdad que está divina? Sí, dije. ¿Ustedes comieron?… ¡Ay, yo no comí! No importa, nosotros tomamos un café mientras comés algo. Claro, si se hace tarde vamos a la otra sesión. Fuimos a la otra sesión porque Julita no comió *algo* sino un menú refinado y completo. Al salir del cine tenía sed; siempre tengo sed al salir del cine. No tenía monedas para ir al toilette. Sé bueno, Luis, cómprale unas flores a esa pobre mujer, me da una pena, con este frío. Tenés razón, lo que pasa es que somos unos desalmados,[30] dijo Luis involucrándome[31] como si no supiera que nunca le pedía nada por cuidar su bolsillo.[32] Yo miré el reloj; mi trabajo comienza a las nueve, arriesgué[33] tímidamente. ¡Ay, qué horror trabajar!, **suspiró** Julita; yo soy a la antigua,[34] creo que la mujer no debe trabajar, pierde femineidad. ¿Y de qué vive? Si una mujer no es capaz de tener un hombre que responda por ella es porque no es verdaderamente mujer, algún defecto fundamental ha de tener, dijo seriamente; y luego, sonriendo de nuevo: yo soy tan **inútil,** ni sé hacer un cheque; en el banco todos se ríen y me lo hacen ellos. Pedíme a mí cuando necesités algo así, suplicó Luis embelesado.[35] Lo único que necesito es tener plata[36] en la cuenta, porque los bancos

---

27. **paraíso** cheapest upper balcony seats in a theater   28. **colibrí** hummingbird   29. **extenuada** = exhausta
30. **desalmados** = crueles   31. **involucrándome** = incluyéndome   32. **bolsillo** pocket (finances)   33. **arriesgué** ventured
34. **a la antigua** old-fashioned   35. **embelesado** = fascinado   36. **plata** = dinero

tienen la mala costumbre de devolver los cheques sin fondos.[37] ¡Qué desconsiderados!, rió Luis, que iba de deslumbramiento en deslumbramiento. Ella acumulaba anécdotas de su admirable, casi genial, tilinguería.[38] Luis se derretía.[39]

Yo ya había comprendido. No me importaba mucho, algún día eso tenía que terminar si es que puede terminar algo que no empezó nunca. En verdad era mejor así, mucho mejor. Yo estaba castrando a Luis, Julita lo haría hombre a la fuerza. No sé si por masoquismo, por sadismo o por curiosidad no le ofrecí su libertad en seguida. Me divirtió observarlos.

Tengo que ir a pagar los impuestos[40] de Julita. Hay que ir a ver a Julita: fue al dentista y no soporta el torno,[41] puede precisar algo. Pobre chica, **educada** con tanto lujo, tan refinada y con dificultades de dinero. Julita no soporta el frío, Julita no soporta el calor, Julita no sabe cocinar … tiene otras cualidades.

Y Luis corría por la ciudad buscando soluciones para los dramas de Julita. ¡Qué drama! ¿Sabés mi drama? Todo era un drama y a su alrededor la compadecían.[42] Qué drama tener que ir al dentista, qué drama que se le fuera la mucama.[43] El drama de la jarra[44] rota, del auto que ratea,[45] de la madre que "parece la van a operar"; no la operaban, pero el drama subsistía. Además los dramas íntimos que las personas con alma plebeya[46] como yo no podíamos ni presentir siquiera: la incomunicación, la depresión nerviosa, el vacío, la soledad, los complejos de culpabilidad, de superioridad; ella los tenía todos. Después tuvo a Luis que recorrió los psicoanalistas, que la llevó fuera de Buenos Aires todo el invierno porque el frío le hacía daño, y todo el verano porque no soportaba el calor y no podía dormir con aire acondicionado, que la instaló en un hotel porque estaba muy cansada de luchar con el servicio actual tan malo, le robaban todo, la plantaban …[47]

Después, un día cualquiera, les perdí la pista.[48] La vi por la calle muy bien vestida y con un caniche[49] gris perla. Yo conocí a Pedro, pude quererlo, pudo quererme. Pero una inmensa fatiga pesaba sobre mis hombros. No me sentía con fuerzas ni de volver a hacer platitos especiales para que dijera que era la mujer perfecta y se fuera con el último bocado,[50] ni tampoco de **suspirar** ante cada florista que pasa frío, ni ante el drama de cada previsible molestia cotidiana.

A veces, cuando fluye en mí la sangre romántica de mi **despistada** madre, imagino que llega a mi vida un hombre que cuando río me dice: "¿Por qué lloras?" y seca con sus labios las lágrimas que no derramo;[51] cuando me llevo el mundo por delante[52] me dice "¿Por qué tiemblas?", y ante mis noches mundanas, mis días activos, mis frases insolentes exclama desolado: ¡Nunca supuse que una mujer pudiera ser tan débil!

---

37. sin fondos bad checks   **38. tilinguería** dumbness   **39. se derretía** was melting   **40. impuestos** taxes   **41. torno** drill
42. la compadecían felt sorry for her   **43. mucama** = sirvienta   **44. jarra** pitcher   **45. ratea** rattles   **46. alma plebeya** unrefined soul   **47. la plantaban** walked out on her   **48. perdí la pista** lost track   **49. caniche** poodle   **50. bocado** bite
51. no derramo don't spill   **52. me llevo el mundo por delante** I am feeling self-confident

¿Entendido? • • • • •

1. Describa a la protagonista (y narradora).
2. ¿Cómo es la relación entre ella y Luis?
3. ¿Qué tipo de persona es Luis?
4. ¿Qué tipo de persona es Julita?
5. ¿Por qué se enamora Luis de Julita? ¿Hay algo irónico en esto?
6. ¿Cuál es el sentido del último párrafo del cuento?
7. ¿Tiene un mensaje el cuento?
8. Comente varias ideas de la narradora sobre las relaciones entre hombres y mujeres.

En mi opinión • • • • •

1. ¿Es la narradora feminista? ¿Tuvo buenos resultados para ella su teoría de la igualdad con los hombres? ¿En qué sentido es/era una mujer abnegada? ¿Es liberada? ¿Qué habría hecho Ud. en un caso similar?
2. Compare a la narradora con su madre y con Julita.
3. ¿Qué le ofrece Julita a Luis que no encuentra en la narradora? ¿Qué revela su preferencia por Julita de la mentalidad de Luis?
4. Obviamente, Luis no es el príncipe azul (Prince Charming) de la narradora. ¿Qué características debería tener ese hombre?
5. ¿Cree Ud. que los hombres necesiten "liberarse" igual que las mujeres? ¿Buscan ellos esta liberación? Aquí y ahora, ¿cuál de las dos mujeres del cuento sería más popular?
6. La amiga de la narradora explica el amor en términos de negocios. ¿Cree Ud. que el amor sea, en parte, un negocio? ¿Y el matrimonio? Dé ejemplos. ¿Qué piensa de los contratos pre-matrimoniales? ¿En qué situaciones es aconsejable un contrato de este tipo? ¿Es imprescindible para Ud. que su esposo/a firme uno antes de casarse?
7. Si Julita tiene un caniche, ¿qué tipo de perros tendrían la narradora y Luis? ¿Un galgo, un pastor alemán, un labrador, un dálmata?

En (inter)acción • • • • •

1. Improvise con un/a compañero/a la última conversación entre la narradora y Luis.
2. La narradora describe a Julita como "un pajarito, un colibrí, [pues] pasa por el mundo sin rozarlo." Invente una metáfora similar para describir a los otros personajes del cuento y luego a Ud. mismo/a. Piense en alguna semejanza con un animal, planta o ser inanimado.
3. Se divide la clase en dos grupos, si es posible uno de chicos y otro de chicas. Los miembros de cada grupo deben ponerse de acuerdo sobre cinco actividades o cosas que todos consideran románticas. Contrasten su lista con la del otro grupo. (Sugerencias: contemplar una puesta del sol, cenar a la luz de la luna …)

Mejor dicho ● ● ● ● ●

A. Educar/criar/crecer/cultivar. Educar significa *to rear or raise* y tiene que ver con modales más que con lo que se aprende en la escuela. **Criar** quiere decir *to rear* en el sentido de *to nurse, to nourish, to breed.* **Crecer** equivale a *to grow up*, pero sólo en el sentido físico. **Cultivar** (verduras, flores, plantas…) es *to grow*.

> No sabía que mamá iba a **educarme** mal.
> Lo **criaron** sus abuelos porque sus padres habían muerto.
> ¡Hay que ver! ¡Cuánto **has crecido** en los últimos meses!
> ¿En qué países de Latinoamérica se **cultiva** café?

B. Sensible/sensato/razonable. Sensible quiere decir *sensitive* y **sensato** o **razonable** significa *sensible, reasonable.*

> Julita era muy **sensible:** suspiraba ante cada florista que pasaba frío.
> Su razonamiento no me pareció **sensato/razonable.**

Práctica

A. En parejas, contesten las siguientes preguntas.

1. ¿Quiénes lo/la educaron a Ud.? ¿Quién ha tenido más impacto en su educación: sus padres o sus amigos?
2. ¿Cómo se crían sanos los niños? ¿Son las bebidas como la Coca-Cola o el vino malas para criarlos? ¿Es la leche de la madre fundamental para la crianza de un niño?
3. ¿En qué período crece más el ser humano? ¿De qué depende el crecimiento de una persona: de su alimentación o de su herencia genética?
4. ¿En qué lugares de EEUU se cultiva(n)

   a. naranjas   b. patatas   c. maíz   d. plátanos   e. zanahorias?

B. Primero, en parejas, decidan cuáles de estas acciones son propias de una persona sensata o de una sensible. Luego, digan cuál de estas dos cualidades poseen Uds. ¿Es Ud. más sensible que sensato/a o al revés?

1. No conduce si ha bebido demasiado.
2. Siempre le manda una tarjeta de cumpleaños a su abuela.
3. Le avisa a la gente cuando va a llegar tarde.
4. No apuesta *(bet)* dinero.
5. Ahorra todos los meses 200 dólares.
6. No pone la radio muy alta si hay alguien durmiendo.
7. Llora si ve a alguien llorar.
8. No habla con sus plantas.
9. Tiene una dieta alimenticia variada.
10. Nunca ha tenido un abrigo de pieles.

Creación ● ● ● ● ●

1. Escriba un anuncio para la columna personal de un periódico, buscando compañero/a. Sea específico/a en sus gustos y demandas.
2. Después de que se impriman los anuncios anteriores, escoja uno y contéstelo de manera persuasiva. O simplemente responda a un anuncio personal del periódico semejante a los anuncios a la derecha.
3. ¿Cree Ud. que buscar pareja sea algo científico que puede hacer mejor una computadora? ¿O se debe dejar al azar? ¿Qué persona tendrá mayores posibilidades de felicidad: la que confía en la computadora o la que confía en el azar? En un ensayo exponga su punto de vista.

Caballero responsable, trabajador, alegre 42 años. Deseo conocer dama 25-30. Bonita, alegre, sin vicios, cuerpo bonito, honesta, sincera y fines serios. Ella debe ser muy cariñosa. Mailbox 1011

Quiero conocer varios muchachos sinceros, primero como amigos, si acaso con uno de ellos podemos llegar a algo más, tengo 23 años, ojos verdes 153 pds. Pero quiero sinceridad por favor. Gracias. Mailbox 3004.

Mexicana, joven estudiante de 23 años, 5'2", delgada, empedernidamente romántica busca amistad con muchachos jóvenes de corazón, sinceros e interesados en vivir la vida. Mailbox 3009

Caballero educado y con mucho sentido del humor busca dama con sentido del humor, educada para establecer una relación permanente, no importa físico ni edad. Llámame. Mailbox 1034

▼▲▼ En resumen ▼▲▼ ▼▲▼

A. Experimento. Busque a su alma gemela *(a person after your own heart)* en la clase. Si halla a alguien que tenga más de ocho respuestas como las suyas la habrá encontrado.

Escriba su favorito/a:

1. deporte
2. película
3. comida
4. novela
5. curso
6. actor
7. canción
8. bebida
9. costumbre
10. fiesta

B. Ahora piensen en parejas insólitas *(uncommon)* del cine o de la literatura. Describan a la clase la pareja y que sus compañeros adivinen en qué película o libro aparece.

Ejemplos:

— Una pareja formada por un extraterrestre y una mujer de la tierra. *(Las chicas de la tierra son fáciles)*

— Una pareja formada por una sirena *(mermaid)* y un hombre. *(Splash)*

Alvaro Aguirre de Cárcer y López de Sagredo
Concepción Escolano Martínez

Alvaro de Chávarri Domecq
Elena Baro Abril

Participan el próximo enlace de sus hijos

Pablo y Elena

*y tienen el gusto de invitarle a la ceremonia religiosa que se celebrará (D.m.)
el día 21 de Diciembre a las seis y media de la tarde, en la Iglesia de
San Fermín de los Navarros, (Eduardo Dato, 10) y a la cena que se servirá
a continuación en el Palacio del Negralejo (Crta. de S. Fernando de
Henares a Mejorada del Campo, km. 3)*

¿Qué tipo de invitación es ésta?

C. Las tradiciones y costumbres que rigen la unión de dos personas van cambiando a lo largo del tiempo. En grupos, examinen los siguientes hechos de ayer y de hoy. Añadan otros que les gustaría comentar.

En el pasado

— Los padres elegían los maridos para sus hijas.
— La mujer debía aportar una dote *(dowry)* al matrimonio.
— El marido podía repudiar a su esposa si ésta no era virgen.

Hoy día

— En algunos países es legal el matrimonio entre homosexuales.
— Después de los 18 años uno/a se puede casar sin autorización paterna.
— En algunos estados norteamericanos exigen a los contrayentes un análisis de sangre para ver si tienen SIDA u otras enfermedades transmitidas sexualmente.

D. Canción

La historia de Lily Braun

Canta: Ana Belén

Como en un romance
el hombre de mis sueños
se me apareció en el dancing,
era uno más.
Hasta que en un lance°   *glance*
con los ojos
me chupaba° igual que un zoom.   *sucked*
Él que me comía
con aquellos ojos
de hacer fotografías,
yo dije cheese.
Me tembló la voz,
fui perdiendo pos(e)
y hasta reí feliz.
Y volvió
para invitarme a un drink
y me llamaba ángel azul.
Yo tan distante y
todo el cuerpo haciendo flux.

Como en el cinema
me mandaba a veces
una rosa y un poema,
foco de luz;°   *spotlight*
yo me derretía,°   *melted*
hecha un trabalenguas,°   *stuttering*
siempre al son del blues.
Acabó el scotch,
dijo que mi cuerpo
era para él aquella noche,
yo dije please.
Sal en el escote,
llena de vergüenza desaparecí.
Y volvió para el último show
con diez poemas y un bouquet,
yo dije adiós,
debo partir a una tournée.
Como buena esposa, dijo,
desde ahora sólo te amo
como esposa, no como star.
Me aplastó las rosas,
me quemó las fotos,
me llevó al altar.
Nunca más romances,
nunca más cinema,
nunca más drink en un dancing,
nunca más cheese,
nunca más una aventura,
una rosa nunca,
nunca más feliz.

Preguntas

1. Contraste la vida de la artista antes y después del matrimonio.
2. Explique la importancia del último verso.
3. ¿Qué palabras hay en la canción que no son del español? ¿Qué efecto tiene la inclusión de esas palabras inglesas y francesas? ¿Ocurre eso también en las canciones, periódicos y noticieros de su país?
4. Relacione la historia sentimental de Lily con la de otros personajes femeninos de esta unidad.
5. Examine todas las parejas de la unidad y explique por qué fracasan sus relaciones. ¿Por qué en las películas la mayoría de las relaciones terminan bien, y no en estos textos literarios? ¿Qué nos indica esto del cine y de la literatura? ¿Y de las mujeres y hombres modernos?

3

PLANIFICACIÓN FAMILIAR

▼▲▼ La brecha ▼▲▼ ▼▲▼
Mercedes Valdivieso

Palabra por palabra ● ● ● ● ●

apretar	to tighten
la **luna de miel**	honeymoon
nacer*	to be born
el **pañal**	diaper
el **riesgo**	risk
la **suegra**	mother-in-law

Práctica

En parejas, contesten las preguntas siguientes. Atención a las palabras del vocabulario.

1. ¿Cuántos años usan los niños pañales? ¿Qué tipos de pañales hay? ¿Por qué los hay azules y rosas? ¿Por qué les preocupan a los ecologistas los pañales?

2. ¿Qué riesgos corre un niño estando en casa? ¿Y en la escuela? ¿Y en el parque? ¿Y los jóvenes? ¿Qué es lo más arriesgado que ha hecho Ud. jamás?

3. Las tres frases siguientes expresan la misma idea. ¿Podría Ud. adivinar su significado? ¿Hay algún equivalente en inglés?

nacer de pie
nacer con estrella
nacer con el pan debajo del brazo

Repaso gramatical: Resumen de los usos del infinitivo y del gerundio

Introducción ● ● ● ● ●

La escritora chilena, Mercedes Valdivieso, consiguió un éxito rotundo con su novela *La brecha* (1960). En ella nos presenta a una mujer, poco convencional para su época, que decide romper con algunos de los papeles tradicionales que la sociedad le ha asignado.

La selección corresponde a las primeras páginas de la novela y, en ellas, la protagonista nos habla de su matrimonio y del nacimiento de su primer y único hijo.

Alto ● ● ● ● ●

1. ¿Ha cambiado la imagen de la mujer como madre en los últimos tiempos? ¿Por qué no es ya como antes? ¿Es lamentable este cambio? ¿Ha cambiado también la imagen del hombre como padre?
2. ¿Es tener un/a hijo/a siempre motivo de alegría? ¿En qué situaciones no lo sería?

▼▲▼ La brecha ▼▲▼ ▼▲▼

Me casé como todo el mundo se casa. Antes de los veinticinco años debía adquirir un hombre que velara por[1] mí, me vistiera, fuera ambicioso y del que se esperara, al cabo de cierto tiempo, una buena posición: la mejor posible.

Todo el mundo estaba de acuerdo en que un marido era absolutamente indispensable. Yo tenía diecinueve años, voluntad firme, pasión, belleza, un físico exhuberante, de una gran sensualidad.

Mamá pesaba con autoridad sobre mis arrebatos[2] de libertad, limitándola con firmeza. [Yo] me defendía furiosamente. Los veintiún años me parecían tan lejanos como la luna. Comencé, entonces, a pensar en solucionar el problema.

Un día, acompañando a su prima, llegó Gastón, todo un joven y promisorio[3] abogado. Sabía por mi amiga que había obtenido durante todos sus años de universidad las calificaciones más altas.

Me miró como deben abrirse los ojos en la luna: atónito.[4] Desde ese momento todo tenía que precipitarse porque la perspectiva de salir de casa me parecía de posibilidades ilimitadas. Bajé la cabeza, me tiré por la ventana, sin pensar que junto a ella estaba la puerta por abrirse.

---

1. **velara por** watched over   2. **arrebatos** outbursts
3. **promisorio** promising   4. **atónito** astonished

"Me casé como todo el mundo se casa."

* * *

[Unos meses después de haberse casado con Gastón]

Una de aquellas deliciosas mañanas en que me quedaba sola, tuve las primeras náuseas. Revisé mentalmente los motivos y las atribuí, desesperadamente, a las bebidas de la noche anterior. Mi estómago rechazaba todo; la empleada se asustó. Una hora después apareció mi madre, me tomó la temperatura, observó mi piel y se quedó luego pensativa[5] largo rato.

— Iremos al doctor.

Dentro de mí comenzaba a crecer una angustia desconocida, aterradora;[6] no quería pensar en nada que fuera más allá de un simple malestar[7] al estómago.

Todo pasó rápido. Preguntas van, preguntas se dan. Como en sueños oí que esperaba un hijo. No podía ser, si jamás lo había pensado. Esas cosas le sucedían al resto, ¿pero yo qué haría? ¿Y mi libertad? ¿Ese era el resultado de **la luna de miel**? Sentí un rencor hondo,[8] feroz, contra Gastón. Preferible no verlo hasta más tarde.

* * *

[Meses después]

Largo paréntesis. Pero no hay plazo que no se cumpla[9]…

Me dolió, me desgarró,[10] me aplicaron calmantes.[11] **Nació** sano, hermoso. Lo vi al volver de la anestesia un par de horas después. El cansancio era muy grande para tener manifestaciones de alegría. Y estaba contenta. Libre otra vez; al menos, sola con mi propio cuerpo. Respiré hondo. Esa noche pedí a la enfermera que

"Los hijos son la corona de las madres, evitarlos es un pecado."

5. **pensativa** pensive   6. **aterradora** terrifying   7. **malestar** upset   8. **hondo** deep   9. **no hay…cumpla** everything comes to an end   10. **me desgarró** ripped me   11. **calmantes** painkillers

lo acercara. Tan chiquito, tan desamparado,[12] arrancado[13] de su primer refugio: de la carne al **pañal,** a horarios, a voces incoherentes. Lloraba, parecía aterrado.

— ¡No lo coja, señora; desde que **nacen** hay que disciplinarlos!

(¡Dios, qué flaco favor[14] le había hecho; empezaba la lucha contra él!)

Desoí[15] sus consejos y lo levanté. Su aliento agitado, sus manitas crispadas[16] en el aire pedían socorro.[17] Ahora yo era dos. Puse mi cara junto a la suya, rosada, tibia,[18] y se fue calmando. Sentí piedad, una ternura inmensa y desconocida.

— Bueno, chiquitito, ya nos arreglaremos,[19] ya nos arreglaremos.

Afuera la noche de septiembre, limpia, fresca. Oía los coches correr por la Costanera. Quise ir en uno de ellos velozmente hacia la cordillera[20] acompañada de la risa fuerte y alegre de un hombre.

El departamento[21] que ocupaba, grande y lujoso, más parecía un hotel que una clínica, pero era una clínica. **Apreté** las manos contra mi vientre[22] sobre las sábanas: "Nunca más. Haré lo necesario para impedir que esto se vuelva a repetir. Nunca más."

— Los hijos son la corona de las madres, evitarlos es un pecado. Más vale llegar pronto al cielo que más tarde al infierno.

Así decía mi **suegra,** que pesaba mucho[23] en la conciencia de Gastón. Éste consideraría, por lo tanto, entre las terribles consecuencias futuras de mi decisión, la posibilidad de la condenación eterna. Porque abstenerse ciertos días, la mayoría, para no correr **riesgos** ni pecar, era demasiado duro a los veinticinco años.

---

12. desamparado = sin ayuda   13. arrancado pulled out   14. flaco favor bad deal   15. desoí = ignoré   16. crispadas clenched
17. socorro = ayuda   18. tibia warm   19. nos arreglaremos we'll manage   20. cordillera = montañas   21. departamento =
cuarto   22. vientre belly   23. pesaba mucho = *fig.* tenía mucha influencia

¿Entendido? • • • • •

1. ¿Por qué motivo se casó la protagonista?
2. ¿Cuáles son las consecuencias de la luna de miel?
3. ¿Se alegra de estar embarazada *(pregnant)*? ¿Tomó algunas precauciones?
4. ¿Cuál es su reacción al niño recién nacido?
5. ¿Qué quiere hacer después de dar a luz?
6. ¿Qué se promete a sí misma?
7. ¿Por qué es importante lo que dice la suegra?
8. Teniendo en cuenta la oposición de la Iglesia Católica al uso de cualquier método anticonceptivo, ¿qué insinúa la protagonista en el último párrafo?
9. Escoja dos frases claves de la lectura y explique por qué son tan importantes.

En mi opinión • • • • •

1. Comente la diferencia entre la imagen tradicional de la maternidad y la presentada en el cuento.
2. ¿Tienen todas las mujeres instinto maternal? ¿Es la maternidad una construcción social o tiene una base biológica? ¿Todas las mujeres desean tener hijos? ¿Cómo se trata a las que no los quieren tener?
3. ¿Qué es necesario, en su opinión, para ser una buena madre? ¿Un buen padre? ¿Cuál debe ser el papel del padre en la familia? ¿Cuál es el papel del padre y de la madre en su familia?
4. Si los miembros de una pareja ya no se quieren, ¿es preferible que se divorcien o que se queden juntos "por los niños"?
5. ¿Quién debe responsabilizarse de la contracepción: el hombre o la mujer? ¿Y si no están de acuerdo?

En (inter)acción • • • • •

1. Con un/a compañero/a, preparen el diálogo entre los esposos cuando ella le dice que no quiere tener más hijos. Piensen con cuidado en la reacción del marido. Preséntenlo delante de la clase. También pueden preparar otro diálogo en el que el esposo es el que no quiere tener más.
2. Comenten las siguientes afirmaciones en grupos o con toda la clase.
   a. Para que una mujer se realice como mujer debe tener por lo menos un/a hijo/a.
   b. La figura paterna es fundamental en una familia.
   c. Educar y criar a un/a hijo/a es una tarea difícil; no se debería ser padre o madre hasta después de los 21 años.
   d. Hay que educar a los niños y a las niñas de manera diferente.
   e. Los padres y madres deberían saber todo lo que hacen sus hijo/as.
   f. Las mujeres trabajadoras que dan a luz deberían recibir tres meses de vacaciones pagadas por su empresa o compañía, como ocurre en muchos países europeos.
   g. Los padres deberían recibir un mes de vacaciones pagadas para estar al cuidado de sus hijos/as recién nacidos/as.
   h. Las mujeres embarazadas no deben ser tratadas como personas enfermas o minusválidas (handicapped).
   i. Dado el crecimiento de la población mundial, el gobierno debe limitar el número de nacimientos y esterilizar a las parejas.
3. ¿En qué consiste el humor del chiste?

   Una madre le manda a su hijo que vaya a comprarle a la tienda de al lado unas tortillas para la cena. Cuando el niño entra en la tienda, ve que en la televisión están transmitiendo un concurso de belleza: Miss Caribe, Miss Amazonas… Ante tanta belleza al natural el niño se olvida del recado y vuelve a casa sin las tortillas.

   Al entrar en casa, su madre le pregunta: ¿Y mis tortillas? Y el niño responde: No sé, mamá, ésa [Miss Tortillas] no salió en la televisión.

Mejor dicho • • • • •

Nacer/dar a luz/parir/parto. La expresión pasiva *to be born* se expresa en español con un verbo activo **nacer. Dar a luz** y **parir** significan *to give birth (to).* **Parto** significa *childbirth.*

> **Nació** sano, hermoso.
> Dos de mis compañeras **dieron a luz/parieron** en una clínica privada.
> **El parto** le resultó muy doloroso.

Práctica

En parejas, contesten las siguientes preguntas.

1. ¿En qué ciudad/pueblo nació Ud.? ¿Cuándo? ¿Cuántos años tenía su madre cuando Ud. nació? ¿Había nacido ya alguno/a de sus hermanos/as?

2. ¿Es posible en Estados Unidos dar a luz en casa? ¿Es mejor estar en un hospital? ¿Por qué? ¿Qué tópicos presentan los programas de televisión cuando una mujer va a dar a luz?

3. ¿Ha oído Ud. hablar del parto sin dolor? ¿Cree que sea posible? ¿Son todos los partos iguales? ¿Cuántas horas suele durar un parto? ¿Qué hace el marido mientras su esposa está de parto?

Creación • • • • •

1. Vuelva a escribir la selección de *La brecha* desde la perspectiva del marido o de la suegra.

2. Comente alguna noticia relacionada con el tema de esta lectura. A continuación tiene un ejemplo.

Hace poco tiempo, en el programa de Oprah Winfrey se presentó el caso de una mujer que solía dejar a su hija de 6 años sola, en su coche aparcado, mientras trabajaba. La policía encontró a la niña en el coche y denunció a la madre por considerarla irresponsable. La madre se defendió alegando que ella no tenía dinero para pagar a una niñera, y que ninguno de sus conocidos podía ayudarla. Aparentemente la mujer no tenía ninguna otra alternativa si quería trabajar y salir de la miseria. En mi opinión, este tipo de problemas que tienen algunas madres solteras o divorciadas se podría solucionar con la creación de guarderías gratuitas, subvencionadas *(subsidized)* por el gobierno.

Tira cómica: **Amor de madre**

a. Describa viñeta a viñeta lo que ocurre en la tira cómica.

b. ¿Qué sonidos no puede pronunciar el niño de la tira cómica? Cuando un niño está aprendiendo a hablar, ¿es frecuente que tenga dificultades con algunos sonidos?

c. Calcule la edad que debe tener el personaje masculino en cada una de las viñetas.

d. ¿En qué momentos importantes de la vida del hijo está presente su madre?

e. ¿Qué cambios físicos experimentan los personajes a través de los años?

Amor de madre

▼▲▼ Medidas contra el aborto ▼▲▼ ▼▲▼

Josep-Vicent Marqués

Palabra por palabra ● ● ● ● ●

el **aborto**	abortion, miscarriage
desgraciado/a	unfortunate, unhappy
embarazada*	pregnant
el **embarazo**	pregnancy
oprimido/a	oppressed
la **violación**	rape, violation

estar a favor /en contra (de)	to be in favor of/against
llevarse bien/mal	to get along well/poorly

Práctica

En parejas, contesten las siguientes preguntas. Atención a las palabras del vocabulario.

1. ¿Qué precauciones recomienda la policía para protegerse contra una violación? ¿Puede evitarse la violación en todos los casos?
2. ¿Se lleva Ud. bien con todo el mundo? ¿Con qué tipo de personas se lleva mal?
3. ¿Por qué son desgraciados algunos niños? ¿Y algunas madres? ¿Y algunos padres?
4. Explique la diferencia entre "oprimido" y "reprimido".
5. ¿Qué piensa Ud. de las alternativas actuales al tipo de embarazo tradicional, como la inseminación artificial, los niños probeta *(test tube)*, las madres contratadas? ¿Recurriría Ud. a alguno de esos métodos? ¿Cómo respondería si alguien le dijera "quiero tener un hijo tuyo"?
6. ¿Por qué razones interrumpen el embarazo algunas mujeres?
7. ¿Sabía Ud. que en español "aborto" significa también *miscarriage*? ¿Cómo podría expresarse en español la diferencia?

Repaso gramatical: La concordancia de los tiempos verbales

Introducción ● ● ● ● ●

El novelista y periodista español, Josep-Vicent Marqués, comenta en el artículo siguiente las propuestas de un grupo que está en contra del aborto.

Alto • • • • •

1. ¿Qué argumentos tiene Ud. a favor o en contra del aborto?
2. ¿Quiénes deberían decidir sobre la legalidad o ilegalidad del aborto: los hombres o las mujeres, los médicos o los políticos? ¿Por qué? ¿A quiénes les afecta más?

▼▲▼ Medidas contra el aborto ▼▲▼ ▼▲▼

El señor Mendiburu, portavoz[1] de Acción Familiar, explicó ante las cámaras de TVE (Televisión Española), con gran rotundidad,[2] las tres cosas que hay que hacer para evitar **el aborto.** A saber:[3] investigación de la paternidad para obligar al padre a asumir su compromiso, ofrecimiento de un lugar donde la gestante[4] pueda parir lejos de miradas reprobatorias,[5] y adopción. Repasemos la eficacia y alcance[6] de estas medidas.

> **La protección de los bebés cuando exploran su mundo**
>
> A pesar de la imposibilidad de predecir las travesuras de los bebés, se pueden tomar ciertas precauciones para que no se hagan daño

> **Supermercado de bebés**

> *LOS MENORES QUE TRABAJAN (2)*
> **Convención de los derechos del niño**

Evidentemente, hay que **estar a favor de** la investigación de la paternidad, porque sigue habiendo mucho desaprensivo[7] y mucho inmaduro. Sin embargo, no hay razón para suponer que detrás de cada intención de abortar haya un tacaño.[8] Ni para suponer que sea siempre el varón engendrante quien no desee la paternidad. Muchas mujeres desean posponer su maternidad o consideran que ya tienen

> **La cigüeña traerá niños de encargo**

> LA POLÉMICA LEY DEL ABORTO
> ***Insatisfactoria, insuficiente, injusta***
> CONSUELO RUIZ-JARABO QUEMADA

suficiente hijos, aunque tengan un compañero encantador dispuesto a financiar la crianza[9] del posible niño y en su momento llevarlo al circo. Más aún, cuando una mujer desea fuertemente tener un hijo, lo tiene, aunque el padre sea capitán general casado o arzobispo célibe.[10] En cambio hay muchas razones por las que una mujer inteligente y madura puede querer

---

1. **portavoz** spokesperson   2. **con gran rotundidad** = enfáticamente   3. **a saber** namely   4. **gestante** = la embarazada
5. **reprobatorias** = críticas   6. **alcance** scope   7. **desaprensivo** = sin escrúpulos   8. **tacaño** stingy person   9. **crianza** upbringing   10. **célibe** celibate

Una manifestación a favor del aborto

interrumpir su **embarazo.** Enumeremos algunas: hallarse en la fase inicial de una tesis de doctorado, tener una depresión ligera (pero suficiente para no verse con ánimos[11] de gestar, parir y cuidar una criatura), atravesar[12] una crisis de pareja y no querer atarse ni atar al otro, encontrarse en un momento profesional delicado (por excepcionalmente bueno, malo o difícil), haber decidido estudiar una carrera tardía, **llevarse mal** con su compañero y no querer que un posible crío[13] pague los platos rotos,[14] estar a punto de batir[15] el récord nacional de 400 metros, querer irse de misionera a la selva africana, necesitar pagarse un costoso psicoanálisis, etcétera. Puede que ustedes consideren poco apetecibles o poco razonables algunas de estas razones, pero a lo que no tienen derecho es a ignorarlas suponiéndole a la mujer un deseo automático y ciego[16] de ser madre por el simple hecho de estar embarazada. La sociedad no es nadie para obligarla a parir por muy dispuesto que esté el suministrador del espermatozoide[17]

---

11. con ánimos = con ganas de   12. atravesar = pasar   13. crío = niño   14. **pague los platos rotos** pay for their mistakes
15. **batir** = romper   16. **ciego** blind   17. **suministrador del espermatozoide** sperm donor, aquí "padre"

Una protesta en contra del aborto

a pagar los gastos. Por otra parte, en caso de **violación,** la propuesta de Acción Familiar es puro humor negro o exacerbación del patriarcalismo: ¡averiguar quién es el violador para regalarle un hijo!

La segunda oferta de Acción Familiar es hacer que la **embarazada** dé a luz en un lugar diferente de aquel en que vive y cuya opinión teme. No digo que no sea un detalle ofrecer este servicio, pero no creo que sea decisivo para muchas mujeres. Afortunadamente, parte de la gran sociedad va siendo menos cerril;[18] padres, madres y aun vecinos van siendo más tolerantes. Quizá con la excepción de la gente que simpatiza con Acción Familiar. Acción Familiar no explica, además, qué hace con su trabajo la mujer que debe ocultarse en beneficio del desarrollo del feto y de su supuesta obligación de ser madre cada vez que el azar junta un óvulo y un espermatozoide. Medida, pues, útil para las pocas señoritas de buena familia y escasas aspiraciones intelectuales que van quedando,[19] pero irrelevante para el conjunto de las mujeres actuales.

---

18. cerril = salvaje   19. van quedando = quedan

La tercera oferta es la adopción. Para el señor Mendiburu hay muchas familias ansiosas de adoptar un niño. En ese caso no se explica que aún existan hospicios, orfanatos y reformatorios. Debe ser que los adoptantes suelen ser muy finos[20] y prefieren niños recién nacidos que no hayan sido contaminados por ambientes miserables ni se hayan rozado[21] siquiera con padres pobres. No sé si a los teóricos de Acción Familiar se les ha escapado considerar su propuesta sociológicamente: supone que las mujeres pobres deben producir hijos frescos para las parejas ricas estériles. En cualquier caso, a la sensibilidad de los miembros de Acción Familiar se le escapa el permanente trastorno[22] que para una mujer supone el haber dado un hijo en adopción. Al igual que el señor Mendiburu, yo nunca he sido madre, pero no me es difícil imaginar lo que significa saber que hay por ahí un hijo tuyo que no te conoce y a quien no conoces, preguntarte si será feliz o no. A mí, como a tantas personas, me parece una mala solución cargar a una mujer con esa cruz[23] en lugar de deshacer[24] un embrión inconsciente.

Y eso es todo lo que proponen. Uno no sabría de qué admirarse más: si de la falta de respeto a los sentimientos de la mujer o de la falta de comprensión de sus intereses intelectuales y profesionales. Quizá mis prejuicios favorables hacia el cristianismo como religión del amor me hagan escandalizarme más de lo primero: de su insensibilidad hacia el dolor, de su falta de delicadeza, de su opción feroz[25] a favor de embriones a los que sólo les atribuyen derecho a la vida para convertirlos en posibles devastadores de la vida de la mujer y posibles niños **desgraciados.** Sin embargo, he aprendido que debería escandalizarme más por lo segundo, por su persistente negativa a aceptar que la mujer es en un doble sentido un sujeto pleno:[26] en tanto que[27] persona capaz de tener otros intereses — científicos, laborales, políticos — que el de la maternidad y en tanto que sujeto capaz de tomar lúcidamente decisiones plenas de sentido ético.

No es difícil ver bajo las propuestas de Acción Familiar una imagen única de la mujer: la de los folletines[28] del siglo pasado. Un ser débil, pasivo y algo tonto, cuyo deseo de parir se le supone como imperativo metafísico o biológico y no como posibilidad consciente. Las mujeres nunca fueron débiles, sino **oprimidas,** reprimidas, debilitadas. Afortunadamente, las mujeres a las que Acción Familiar les ofrece su protección son ya muy pocas. La mayoría de las mujeres tienen hoy otros problemas — el desempleo, la doble jornada,[29] la discriminación en el trabajo, el acoso sexual — y aspiran a que la maternidad sea un hecho gozoso decidido en el momento oportuno, no una imposición de los hombres o de la sociedad disfrazada de mandato de dioses crueles.

Tiene tan poco que ofrecer Acción Familiar a las mujeres actuales que no es extraño que

---

20. finos = elegantes   21. se hayan rozado = hayan tenido contacto   22. trastorno distress   23. cargar...con esa cruz make a woman bear that cross   24. deshacer = destruir   25. feroz radical   26. pleno = completo   27. en tanto que = como 28. folletines newspaper serials   29. doble jornada = dos trabajos

opte por[30] el terrorismo psicológico, que saque carteles[31] con el cráneo[32] de un niño ya formado en lugar de un embrión de cuatro semanas, que acose a los médicos que cumplen la legislación vigente,[33] y que llegue a afirmar que el uso de anticonceptivos — ¿por qué no también las poluciones nocturnas?[34] — ya constituye **un aborto.** Odian la libertad de las mujeres y las alegrías del sexo y prefieren fetos imperiosos e imperiales a niños deseados y felices. ¿No son un poco raros?[35]

---

30. **opte por** = escoja   31. **carteles** = pósters   32. **cráneo** skull   33. **vigente** in force   34. **poluciones nocturnas** wet dreams
35. **raros** = extraños

¿Entendido? • • • • •

1. ¿Cuáles son las tres alternativas que propone Acción Familiar al fenómeno del aborto?
2. ¿Por qué no está de acuerdo el autor del artículo con la primera medida?
3. ¿Qué opina el autor de la segunda medida?
4. ¿Qué problemas plantea la adopción? ¿A quiénes?
5. ¿Por qué motivo está Accion Familiar en contra del aborto? ¿Es por razones científicas, religiosas o éticas?

En mi opinión • • • • •

1. ¿Qué medidas presentadas por Acción Familiar le parecen a Ud. aceptables? ¿Y criticables? ¿Es realmente la adopción una opción? ¿Hay otras alternativas? ¿Cómo se sentiría una mujer más culpable: teniendo un aborto o dando a su hijo en adopción? ¿Tiene el movimiento *Pro-Choice* la misma actitud que Acción Familiar hacia el aborto? ¿En qué se diferencian?
2. ¿Tiene la cuestión del aborto repercusión sólo en las mujeres? ¿En qué sentido afecta al hombre también? ¿Qué opina Ud. de las causas por las que abortaría alguna de las mujeres mencionadas en el artículo? ¿Está Ud. a favor o en contra de la posición que presenta el autor?
3. ¿Considera Ud. que la vida empieza en el momento de la concepción o en el del nacimiento? ¿Quién debe decidir esta cuestión? ¿Los científicos, los políticos, los sacerdotes?
4. ¿Cuáles son las leyes vigentes en su país o estado en cuanto al aborto? ¿Le gustaría a Ud. que las modificaran? ¿Cree Ud. que cambien en los próximos años? ¿Por qué no son idénticas las leyes sobre el aborto en todos los países?
5. ¿Están de acuerdo los hombres y las mujeres en lo que es o significa "violación"? ¿Y "acoso sexual"?

En (inter)acción ● ● ● ● ●

1. Hagan la siguiente encuesta en clase. Cada estudiante se encarga de una de las preguntas y cuando termina, escribe los resultados en la pizarra. Luego coméntenlos.

	siempre	a veces	depende	nunca	no sé
a. El aborto debe ser legal.					
b. Las jóvenes deben poder abortar sin el conocimiento de los padres.					
c. El aborto debe ser legal en casos de incesto o violación.					
d. El estado debe pagar los abortos de las mujeres pobres.					
e. En casos de enfermedad (suya o del feto) la mujer debe tener la opción de abortar.					
f. El aborto es un crimen.					
g. El aborto va contra los principios de la religión.					
h. Yo abortaría.					
i. El aborto es necesario porque evita sufrimiento a niños no deseados.					

2. **Rueda de prensa:** el **S**índrome de **I**nmuno**D**eficiencia **A**dquirida

   En turnos de tres, los/as estudiantes contestarán las preguntas que tengan sus compañeros sobre el SIDA. Pueden contestar adoptando los puntos de vista de las estrellas del momento.

Mejor dicho ● ● ● ● ●

Embarazada/avergonzado/embarazoso. Embarazada significa *pregnant* y, obviamente, se usa siempre en la forma femenina. *To become pregnant* se dice en español **quedarse embarazada.**

La segunda oferta es que **la** [mujer] **embarazada** dé a luz lejos de donde vive.

Avergonzado/a se deriva de la palabra vergüenza y significa *ashamed.*

Estábamos **avergonzados** de su comportamiento.

Embarazoso/a se usa para referirse a situaciones, sucesos, acciones, y significa *embarrassing.*

Sus preguntas resultan siempre **embarazosas.**

Práctica

En parejas, contesten las preguntas siguientes.

1. Durante la escuela secundaria, ¿alguna de sus compañeras se quedó embarazada? ¿Qué le ocurrió? ¿Es frecuente que chicas muy jóvenes se queden embarazadas? ¿Por qué? ¿Son desgraciadas o afortunadas?

2. Imagínese que Ud. es una persona muy tímida. Diga en qué situaciones se siente avergonzado/a.

> **Ejemplo:** *Me siento avergonzada cuando tengo que hablar en público.*

3. ¿Qué es lo más embarazoso que le ha ocurrido en la realidad? ¿Y en sueños?

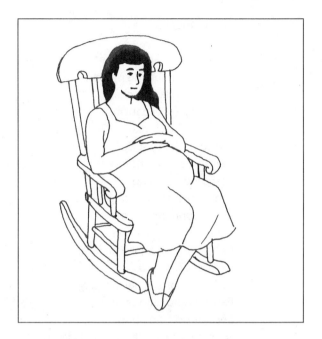

Creación ● ● ● ● ●

1. Escríbale una carta al/a la senador/a de su estado a favor o en contra del aborto o de la educación sexual en las escuelas.

2. El consejo directivo escolar le ha pedido a Ud. que exprese su opinión en cuanto a la instalación de máquinas que dispensan preservativos *(condoms)* dentro del colegio al cual asiste su hijo/a. En una carta explique detalladamente su posición.

▼▲▼ En resumen ▼▲▼ ▼▲▼

A. Canción

Madre campesina

Cantan: Sabiá

Una madre campesina
trabajaba y trabajaba en la labor,
ocho meses de embarazo,
qué le importa al patrón.
Agachada° y de rodillas   *bending over*
sin poderse defender,
llora en su vientre° un niño   *womb*
ya desde antes de nacer.
Trabajando en tierra ajena°   *de otra persona*

por sus manos
han de pasar
aquellos preciados frutos
que nunca habrá de probar.
Ya se acabó la cosecha,°   *harvest*
cosecha para el patrón,
que cosechó la madre
con su trabajo y sudor.°   *sweat*
Pare un niño retardado,
desnutrido y sin honor
y mientras tanto goza y ríe
en la abundancia el patrón.
Otra madre campesina
trabajaba y trabajaba en la labor,
6 meses (7, 8 …) de embarazo
qué le importa al patrón.
Pare un niño retardado,
desnutrido y sin honor.
Mil niños (2000, 3000 …) retardados
no le importan al patrón.

Preguntas

1. ¿Cómo es el embarazo de las mujeres campesinas? ¿Qué efecto tienen en los fetos las condiciones laborales?
2. ¿Qué derechos deberían tener las trabajadoras embarazadas?
3. Contraste la situación de la madre de *La brecha* con la de estas madres.

B. Debate

Comenten las siguientes afirmaciones en grupos o con toda la clase.

1. La pornografía contribuye al aumento de las violaciones.
2. Las violaciones aumentarían si la prostitución se eliminara.
3. La pornografía y la prostitución degradan a la mujer y deberían prohibirse en las sociedades modernas.
4. Los violadores deberían ser castrados.
5. El contratar a una mujer para tener el bebé de una pareja debería ser ilegal.
6. Para luchar contra la pornografía y la prostitución, primero habría que reeducar a los hombres.
7. Para demostrar que realmente les importan los niños, los que están en contra del aborto deberían adoptar un/a de los millones de niños/as abandonados/as.
8. Los que están contra el aborto deberían estar lógicamente contra la pena de muerte *(death penalty)*.
9. Los concursos de belleza *(beauty pageants)* son absurdos.

▼▲▼ En conclusión ▼▲▼ ▼▲▼

A. Temas de conversación

1. Hemos visto a muchas mujeres descontentas en esta sección. ¿Qué quieren? ¿Cree Ud. que estén locas?

2. ¿Qué imagen de los hombres ofrecen estas selecciones? ¿Es justa o no?

3. ¿Ha cambiado su opinión de la mujer y del feminismo leyendo esta unidad? ¿En qué sentido?

4. Elija una película, un anuncio comercial o una canción y analícelos desde el punto de vista feminista. (Por ejemplo: la película *Mujer bonita*, las canciones de los Beach Boys, etc.)

5. Comente con su compañero la moda masculina/femenina de los últimos años. Por ejemplo, la ropa unisex, llevar un pendiente *(earring),* etc. ¿Cree Ud. que algún día los hombres puedan llevar vestidos sin levantar sospechas? ¿Es la ropa una manifestación de la opresión o liberación sexual?

6. En los medios de comunicación se repite constantemente el tópico de que el feminismo ya ha muerto. ¿A quiénes les interesa propagar esta idea? ¿Cree Ud. que las mujeres deseen en el fondo volver a vivir como en el siglo XIX?

7. Comente alguna noticia, relacionada con el tema de esta unidad, que haya aparecido recientemente en los medios de comunicación.

B. Perspicacia

A continuación hemos seleccionado dos fragmentos que giran en torno al tema de la mujer. Léalos y decida si su autor es un hombre o una mujer. Justifique su respuesta.

1. Las mujeres hacen que los varones trabajen para ellas, piensen por ellas, carguen en su lugar con todas las responsabilidades. Las mujeres explotan a los hombres. Y, sin embargo, los varones son robustos, inteligentes, imaginativos, mientras que las mujeres son débiles, tontas y carecen de fantasía. ¿Cómo es que a pesar de ello, son las mujeres las que explotan a los hombres, y no a la inversa?

2. Desde su nacimiento la niña gitana ya tiene marcado su propio destino. Son tres los objetivos esenciales que todo padre gitano requiere para sus hijas: virginidad, matrimonio y perpetuar la especie; y así estos principios les son inculcados de una manera tan profunda que llegan a constituir para ellas el mayor aliciente *(incentive)* con que la vida puede obsequiarlas.

    Hay algo que el payo curioso no llega a comprender de la gitana: su espíritu de obediencia y sumisión a la voluntad del hombre. Obediencia que no quiere decir esclavitud, y sumisión que no prejuzga anulación absoluta de la personalidad.

> 1. Esther Vilar   2. Juan de Dios Ramírez Heredia

C. Temas de composición

1. Si yo fuera un hombre/una mujer.
2. Las (des)ventajas de ser hombre/mujer.
3. Cómo educar a los hijos, hermanos o amigos para que no sean sexistas.

GLOSARIO

The definitions in this glossary reflect the texts; therefore, not every known definition is given for each entry. Masculine nouns not ending in **-o** are indicated as **(m)** and feminine nouns not ending in **-a** or **-ión** are indicated as **(f)**.

abalanzarse to rush
abarcar to encompass with a glance, include
abertura opening
ablandar to weaken, soften
abnegado self-sacrificing
abordar to consider; to address
aborto abortion; miscarriage
abrazarse to embrace
abstemio one who abstains
abstracción concentration *(absorbed in thought)*
abusar to take advantage, abuse sexually
acabar to end, finish
acaparar to monopolize
acaso perhaps
aceituna olive
acercarse a to approach
acero steel; blade
acoger to welcome
acompañante date *(person)*
aconsejar to advise, counsel
acontecido happened
acontecimiento special event
acosado harassed, besieged
acosar to harass
acostarse to go to bed, lie down, sleep with
actual present; **actualmente** at the present time
actualidad (f) nowadays
acudir to go; to resort to
acuerdo agreement
acusado accused, noticeable, pronounced
adelantar to anticipate; to pass *(cars)*
adelanto advance
además besides, furthermore
aduana customs *(immigration)*

adulterado impure *(drugs)*
advertir to notice
afán (m) desire, zeal
aferrarse to cling to, hold on
afirmar to assert; to secure
aflojar(se) to loosen
afueras the outskirts
agarrar to cling, catch; **agarrarse** to grasp
agotador exhausting
agrado liking
agregar to add
agrio sour; harsh
aguantar to put up with, tolerate
aguardar to wait
agujero hole
ahorrar to save
ahuyentar to frighten
aislar to isolate, separate
ajetrear to hustle
alabado praised
alargar to extend
alba dawn
albañil (m) bricklayer
albóndiga meatball
alcalde (m) mayor
alcance (m) scope
alcanzar a to manage to, reach, succeed
aldabón (m) knocker
alejado away from
aliento breath; *(words of)* encouragement
alimentos food items
alisar(se) to smooth
alma soul; person
almendra almond

alterado upset
alternar to socialize
aluvión (m) rush *(of feelings)*
alzar to raise
amanecer to dawn
amante (m,f) lover
amar to love
amargo bitter
ambiente, medio ambiente environment
amenazar to threaten
amordazamiento gag order
amorfo shapeless
analfabeto illiterate
anchoa anchovy
androcéntrico male-centered
andurrial (m) remote place
angosto narrow
angula baby eel
angustiado anxious
animar to encourage, entice
aniquilar to destroy, annihilate
ano anus
anochecer (m) nightfall
ansia ardent desire
antaño from the past
antepasado ancestor
antigua, a la antigua old-fashioned
anudar to tie, knot
añadir to add
aparato appliance
aparecer to appear, show up
aparentar to seem
apartado section apart
apartar to separate; **apartarse** to move away
apelar a to appeal to
apellido last name
apenas barely, hardly
aperitivo appetizer
apetecer to feel like
apetecible tempting, appetizing
aplastar to smash
aplicar to apply
aportación contribution
aportar to provide

apostolado mission of mercy
apoyar to support; to lean on; to back or favor an opinion
apremio hurry, pressure
aprendizaje (m) apprenticeship
apresurarse to hurry
apretar to grab; to tighten; **apretarse** to press oneself
aprobar to pass *(a course)*
aprovechar to put something to use, take advantage of
arañar to scratch
arca vault
argumento reasoning, plot
armador (m) shipbuilder
arrancado pulled out
arrastrar to drag
arrebato outburst
arreglar to arrange; **arreglarse** to fix oneself up; to manage
arriar to herd
arriesgar to venture
arrojar to throw out; to throw up
arrollar to knock down, run over
arroyo stream
arrugar to wrinkle
asentar to settle, establish; to sharpen *(knives)*
asesino murderer
asimismo also
asomar to stick out, look out, show; **asomarse** to come by, lean out
áspero harsh
asqueroso disgusting
astucia shrewdness
asunto matter
atar to tie, bind
atemorizar to frighten
atentado assassination attempt
atento attentive
ateo atheist
aterrador terrifying
atisbos hints
atónito astonished
atrasado behind
a través de across, through
atravesar to pass, cross
atreverse (a) to dare
aturdido dazed

aullido howl, wild shout
auxiliar (m, f) assistant
aventurar to dare, risk
averiguar to find out
avergonzado embarrassed
avidez (f) eagerness
avisar to warn
azote (m) beating
badana leather strap
baileteo dancing about
bala bullet
balazo shot, bullet wound
baldío vacant lot
barbilla chin
barranco ravine
barrera obstacle
bastar con to be enough
basura garbage
batir to beat, break *(a record)*
bazofía pulpy mess
bedel (m) janitor
bienes (m) property, wealth
bisonte (m) buffalo
bizcocho biscuit
blanco target
bobo dumb, silly
bocado bite, nibble
bocanada mouthful
boliche (m) cheap restaurant
bolsillo pocket, finances
bombero firefighter
bombilla lightbulb
borrador (m) eraser
borrar to erase, blur
bosque (m) forest
botar to throw out
botín (m) booty
brillo gleam
brocha brush
broma trick
brotar to bring out, to flow
brujo shaman
bruto, en bruto in the rough
burgués middle class

burla mockery
burlarse de to make fun of
buscar to look for, grope
búsqueda search
caballete (m) roof ridge
cabo, al cabo de at the end of
cabra goat; **cabrito** kid, baby goat
cacerola pot
cacha handle
cadáver (m) corpse
cadena de montaje assembly line
caja box
calmante (m) painkiller
calva bald *(spot)*
callado quiet
callar to be silent
callejero of the street
callejón (m) alley
callo callous
cambio, en cambio on the other hand
camión (m) truck
can (m) dog
cancel (m) screen
caneca trash can
caniche (m) poodle
cansar to tire, exhaust; **cansarse de** to get tired of
caña *(sugar)* cane, medium-sized glass *(of beer)*
caobo mahogany tree
capa layer
capataz (m) foreman
capilla chapel
caracol (m) snail
caraqueño from Caracas
carcajada burst of laughter
cárcel (f) jail, prison
careta mask
cargado de full of, loaded with
cargar to carry
caricia caress
cariño affection
carnet (m) identification card
cartel (m) poster, sign
cartón (m) cardboard
casa editorial publishing house

casarse con to get married to
castigo punishment
caucho rubber
cazar to hunt
ceder to give way, cede
celda cell
célibe celibate
celos jealousy
centenar hundred
cera wax
cerca, de cerca closely
cerrado closed, thick (beard)
cerril savage
certidumbre (f) certainty
cesar to stop
cetrino dark
ciego blind
cielo heaven, sweetheart
cieloraso ceiling
cipote child
circulación traffic
cita appointment
clandestino underground
clarear to dawn
claro que sí/no of course (not)
clausurado closed up, cloistered
clero clergy
cobrar to charge
cocido stew; cooked
codicia greed
coger to take, capture
cola soft drink
colchón (m) mattress
colectivo bus
colgar to hang
colibrí (m) hummingbird
colmo (figurative) the height of, the last straw
colocar to place
combatir to fight (as in combat)
comilona big feast
compadecer to feel sorry for
compañero mate, companion
comparación, en comparación con compared to
compartir to share

compatriota fellow countryman
compenetración mutual understanding
complaciente obliging
comportamiento behavior
comportarse to behave, act
comprobar to verify, see
comulgar to communicate
con tal de provided that
concentrarse en to be limited to
concienciación awareness
concretar to make precise
concurrente (m, f) patron
concurrido crowded
conferenciante (m, f) lecturer
confianza trust
confiar to trust
conformar(se) con to settle for
confundido confused
confuso confusing
congénere (m) type
congoja anguish
congregarse to meet
conjunto group
conllevar to imply
conmovedor touching
consejo advice
constatación confirmation
constatar to confirm
consuelo consolation
consumir to use
contabilizado accounted for
contaminar to pollute
contar (ue) con to count on, have
contenido contents, content
contrario, al contrario on the contrary
contratiempo mishap
contundencia forcefulness
convertirse (ie,i) en to become, change to
convidar to offer, invite
cordal wisdom (tooth)
cordillera mountain chain
corre corre (m) hurry-scurry
corrido, de corrido fluently
cortapisa restriction

cosechar to harvest

costumbre (f) habit, custom

cotidiano daily

cráneo skull

crear to create

crecer to grow *(physically)*

creencia belief

crespo curly

criado, mal criado spoiled *(referring to people)*

crianza upbringing

criar to rear

crío child

crispado clenched

crujido creaking, crunching sound

cuanto, en cuanto a with respect to

cubo trash can

cuchillada knife wound, stabbing

cuello collar, neck; cuello y corbata shirt and tie

cuento de hadas fairy tale

cuerda rope, line

cuestión theme, subject, question

cuidado, al cuidado de in the care/charge of

culpa fault, blame

cultivar to grow *(flowers, crops)*

culto well-educated

cumplir to fulfill, follow; cumplir...años to turn *(age)*

cura (m) priest

curtir to tan

chabola shanty

champiñón (m) mushroom

chancho pig

chancla type of sandal

chapudito rosy-cheeked

charlar to chat

chato small glass *(of wine)*

chiche just fine

chismoso gossipy

chiste (m) joke

chocante shocking, startling

chucho dog

chuleta cheat sheet

dama lady

dañar to harm, damage

dañino harmful

dar a luz to give birth; dar cabida to allow; dar con to find; dar en to end up by; dar fe to attest to; dar vuelta to turn over; dar vueltas to go around; darse cuenta de to realize

dato datum, figure

debido owed

decir, es decir that is to say

dedo gordo thumb

defecar to defecate

degollar to cut the throat of

dejar to allow; dejar de to stop; dejar sentado to make clear

delito offense, crime, misdemeanor

demás, lo demás other things; los demás the others; por lo demás besides

demostrar (ue) to show

denominación name

dentadura postiza set of false teeth

departamento room

derecho right

derramar to spill

derretir to melt

desabotonar to unbutton

desalmado cruel

desamparado helpless

desaprensivo without scruples

desarrollo development

desasosiego uneasiness

desatar to untie, break free

desatinado ill-advised, foolish

desbordante overflowing

descalzo barefoot

descampado open field

descansar to rest, relax

descargar to release, relieve, unload

descreer to disbelieve

descuartizado cut off, in pieces

descuidar to overlook

desde since; desde luego of course, certainly

desdibujar to blur

desear to desire

desechado discarded

desenvolvimiento development, unfolding

desfilar to parade

desgarrar to rip, tear

desgastar to wear out

desgraciado unfortunate, unhappy

deshacer to undo, destroy

desinflar to reduce, deflate

deslumbrar to dazzle

desmontar to dismantle, remove

desnivel (m) unevenness, inequality

desoír to ignore

desordenado messy

despacho office

despectivo disdainful, pejorative

despedirse de to say good-bye to

desperdiciar to waste

despertador (m) alarm clock

despiadado without compassion

despistado absent-minded

desplegar (ie) to show, display

desplomarse to plummet, drop

despojar to strip, eliminate

desprecio scorn

desprender(se) to fall off

después later, after

desquitar to get even with somebody

destacar to highlight, stand out

destartalado in bad condition, broken-down

destemplado off-key (voice)

destierro exile

desvanecer to disappear

desviar to stray

digno worthy

dirigir to direct; dirigirse a to address

disculpar to excuse, get away with

disfraz (m) mask, disguise

disfrazarse (de) to disguise oneself, dress up as

disfrutar de to enjoy something

disgregación separation, disintegration

disparate (m) absurdity

disparo shot

dispuesto arranged

distar to be far from

distintivo mark

distinto different

divertirse (ie,i) to have a good time

doler (ue) to ache, hurt

dolor (m) pain

dorso back (of the hand)

dueño owner

dulces (m) sweets

echar, echar/tirar a la basura to throw out/away; echar de menos to miss; echarse para atrás to back off

educar to rear, raise, bring up

efecto, en efecto in fact

ejercer to exercise

embarazada pregnant

embarazo pregnancy

embarazoso embarrassing

embelesado fascinated

emborracharse to get drunk

embotelladora bottling plant

embriagarse to get intoxicated

empapado soaking wet

empaque (m) packaging

empellones, a empellones by pushing, kicking

empleo use, job

emprender to begin, undertake

empresa company, corporation

empujar to push

enamorados lovers

enamorarse de to fall in love

enarbolar to raise

enardecido inflamed

encajar to fit

encalado whitewashed

encaminarse to go toward, aim at

encantar to delight, charm, love

encanto charm

enceguecido blinded

encendedor (m) lighter

encerado waxed

encoger to shrivel, shrink; encogerse de hombros to shrug one's shoulders

encontrarse con to come across, run into

encrispados clenched

encuesta poll, survey

endiablado hellish, devilish

enfrentar to confront; enfrentarse a/con to face up to

enjuto gaunt, very thin

enloquecido crazed

enredar to tangle

ensayar to practice, rehearse
enseres (m) household goods
entender, a mi entender in my opinion
enterarse de to find out, learn
enterrar to bury
entonces then
entrada ticket, entrance
entretanto meanwhile
entrecortado faltering, broken
entregarse to give in, surrender
entrelazado intertwined
entretener to entertain, stave off
envase (m) packaging, container
envilecido degraded
equilibrado balanced
erguido upright, erect
escala stop(over)
escalón (m) step
escarmentar to teach a lesson
escarnio mockery, scorn
escasear to be scarce
escaso few
esclarecedor enlightening
escoba broom
escoger to choose
esconder to hide
escupidera spittoon
escupir to spit
eso that's right
esotérico secret
espesura thickness
espolear to animate, urge
espuma foam
esquina (outside) corner
estallar to burst out
estancamiento stagnation
estancia visit, stay
estante (m) shelf
estar a favor de/en contra de to be in favor of/against; estar a punto de + inf. to be about to; estar al tanto to stay/ be up to date; estar bien/mal visto to be socially acceptable or not
estirar to stretch
estirpe (f) family

estrechez (f) poverty
estrecho narrow
estremecerse to shudder
estrenar to use something for the first time, debut
estribillo chorus
estropeado damaged
etiqueta label
envenenamiento poisoning
evitar to prevent, avoid
exigir to demand
expresión idiomática idiom
extenderse to spread
extenuar to exhaust
extrañar to miss; extrañarse to be surprised
faena task
faisán (m) pheasant
falso fake, false
faltar to be lacking, need
fallar to fail
fallecido dead
fanfarrón (m) boaster
farol (m) street lamp
feria fair
feroz radical
festejo celebration
fiambrería delicatessen
fiel faithful
fiesta holiday, celebration, party, feast
filo edge
filtración leak
fin, en fin in short
finado deceased
fingido fake
fino delicate, courteous, elegant
firma signature
florecer to flourish
folletín (m) newspaper serial
fondo base, back part; en el fondo deep down, in the back of
fondos, sin fondos bad checks
forjar to forge, create
fracaso failure
frambuesa raspberry
frasco small bottle
frente (f) forehead

frigorífico refrigerator

frondoso leafy

frontera border, boundary

fuegos de artificio fireworks

fuerza strength

funcionar to work

funda holster, case

fusilamiento execution *(by firing squad)*

fustigar to criticize

gabinete (m) office

gallina chicken

gallinazo buzzard

ganancia profit

ganarse la vida to earn a living

garganta throat

gatillo trigger, *(dental)* forceps

gaveta drawer

gente (f) people

gimotear to whine

girar to turn

glacial ice cold

golpe, de golpe immediately

golpear to knock, beat

gozar de to enjoy something

grabadora tape recorder

grama grass

gratis free *(at no cost)*

gremio guild, trade union

gritar to shout, scream

grumo clump

guardar to keep, put aside

guardia guards

guerrera military jacket

haber de to have to, ought to

hacer buches to gargle; hacer daño to hurt physically, harm;
  hacer el recorrido to tour; hacer furor to be all the rage;
  hacer un alto to make a stop; hacerse + *adj., sust.* to
  become; hacerse encima to soil oneself

hacha ax

hachís (m) hashish

halagar to flatter

hampa the underworld

haragán lazy

hazaña accomplishment

hebilla buckle

hecho fact; de hecho in fact

helado frozen

herida wound

hermoso beautiful

hervido sterilized

hervir to boil

hierba grass; mala hierba weed

hinchado swollen

historia history, story

hoja leaf, blade

hombres rojos natives

hombro shoulder

hondo deep

honrado honest

hora time, hour

horario schedule

hortaliza vegetable

hosquedad (f) unfriendliness, roughness

hoy (en) día nowadays

huelga strike

hueso bone

huir to flee from, avoid

humilde humble

humo smoke

humor (m) mood, disposition

hundir to plunge, sink

igualdad (f) equality

imborrable indelible

importar to matter

importe (m) cost

impresionado affected, moved

improviso, de improviso suddenly, unexpectedly

impuesto tax

inagotable endless, inexhaustible

inalcanzable unobtainable, unreachable

incendiar to set on fire

inclinado bent over

incorporarse to sit up, join

índice (m) forefinger

índole (f) type

inferior lower, inferior

infierno Hell

ínfimo minimum

ingenio wit; **ingenios** sugar plantations
ingresos income, revenue
iniciar to begin
injuria insult
injusticia injustice
inmueble (m) building
inquietar to make uneasy
inquietud (f) anxiety, worry
insolentar to be disrespectful
insólito extraordinary
insultar to insult
intemperie, a la intemperie unsheltered
intercambio exchange
intimidad (f) privacy, intimacy
introducir to introduce
inusitado unusual
inútil useless, helpless
inverosímil unrecognizable
inversión investment
investigación research
involucrar to include
irreconocible disfigured, unrecognizable
jactarse de to boast about
jadeante panting
jamón (m) ham
jarra pitcher
jubilación retirement
jubilarse to retire from work
júbilo joy, delight
juego game
juerga spree
jugar (ue) to play *(games)*
juguete (m) toy
kepis (m) military cap
laico lay, not religious
lamentar to moan; to regret
lanzarse to rush
largo, a lo largo de across, along
lastimar to hurt physically, harm
lata tin can
latigazo whiplash
lazo bond
leal loyal
lejanía faraway place

Lejano Oriente Far East
lento slow
leña firewood
libre free; **estar libre** to be unoccupied; to be out of prison
licencia permission; licentiousness
limosna alms
lograr to succeed in, manage
lombriz (f) *(intestinal)* worm
loro parrot
loza porcelain
lucir to display, show off
luchar to struggle
luego next, then, later
lugar (m) place; **en lugar de** instead of
lujo luxury
luna de miel honeymoon
luto, de luto in mourning
llegar a ser to become
llevar to carry; **llevar a cabo** to carry out; **llevarse bien/mal** to get along well/poorly
macizo solid
madrugador (m) early riser
magistratura judges
mago magician
maldad (f) wickedness
maldito damn, cursed
malestar (m) uneasiness, upset
maltratar to do physical harm to, mistreat
manchar(se) to stain (oneself)
mandíbula jaw
manera manner, way; **de manera que** so that; **de una manera** in a way
mano (f) hand
manta blanket
mantener to support *(financially)*; **mantenerse al tanto** to stay/be up to date
maquillarse to put on make-up
marchito tired, weary
marginación exclusion, setting apart
marginalidad (f) fringe of society
marisco seafood
más bien rather
matar to kill
materia course of study

matorral (m) thicket
mayores (m) ancestors, elders
mayoría, la mayoría de most of
medida measure, step, scale; **a medida que** while
medio means, middle
Medio Oriente Middle East
mejilla cheek
mejor better; **a lo mejor** maybe
mejorar to improve
mendigo beggar, homeless
menesteroso poor, needy
mentira lie
menudo, a menudo often
merecer to deserve
merodear to snoop around
meter to put into
mezclarse con to mix with
miel (f) honey
milagro miracle
milpa cornfield, field
mirilla peephole
moda style, fashion
modales (m) manners
modo manner, way; **de cualquier modo** anyway; **de modo que** so that
mojado wet
molde de yeso (m) plaster mold
molestar to bother
momento, de momento so far
monje (m) monk
montar to mount; to put; to get on
moraleja moral, lesson
morder(se) to bite
morir(se) to die
mosca fly
mostrar (ue) to show, display
mover(se) to move *(physically)*
mucama servant
mudar(se) to change residence
mudo mute
mueble (m) piece of furniture
muerte (f) death
muestra proof, example
muleta crutch
mundo, todo el mundo everyone

muñeca wrist; doll
nacer to be born
nalgas buttocks
negarse a to refuse
neófito newborn, beginner
nítido sharp
nivel (m) level
noción notion
normativa norm
nostalgia longing
nuca nape
nudillo knuckle
obrero worker
obstante, no obstante in spite of
ocio leisure time
ocioso idle
ocultar to hide
ocurrir to happen, occur; **ocurrírsele a alguien** to come to mind
odioso hateful, unpleasant
ola wave
oler to smell
oprimido oppressed
optar por to choose
orgullo pride
orgulloso proud
orilla riverbank
orinar to urinate
pabellón (m) cellblock, wing, pavilion
padecer to suffer
pagar los platos rotos to pay for others' mistakes
paja straw
paladar (m) palate
paladear to savor
palo stick
palpar to touch
palpitante important, burning *(issue)*
pañal (m) diaper
pañuelo handkerchief
papel (m) role, paper
pararse to stop, stand
parecer to seem; **parecerse a** to look like
parir to give birth
paro unemployment, work stoppage
parpadear to blink

parroquiano client, patron

partido match; **partido político** political party

parto labor, delivery, birth

pasar to happen, pass through, go by, send; **pasarlo bien** to have a good time

pasillo hallway

paso step; **abrirse paso** to make one's way

patas de gallo crow's feet (lit. "rooster's feet")

patilla sideburn

patinar to skate, slip, trip

payo non-Gypsy

pecado sin

pedir to ask for, request

pegadizo catchy

pegar to hit; **pegarle un tiro a alguien** to shoot someone

pelear to fight, quarrel; **pelearse** to break up a relationship

peligro danger

peligroso dangerous

pellizcar to pinch

pena punishment, grief

pendenciero quarrelsome

pensar to think; **pensar + inf.** to intend; **pensar de** to have an opinion about; **pensar en** to think about, ponder

pensativo pensive

perder to lose, miss (by arriving late); **perder la pista** to lose track; **perderse** to get lost or miss out on something

pereza laziness

perfil (m) profile

periódico newspaper

perjudicial harmful

perjuicio, en perjuicio de to the detriment of

permanecer to stay, remain, be

persa Persian

perseguir to pursue, persecute

persona individual

personal (m) staff

perturbar to disturb

pesadilla nightmare

pesar to weigh

pescar to fish, capture

petardo firecracker

picana prod

picante spicy

picar to bite or sting; to snack

picardía mischief

piel (f) fur

pila battery

pincharse to shoot up (drugs)

pintarse to put on or wear make-up

pinzas tongs

piojo louse

piscina swimming pool

plaga plague

plantar to plant, walk out on

plantear to state, raise

plantel (m) school

plata money (colloquial)

plato plate, saucer

plazo time, date

pleno complete

plomo lead; **sin plomo** unleaded

población population

poblado populated, full

poco a poco little by little

poder (m) power

podrido rotten, spoiled

polémica controversy

política policy

polvo dust

pomo knob, jar

poner to put; to switch on, play; **ponerse** to become; **ponerse a** to begin to

por eso for that reason

por fin finally

pormenorizado detailed

porquería trash, junk

portavoz (m, f) spokesperson

postre (m) dessert

potencia power

pozo well, hole

pradera prairie

precisar to be precise, need

prefijado prearranged

pregunta question; **hacer una pregunta** to ask a question

preguntar to ask, request information; **preguntar por** to inquire about someone or something

prendas íntimas underwear

prendido lit

preocuparse por/de to worry about
presentar to introduce people, present
presión pressure
pretor (m) leader
prever to foresee
probar (ue) to show, prove
pródigo genial, generous
profundizar to go deeply into a subject
promisorio promising
propiciar to favor
propósito, a propósito as a result; by the way
propuesta proposal
próximo next, following
público audience
pueblo village, people from a nation, place or race
puente (m) (dental) bridge
puerco de monte wild boar
puesta del sol sunset
puesto place, job
puesto que since, as
pulcritud (f) neatness
pulir to polish
punto period, dot; y punto that's it
punzante biting
puñado handful
puñetero damned
pureza purity
quebrantar to break
quedar to agree (to meet); quedarle bien/mal a uno to suit one
quejarse to complain, to moan
quemadura burn
quemar to burn
querer to love, want; querer decir to mean
quieto still, motionless
quisquilloso fussy, touchy
quitar(se) to take away, take off
ramo bouquet
ranchera Mexican folksong
raro strange
rasgo characteristic
rastro trace
ratear to rattle
rato a while
real actual, real; realmente actually, in fact, really; en realidad
    actually, in fact, really

realizar to carry out, accomplish, fulfill
reanudar to resume
receta recipe
reciclar to recycle
recinto place
reclamo lure
recoger to take up, pick up, gather
recurso resource
rechazar to reject
rechazo rejection
red (f) screen
reeducar to retrain
refrán (m) saying, proverb
regañar to scold
regido ruled
regla rule
reglamentar to regulate
reglamento law, regulation
regreso return
reiniciar to begin again
reivindicación demand
reja iron railing, bar; entre rejas in prison
relacionar con to relate to, connect
relieve, sin relieve unknown, indistinct
rememorar to evoke
remilgado skittish
remolino swirl
remozar to rejuvenate, update
rendija crack
rendirse to surrender
rengo a one-legged person, lame
repasar to go over (like notes for a test), sharpen
réplica reply
res (f) beef
rescate (m) rescue
reseñar to review (like a critic)
respaldo backing, support
respeto respect, consideration
respiradero air vent
respirar to breathe
restringido limited
resuelto decided
resultado result
resumir to summarize
retirar(se) to retire, withdraw

retroceder to step back
reunirse to meet by agreement
revés (m) reverse side
revisar to check, inspect
revolver to stir
revuelta rebellion
rezar to pray
riada flood
riesgo risk
rincón (m) *(inside)* corner, nook
riña quarrel
riñón (m) kidney
risa laugh; casa de la risa funhouse
rizado curly
rodar (ue) to roll
rodear to surround
rodilla knee
ronco harsh-sounding, hoarse
rostro face
rotar to rotate
rozar to have contact, brush against
rubor (m) blush
rulero curler
sábana sheet
saber to know; a saber namely
sabiduría wisdom
sabor (m) flavor
sabroso tasty
sacar to take out; sacar el mejor partido get the best; sacar un
    diente/una muela to pull a tooth/molar
sacerdote (m) priest
sales de baño (f) bath salts
salir de to leave from an enclosed place; salir con to go out
    with, to have a date
salpicado spattered
saltar to jump
saludar to greet
salvar to rescue, save
salvo except
sea, o sea that is
seguida, en seguida right away, immediately
sembrar to sow
semejanza similarity; a semejanza de like
semilla seed

sencillo simple
sensación physical feeling
sensato sensible, reasonable
sensibilidad (f) concern
sensible sensitive
sentador flattering
sentido meaning, sense, consciousness
sentimiento emotional feeling
sentir(se) to feel
ser (m) *(human)* being
ser capaz de to be capable of
servicio service; toilet
SIDA AIDS
siembra harvest
sigiloso cautious
siglo century
significar to mean
siguiente following
silencioso silent
sin más without any reason
siquiera, ni siquiera not even
so under
sobrar to be in excess
sobresaltar(se) to be frightened, startled, surprised
socorro help
solamente only
soler (ue) to be accustomed to, be in the habit of
solicitar to apply for
solicitud (f) application
solo alone, lonely
sólo only
soltar to free, let loose
soltero single *(unmarried)*
sollozo sob
someterle a alguien to subject someone
sonrisa smile
sonrojarse to blush
sordo deaf
sordomudo deaf-mute
sostener to support *(physically)*
sotana priest's robe
suburbano suburban
suceder to happen, follow
sudar to sweat

suegro/a father/mother-in-law
suelo floor
sugerir to suggest
sujeto person, individual
suministrar to supply
sumiso submissive
suntuosidad (f) luxury
suponer to suppose, amount to
suspender to stop
suspicacia suspicion
suspirar to sigh
suspiro sigh
tacaño stingy person
tacho wastebasket
tacos high heels; four-letter words *(Spain)*
tajante sharp
tala felling of trees
tamaño size
tanto, el tanto por ciento the percentage; en tanto que like
tapa cover, appetizer
tapón (m) bottle cap
tardar to delay, take a long time
tarde (f) afternoon
tarea task, homework
tarima platform
tela cloth
telaraña spider's web
tema (m) subject, theme, topic
temblor (m) shiver
tembloroso flabby, shaking
tener cabida to have a place; tener cuidado to be careful; tener en cuenta to bear in mind; tener éxito to be successful; tener ganas de to feel like; tener la culpa to be guilty; tener que ver to have to do; tener razón to be right; tener sentido to make sense
teniente (m) lieutenant
término, al término de at the end of
ternura tenderness
testamento will, testament
tibio warm
tiempo weather, measurable time; al tiempo que while; del tiempo room temperature
tienda store, tent
tierno tender

tierra soil, earth
tipo kind, type, man
tiro shot
titulación title
tocar to play, touch, knock
toldo de cuero teepee
tomar to take, catch; tomar una copa to have a drink; tomarle gusto to take a liking to
tonalidad (f) shade of color
tonificar to invigorate
tópico cliché
torbellino whirlwind, confusion
torno, en torno a around
torno drill
trabajar to work
trabajo job, *(written)* work, term paper
tragaperras, máquina tragaperras slot machine
traicionar to betray
trampa trap, trick
transcurrir to pass
trapo rag
tras after
trasladar(se) to move *(due to work)*
trastorno distress
tratamiento form of address
tratar to treat; tratar de to try to, deal with; tratarse de to be a question of
trato treatment, deal
tregua pause, ceasefire
treta trick
tricota sweater
tronchar to break off, cut short
tropezar(se) to bump into, stumble
tumba grave
tumbarse to lay down
ubicación location
umbral (m) threshold
único only, unique
unigénito only child
uña fingernail
urbe (f) city
útil useful
vacilar to hesitate
vacío empty; emptiness

vagar to wander
vela candle
velar por to watch over
venado deer
vencedor (m) conqueror
vencido defeated
vendar to bandage; vendar los ojos to blindfold
veneno poison
venenoso poisonous
vengador (m) avenger
venir en camino to be on one's way
verdad, de verdad really
verdadero actual, real
verdugo executioner
versar sobre to deal with
vestigio trace
vestimenta clothes
vez (f) time (as instance); a veces sometimes; otra vez again
vía, en vías de in the process of
víbora snake
viciado foul
vid (f) grapevine
vidriera glass case
vientre (m) belly
vigente in force
vigilar to watch
vínculo bond
violación rape, violation
vista view
vistoso eye-catching
víveres (m) food supplies
vivienda housing
voluntad (f) will
volverse to become
vuelta return; a la vuelta on return; dar vueltas to go around
ya no no longer
yerba mate type of tea
zafio coarse, rude
zampar to down, swallow
zanjón (m) ditch
zarzamora blackberry

Text Credits ● ● ● ● ●

Unidad 1

pp. 10–13 "Picar a la española" by Colman Andrews, reprinted with permission from the author, courtesy of *Los Angeles Times;* pp. 18–20 "La conversación" by Jairo Márquez, reprinted with permission from Ediciones Tercer Mundo, Bogotá, ©1966; pp. 24–27 "El mexicano y las fiestas" by Octavio Paz, reprinted from *El laberinto de la soledad,* ©1984, with permission from the Fondo de Cultura Económica, México; p. 31 "Historias de Miguelito" by Romen, reprinted from *El País,* diciembre 1989, (Madrid) with permission from the publisher; p. 32 Poster reprinted courtesy of El negocio taurino-minotaurio; p. 334 "La puerta de Alcalá" by Ana Belén and Victor Manuel, reprinted courtesy of EMI Music Publishing SPAIN; pp. 42–45 "Un lacandón perdido en el asfalto" by Inmaculada de la Fuente, reprinted from *El País Semanal,* 8 de abril de 1990, with permission from the publisher; pp. 49–51 "Calés y payos" by Juan de Dios Ramírez Heredia, reprinted with permission from *Nosotros los gitanos,* Ediciones 29, Barcelona, 1972; pp. 54–55 "Gitanos" by Rosa Montero, reprinted with permission from *El País,* 15 de julio de 1989 ; p. 58 "El eclipse" by Augusto Monterroso, reprinted from *Obras completas y otros cuentos* with permission from International Editors, Barcelona; pp. 60–64 "El trabajito de Carmencita" by Fernando Vizcaíno Casas, reprinted from *"Camisa vieja" a "chaqueta nueva"* with permission from Editorial Planeta, ©1976, Barcelona; pp. 69–71 "¿Liberalizar la droga?" by Juan Tomás de Sales, reprinted with permission from *Cambio 16,* febrero, 1990 (Madrid); pp. 69–70 Posters reprinted courtesy of Ministerio de Sanidad y Consumo, Madrid, "Campaña contra el alcohol y el tabaco"; pp. 74–75 "Las razones de una decisión" by Daniel Samper Pizano, reprinted with permission from *Cambio 16,* 2 de octubre, 1989; pp. 78–81 "La pasión por lo verde" by Inmaculada Moya and Julia Pérez, reprinted with permission from *Cambio 16,* 4 de septiembre de 1989; pp. 84–86 "Suite nupcial" by Gabinete Caligari and "Matador" by Victor Manuel, reprinted courtesy EMI Music Publishing SPAIN; p. 87 Comic "El otro miembro de la familia" by QUINO, reprinted with permission of the artist.

Unidad 2

pp. 112–14 "Pedro Navaja" ©1978 Rubén Blades Productions, Inc. Reprinted with permission; pp. 139–143, "El extranjero y el turista" by Julián Marías, courtesy of Fundación José Ortega y Gasset, Madrid; pp. 131–134 "Teoría de las canecas de basura" by Jairo Márquez, reprinted with permission from *Anatomía del gringo,* Ediciones Tercer Mundo (Bogotá), 1966; pp. 148–150 "La fiesta de Jasmin" by Cliff Cunningham, reprinted with permission from the author; pp. 157–158 "¡Ay, papi, no seas coca-colero!" by Luis Fernández Caubí, reprinted with permission from Diario de las Américas; pp. 162–164 "El etnógrafo" by Jorge Luis Borges, reprinted from *Elogio de la Sombra,* 1969, © Emecé Editores, S.A.,1974; p. 167 "Nocturno chicano" by Margarita Cota-Cárdenas, reprinted with permission from the author.

Unidad 3

p. 171 Poster reprinted with permission from Women's International League for Peace and Freedom, Philadelphia, © 1979 WILPF; pp. 174–177 "Un día de éstos" © 1962 Gabriel García Márquez, reprinted with permission from Agencia Literaria Carmen Balcells, Barcelona; pp. 182–186 "Espuma y nada más" by Hernando Téllez, reprinted with permission from El Ancora Editores, Bogotá; pp. 189–190 "La vida no vale nada" by Pablo Milanés, reprinted with permission from Autores Productores Asociados, Madrid; pp. 193–196 "Preso sin nombre, celda sin número" from *Prisoner Without a Name, Cell Without a Number* by Jacobo Timerman, translated by Toby Talbot. Translation © 1981 by Alfred A. Knopf, Inc. Reprinted with permission from the publisher; p. 192 Advertisement reprinted courtesy of Amnesty International; pp. 201, 205–206, 213–215 "Dos más dos", "Testamento" and "Identidad" by Ariel Dorfman, reprinted with permission from Wylie, Aitken & Stone, Inc. ©1986 Ariel Dorfman; pp. 202–203 "Uno más uno" by Sabiá, reprinted courtesy of Redwood Records and Folklore Music; pp. 208–210 "Margarita Naranjo" by Pablo Neruda, reprinted with permission from Agencia Literaria Carmen Balcells; pp. 218–219 "Los mejor calzados" by Luisa Valenzuela, reprinted from *Aquí pasan cosas raras* with permission from Ediciones de la Flor, SRL, Buenos Aires; pp. 222–223 "Ellas danzan solas" by Sting, reprinted from "Nada como el sol," ©1987. Magnetic Music Publishing, Illegal Song, Inc. All rights reserved; p. 225 "Los pájaros y la libertad de expresión" Comic by QUINO reprinted with permission from the artist; pp. 227–230 Selection of "Un día en la vida" by Manlio Argueta, reprinted with permission from UCA Editores, 1981; p. 231 Map reprinted courtesy of *Más;* pp. 239–241 "Credo" by Elsa Baeza, reprinted courtesy of EMI Music Publishing SPAIN; p. 242 Advertisement reprinted courtesy of Asociacíon Nacional Para la Defensa de los Animales (A.N.D.A.).

Unidad 4

pp. 247–251 "Propuestas para evitar el sexismo en el lenguaje" reprinted courtesy of Minsterio de Asuntos Sociales, Instituto de la Mujer; p. 254 "Mujer, no llores, habla. Defiende tu dignidad" reprinted courtesy of Instituto de la Mujer, Madrid; pp. 256–257 "Palabreo" by Gilda Holst, reprinted with permission from Casa de la Cultura Ecuatoriana. Núcleo del Guayas, Banco Central del Ecuador, 1989; p. 261 "La zorra y las uvas verdes" Comic by QUINO, reprinted with permission from the artist; pp. 263–265 "Rosas rojas para mi secretaria" by Livina Santos, reprinted with permission from Casa de la Cultura Ecuatoriana, 1989; p. 269 "La rebelión de los electrodomésticos" by Alaska y los Pegamoides, reprinted courtesy EMI Music Group, Madrid; p. 270 "Soliloquío travieso" and "Y en qué estamos" by Margarita Cota-Cárdenas, reprinted with permission from the author; pp. 273–274 "La princesa vestida con una bolsa de papel" by Robert N. Munsch, reprinted with permission from Annick Press, Ltd, Publisher of Children's Books, Canada; pp. 279–280 "La silenciosa separación de Daniel Ortega y Rosario Murillo" by Antonio Caño, reprinted with permission from *El País,* 10 de octubre de 1989 (Madrid); pp. 285–288 "La liberación del amor" by Rosario Castellanos, reprinted from *El uso de la palabra,* Editores Mexicanos Unidos, S.A., México; pp. 292–296 "La abnegación" by Silvina Bullrich, reprinted with permission from Editorial Sudamericana, S.A., Buenos Aires; pp. 301–302 "La historia de Lily Braun" by Ana Belén, reprinted courtesy of EMI Music Publishing SPAIN; pp. 304–306 "La brecha" by Mercedes Valdivieso, reprinted with permission from the publisher, Latin American Literature Review Press, Pittsburgh, 1986; p. 309 "Amor de madre" Comic by QUINO, reprinted with permission from the artist; pp. 311–315 "Medidas contra el aborto" by Josep-Vicent Marqués, reprinted courtesy of the author; pp. 317–318 "Madre campesina" by Sabiá, reprinted courtesy of Redwood Records and Folklore Music.

Photo Credits ● ● ● ● ●

Unidad 1

p. 11, © Robert Frerck/Odyssey Productions; p. 12, © Owen Franken/Stock, Boston; p. 14, left, © Beryl Goldberg; right, © Stuart Cohen/Comstock; p. 15, top, © Beryl Goldberg; bottom, © Kathy Squires; p. 18, © Peter Menzel/Stock, Boston; p. 19, © Beryl Goldberg; p. 24, © Spencer Grant/The Picture Cube; p. 25, top, © Stuart Cohen/Comstock; bottom, © Robert Frerck/Odyssey Productions; p. 26, © Kathy Squires; p. 35, © Larry Mangino/The Image Works; p. 43, © Phiz Mezey/Comstock; p. 44, © Beryl Goldberg; p. 79, © Jeremy Barnard/The Picture Cube; p. 80, © Georg Gerster/Comstock.

Unidad 2

p. 98, © Beryl Goldberg; p. 100, © Spencer C. Grant III/The Picture Cube; p. 101, © Beryl Goldberg; p. 106, © Larry Mangino/The Image Works; p. 108, courtesy of Ralph Mercado Management, New York; p. 110, © M. Grecco/Stock, Boston; p. 113, © Beryl Goldberg; p. 141, © Peter Menzel/Stock, Boston; p. 142, © Peter Menzel/Stock, Boston; p. 143, © Stuart Cohen/Comstock; p. 148, © Peter Menzel/Stock, Boston; p. 151, © Robert Frerck/Odyssey Productions.

Unidad 3

p. 169, © Peter Menzel/Stock, Boston; p. 173, Reuters/Bettmann; p. 180, © Beryl Goldberg; p. 181, © Ellis Herwig/The Picture Cube; p. 218, © José Luis Sánchez Barrios; p. 222, © Robert Frerck/Odyssey Productions; p. 224, © Michael Dwyer/Stock, Boston; p. 230, © Mike Wells; p. 235, © Bob Daemmrich/The Image Works; p. 236, top, © Jorge Nunez, Reuters/Bettmann Newsphotos; bottom, © Rich Harvus, UPI/Bettmann; p. 240, © Stuart Cohen/Comstock.

Unidad 4

p. 244, © Beryl Goldberg; p. 246, © Robert Kalman/The Image Works; p. 250, © Beryl Goldberg; p. 258, © Robert Frerck/Odyssey Productions; p. 272, © Robert Frerck/Odyssey Productions; p. 278, © Pat Hamilton, Reuters/Bettmann; p. 290, © Beryl Goldberg; p. 301, © Stuart Cohen/Comstock; p. 312, © Beryl Goldberg; p. 313, © Larry Mangino/The Image Works.

Art Credits ● ● ● ● ●

p. 163, David Alfaro Siqueiros, *El etnógrafo* (Ethnography), 1939. Enamel on composition board, 48 1/8 x 32 3/8". Collection, The Museum of Modern Art, New York. Abby Aldrich Rockefeller Fund; p. 203, David Alfaro Siqueiros, *El sollozo* (The Sob), 1939. Enamel on composition board, 48 1/2 x 24 3/4". Collection, The Museum of Modern Art, New York. Given anonymously; p. 210, Héctor Poleo, *La noche ha regresado* (Return into Darkness), 1947. Oil on canvas, 42 1/8 x 34". Collection, The Museum of Modern, Art, New York. Gift of the President of Venezuela; p. 251, Joaquín Sorolla, *Pescadoras Valencianas*. Museo Sorolla, Madrid.